高等职业教育新形态创新系列教材

# 税法

## SHUI FA

主 编 王 丹 吕明月

副主编 张家彬 吕宛阳 朱婷婷

西安交通大学出版社
XI'AN JIAOTONG UNIVERSITY PRESS

**图书在版编目(CIP)数据**

税法 / 王丹,吕明月主编. --西安:西安交通大学出版社,
2025.2. --(高等职业教育新形态创新系列教材). -- ISBN
978 - 7 - 5693 - 4008 - 2

Ⅰ. D922.22

中国国家版本馆 CIP 数据核字第 2025UD4953 号

| | |
|---|---|
| 书　　名 | 税法 |
| 主　　编 | 王　丹　吕明月 |
| 副 主 编 | 张家彬　吕宛阳　朱婷婷 |
| 策划编辑 | 杨　璠　张明玥 |
| 责任编辑 | 张明玥 |
| 责任校对 | 刘艺飞 |
| 封面设计 | 任加盟 |

| | |
|---|---|
| 出版发行 | 西安交通大学出版社 |
| | (西安市兴庆南路1号　邮政编码710048) |
| 网　　址 | http://www.xjtupress.com |
| 电　　话 | (029)82668357　82667874(市场营销中心) |
| | (029)82668315(总编办) |
| 传　　真 | (029)82668280 |
| 印　　刷 | 西安五星印刷有限公司 |

| | |
|---|---|
| 开　　本 | 787 mm×1092 mm　1/16　**印张** 16.75　**字数** 34.5千字 |
| 版次印次 | 2025年2月第1版　2025年2月第1次印刷 |
| 书　　号 | ISBN 978 - 7 - 5693 - 4008 - 2 |
| 定　　价 | 58.80元 |

如发现印装质量问题,请与本社市场营销中心联系。
订购热线:(029)82665248　(029)82667874
投稿热线:(029)82668525

# 前　言

在全面建设社会主义现代化国家的新征程中，税收作为国家治理体系的基础性支柱，始终承载着服务国家战略、促进社会公平、推动高质量发展的时代使命。当前，面对全球经济格局深度调整与国内经济结构转型升级的双重挑战，完善税法体系已成为构建新发展格局、实现共同富裕目标的核心制度保障。

本书立足党的二十大关于健全现代预算制度，优化税制结构的战略部署，秉持为读者雕琢一部兼具系统性、全面性与实用性学习典籍的理念，矢志助力读者精准洞悉税法的基本原理、核心内容与实操应用的精妙。在编写过程中，本书力求理论与实践深度融合：既深入解析税法的基础概念、原则及制度，又通过大量典型案例分析，辅助读者理解税法原理并提升应用能力。

本书始终将立德树人作为根本任务，在各章节内容中引入多个案例，有机融合职业道德教育元素，引导学生树立依法纳税意识，培养法治观念和社会责任感，增强对国家税收政策的认同感和对国家发展的自豪感。

本书紧密跟随税收政策动态，以现行有效的税收法规为依据，确保教材内容始终聚焦税收领域热点问题的分析与解读，使学生所学知识与税收实践紧密结合，为其在快速演进的税收环境中筑牢知识基础。

本书由长春金融高等专科学校与厦门网中网软件有限公司合作编写。其中，长春金融高等专科学校的吕宛阳编写第一章，吕明月编写第二章和第五章，王丹编写第三章和第六章，朱婷婷编写第四章，张家彬编写第七章；厦门网中网软件有限公司的徐建宁在案例筛选、内容审核等方面提供了专业支持，有效增强了本书与实际财税工作场景的贴合度。全书由王丹和吕明月完成统稿，确保内容逻辑连贯、体系完整。

本书内容丰富、体系完善，既适合作为各院校财经商贸类专业的教学用书，也可作为社会从业人员的学习参考资料。因编者水平所限，书中难免存在疏漏或不足之处，恳请广大读者不吝赐教、提出宝贵意见，助力本书在后续修订中持续完善。

编者

2025 年 1 月

# 目　录

# 第一章

# 走进税收

✎ 学习目标

◈ **知识目标**

(1)掌握税收的概念和特征。

(2)掌握税法的基本要素。

(3)掌握税务管理、税款征收的法律规定。

(4)了解税收法律关系。

(5)了解税务检查。

◈ **能力目标**

(1)学会办理税务登记业务。

(2)学会领购发票。

◈ **素质目标**

(1)培养学生爱岗敬业、诚实守信的精神。

(2)培养学生遵纪守法、诚信纳税的品质。

(3)培养学生团结协作、互帮互助的意识。

　　税收，这一国家与民众间紧密相连的纽带，深刻体现了"取之于民，用之于民，造福于民"的核心理念。它不仅是国家机器运转的基石，更是推动社会进步、增进民生福祉的强大动力。税收的本质，在于将万千人民的点滴贡献汇聚成海，以支持国家各项事业的发展，实现惠及全民的中国梦。

　　自新中国成立以来，中国以惊人的速度书写了经济腾飞的辉煌篇章，同时也孕育出了一系列令人瞩目的超级工程与大国重器。从"北斗"导航系统的全球组网，到"蛟龙"号深潜器的深海探索；从飞驰的"复兴号"高铁，到遍布全国、领先世界的高速公路网络……每一项成就都是中国力量、中国智慧的璀璨展现，背后无不凝聚着税收的强大支撑。

税收，作为国家财政的命脉，关乎国家发展的速度与质量。它不仅是国家实施宏观调控、优化资源配置的重要工具，更是推动经济转型升级、实现高质量发展的关键力量。税收不仅为超级工程与大国重器的建设提供了坚实的资金保障，更为教育、医疗、文化、环保等领域注入了源源不断的活力，让发展成果惠及全体人民。

因此，税收不仅是国家崛起的物质基础，更是实现中国梦不可或缺的重要力量。在未来的征程中，我们有理由相信，随着税收制度的不断完善和税收政策的持续优化，税收将继续发挥其在国家建设中的重要作用，为中国经济的持续健康发展、为社会的全面进步、为人民的幸福安康贡献更大的力量。

## 第一节　税收与税法的基本原理

### 一、认识税收

税收，作为国家财政的重要支柱，其起源和发展与人类社会的进步紧密相连。税收是国家为满足社会公共需要，凭借公共权利，按照法律所规定的标准和程序，参与国民收入分配，强制地、无偿地取得财政收入的一种方式。马克思指出："赋税是政府机器的经济基础，而不是其他任何东西。"恩格斯指出："为了维持这种公共权利，就需要公民缴纳费用——捐税。""国家存在的经济体现就是捐税。"19世纪美国大法官霍尔姆斯说："税收是我们为文明社会付出的代价。"这些都说明了税收对于国家经济生活和社会文明的重要作用。

我国在社会主义制度下，国家、集体和个人之间的根本利益紧密相连，构成了一个和谐共生的社会整体。税收，作为这一制度下的重要经济手段，其本质深刻体现了"取之于民、用之于民、造福于民"的核心理念，其重要性在多个维度上得到了充分展现。

### 二、税收的实质

税收的实质可以从以下几个方面来理解。

(1)国家征税的目的是满足社会成员获得公共产品的需要。

(2)国家征税凭借的是公共权利(政治权利)。税的征收主体只能是代表社会全体成员行使公共权利的政府，其他任何社会组织或个人是无权征税的。与公共权利相对应的必然是政府管理社会和为人民提供公共产品的义务。

(3)征税是国家筹集财政收入的主要方式。

(4)征税必须借助法律形式实现。

### 三、税收的特征

税收作为政府筹集财政收入的一种规范形式，具有区别于其他财政收入形式的特点。税收的特征可以概括为强制性、无偿性和固定性。

**1. 强制性**

强制性指税收是国家以社会管理者的身份，凭借政权力量，依据政治权力，通过颁布法律或政令来进行强制征收的。负有纳税义务的社会集团和社会成员，都必须遵守国家税法。在国家税法规定的限度内，纳税人必须依法纳税，否则就要受到法律的制裁。

**2. 无偿性**

无偿性指通过征税，社会集团和社会成员的一部分收入转归国家所有，国家不向纳税人支付任何报酬或代价。税收这种无偿性是与国家凭借政治权力进行收入分配的本质相联系的。无偿性体现在两个方面：一方面是政府获得税收收入后无需向纳税人直接支付任何报酬；另一方面是政府征得的税收收入不再直接返还给纳税人。

**3. 固定性**

固定性指税收是按照国家法令规定的标准征收的，即纳税人、课税对象、税目、税率、计价办法和期限等，都是税收法令预先规定了的，有一个比较稳定的适用期，是一种固定的连续收入。对于税收预先规定的标准，征税和纳税双方都必须共同遵守，非经国家法令修订或调整，征纳双方都不得违背或改变这个固定的比例或数额。

🔑 **学中做**

下列哪项不属于税收的基本特征？（　　　）

A. 无偿性　　　　B. 强制性　　　　C. 自愿性　　　　D. 固定性

## 四、税收的职能

税收作为国家财政收入的主要来源和宏观经济调控的重要手段，具有多重职能，这些职能相互关联、相互促进，共同服务于国家经济和社会发展的总体目标。具体来说，税收的职能主要包括以下几个方面。

**1. 组织财政收入**

税收最基本的职能是组织财政收入。政府通过税收制度，从社会生产和流通中筹集资金，形成国家财政收入的主要部分，用于满足国家履行其职能的需要，如国防、教育、医疗、社会保障、基础设施建设等公共支出。税收的强制性、无偿性和固定性的特征，确保了政府能够稳定、可靠地获取财政收入。

**2. 调节经济**

税收作为经济杠杆，具有调节经济的重要职能。政府可以通过设置不同的税种、税目、税率和税收优惠政策，影响纳税人的经济利益，进而调节社会总供给和总需求，促进产业结构优化升级，推动经济稳定增长。例如，对高污染、高能耗行业征收重税，可以抑制其过度发展；对高新技术产业和绿色产业给予税收优惠，可以鼓励其快速发展。

### 3. 监督经济活动

税收在筹集财政收入和调节经济的过程中，也发挥着对经济活动的监督作用。税务机关在征税过程中，需要对纳税人的生产经营活动进行了解、审核和检查，这有助于及时发现和纠正纳税人的违法行为，维护税收秩序和公平竞争的市场环境。同时，税收数据也是反映经济运行状况的重要指标，为政府制定经济政策提供重要参考。

### 4. 维护社会公平

税收还具有维护社会公平的职能。通过累进税制、税收减免等政策措施，税收可以在一定程度上调节社会成员之间的收入分配差距，缩小贫富差距，促进社会公平。例如，个人所得税采用累进税率制度，高收入者缴纳更多的税款，有助于缓解社会收入分配不公的问题。

### 5. 促进国际经济合作与交流

在全球化的背景下，税收还承担着促进国际经济合作与交流的重要职能。通过签订双边或多边税收协定，避免双重征税和防止偷税漏税，为跨国企业和个人提供税收便利，促进国际投资和贸易的发展。同时，税收也是国际经济竞争和合作的重要领域之一，各国通过调整税收政策，吸引外资和技术，提升国际竞争力。

#### 🔑 学中做

税收的主要目的是什么？（　　　）

A. 促进企业盈利　　　　　　　　B. 为个人提供福利

C. 为国家筹集财政收入　　　　　D. 调节市场供求关系

## 五、税收的法律关系

税收法律关系是由税收法律规范确认和调整的，国家和纳税人之间发生的具有权利和义务内容的社会关系。

### (一)税收法律关系的主体

(1)征税主体。在税收法律关系中，国家是主要的权利主体，享有征税权。这种权利通过法律授权给具体的税务机关来行使，如税务局、海关等。

(2)纳税主体。纳税人是税收法律关系的义务主体，负有依法纳税的义务。纳税人可以是自然人、法人或其他组织，其纳税义务基于其经济活动或财产状况而产生。

### (二)税收法律关系的客体

税收法律关系的客体是税收法律关系主体的权利和义务所指向的对象，即税收分配的对象——货币或实物形态的财产。在大多数情况下，税收是以货币形式征收的，如个人所得税、企业所得税等。但在特定情况下，如资源税、关税等，也可能涉及实物形态的财产。

### (三)税收法律关系的内容

税收法律关系的内容是税收法律关系主体所享有的权利和所承担的义务，主要包括征税主体的权利和义务与纳税主体的权利和义务。

#### 1. 征税主体的权利和义务

征税主体享有的权利包括税收立法权、税务管理权、税款征收权、税务检查权、税务行政处罚权及其他职权。征税主体承担的义务包括宣传税收法律、行政法规，普及纳税知识，无偿为纳税人提供纳税咨询服务；依法为纳税人、扣缴义务人的情况保守秘密，为检举违反税法行为者保密；加强队伍建设，提高税务人员的政治和业务素质；秉公执法，忠于职守，清正廉洁，礼貌待人，文明服务，尊重和保护纳税人、扣缴义务人的权利，依法接受监督；税务人员不得索贿受贿、徇私舞弊、玩忽职守、不征或者少征应征税款；不得滥用职权多征税款或者故意刁难纳税人和扣缴义务人；依法进行回避；建立、健全内部制约和监督管理制度。

#### 2. 纳税主体的权利和义务

纳税主体享有的权利包括知情权、要求保密权、依法享受税收优惠权、申请退还多缴税款权、申请延期申报权、索取有关税收凭证的权利、委托税务代理权、陈述与申辩权、对未出示税务检查证和税务检查通知书的拒绝检查权、依法要求听证的权利、税收法律救济权及税收监督权。

纳税主体承担的义务包括按期办理税务登记，及时核定应纳税种、税目的义务；依法设置账簿、保管账簿和有关资料及开具、使用、取得和保管发票的义务；财务会计制度和会计核算软件备案的义务；按照规定安装、使用税控装置的义务；按期、如实办理纳税申报的义务；按期缴纳和解缴税款的义务；接受税务检查的义务；代扣、代缴税款的义务；及时提供信息的义务；报告其他涉税信息的义务。

#### 🔑 学中做

下列关于税收主体的描述，正确的是(　　　)。

A. 税收主体仅指国家　　　　　B. 税收主体包括纳税人和征税机关

C. 纳税人即税收的受益者　　　D. 征税机关不参与税收分配过程

## 六、税收和税法的关系

税收与税法之间存在着密不可分的关系，它们是经济活动中两个相辅相成的关键概念。简要来说，税法是税收的法律基础和依据，而税收则是税法实施的具体结果和表现形式。税收的征收、管理、使用等各个环节都必须遵循税法的规定，确保税收活动的合法性、规范性和有序性。没有税法的明确规定，税收就失去了法律依据，无法有效实施。税收与税法相互依存，密不可分。税收是税法实施的具体结果，而税法则是保障税收顺利实施的法律手段。税法的制定和调整需要充分考虑税收的目的、原则和实际情况，而税收的实施情况又反过来检验税法的合理性和有效性。税收与税法在相互促进中不断发展完善。随着国家经济形势的变化和社会发展的需要，税收制度需要不断调整和完善，以适应新的形势和要求。而税法的制定和修改则需要以税收实践为基础，总结经验教训，不断完善税法体系，提高税法的权威性和可操作性。税收与税法共同维护国家财政的稳定和可持续发展。税收是国家财政收入的主要来源，对于国家的经济建设、社会发展和民生改善具有至关重要的作用。而税法则通过规范税收行为、保障税收权益、维护税收秩序等方式，确保税收的公平、公正和有效征收，为国家的财政稳定提供有力保障。

## 七、税法的分类

以下是几种常见的税法分类方式。

(1)按照税法的基本内容和效力的不同，可以分为税收基本法和税收普通法。税收基本法是税法体系的主体和核心，通常规定税收制度的基本构架和税收活动的基本准则。税收普通法是税收基本法的具体化，是对具体税种、税收事项和税收程序等进行规定的法律规范。

(2)按照税法的职能作用的不同，税法分为税收实体法和税收程序法。税收实体法是主要规定税收法律关系主体的实体权利和义务，是税法的核心部分。具体包括各税种的征收对象、征收范围、税目、税率、纳税地点等要素。税收程序法主要规定税务机关和税务行政相对人在行政程序中的权利和义务，以及税收的征收、管理和监督程序。税收程序法包括税收管理法、纳税程序法、发票管理法、税务机关组织法、税务争议处理法等。

(3)按照征收对象的不同可分为以下几种。

①商品和劳务税法：主要包括增值税、消费税、营业税(现已并入增值税)等，是对销售商品或提供劳务的流转额征收的税。

②所得税法：主要包括企业所得税、个人所得税等，是对纳税人在一定时期内的所得征收的税。

③财产、行为税法：如房产税、车船税、印花税、契税等，是对纳税人所拥有或支配的财产数量或价值额，以及某些特定行为征收的税。

④资源税法：如资源税、土地增值税等，是对开发、利用和占有国有自然资源的单位和个人征收的税。

⑤特定目的税税法：如环境保护税、车辆购置税等，是为了达到某种特定目的而征收的税。

（4）按照主权国家行使税收管辖权的不同可以分为国内税法、国际税法和外国税法。

（5）按照税收收入的归属不同可以分为中央税法、地方税法和中央地方共享税法。中央税属于中央政府的财政收入，如消费税、关税、车辆购置税、海关代征的增值税等。地方税属于各级地方政府的财政收入，如城市维护建设税、契税等。中央与地方共享税属于中央政府和地方政府的共同收入，如增值税、企业所得税等。

## 八、税法的构成要素

税法的构成要素一般包括纳税人、征税对象、税目、税率、计税依据、纳税环节、纳税期限、纳税地点、税收优惠、法律责任等。其中纳税人、征税对象和税率是构成税法的三个基本要素。各构成要素的含义具体如下。

### 1. 纳税人

纳税人即纳税主体，是税法规定的直接负有纳税义务的自然人、法人或其他组织。是构成税收法律关系的主体，与其相联系的另一个概念是扣缴义务人。扣缴义务人是税法规定的，在其经营活动中负有代扣税款并向国库缴纳义务的单位。扣缴义务人必须按照税法规定代扣税款，并在规定期限缴入国库。

### 2. 征税对象

征税对象又称课税对象或纳税客体，是指税收法律关系中征纳双方权利、义务所指的对象。征税对象是各个税种之间相互区别的根本标志。我国现行税种都有自己特定的征税对象。

### 3. 税目

税目是征税对象的具体化，是税法中规定的应当征税的具体项目，它规定了一个税种的课税范围，反映了课税的广度。

### 4. 税率

税率是对征税对象规定的征收比例或征收额度，是计算税额的尺度。税率的高低直接关系到纳税人的负担和国家税收收入的多少，是国家在一定时期内的税收政策的主要表现形式，是税收制度的核心要素。我国现行的税率主要有比例税率、定额税率、超额累进税率、超率累进税率。适用超额累进税率的税种是个人所得税，适用超率累进税率的税种是土地增值税。

### 5. 计税依据

计税依据是指计算应纳税额的依据或标准，即根据什么来计算纳税人应缴纳的税额，一般有从价计征和从量计征两种。从价计征，是以计税金额为计税依据，计税金额是征税对象的数量乘以计税价格的数额。从量计征，是以征税对象的重量、体积、数量等为计税依据。

**6. 纳税环节**

纳税环节是指商品在整个流转过程中按照税法规定应当缴纳税款的阶段。

**7. 纳税期限**

纳税期限是税法规定的纳税主体向税务机关缴纳税款的具体时间。它是衡量征纳双方是否按时行使征税权利和履行纳税义务的尺度。如增值税的纳税期限分别为1日、3日、5日、15日、1个月或1个季度。

**8. 纳税地点**

纳税地点主要是指根据各个税种征税对象的纳税环节和有利于对税款的源泉控制而规定的纳税人（包括代征、代扣、代缴义务人）的具体纳税地点。

**9. 税收优惠**

税收优惠是指国家对某些纳税人和征税对象给予照顾的一种特殊规定。制定这种特殊规定，一方面是为了鼓励和支持某些行业或项目的发展，另一方面是为了照顾某些纳税人的特殊困难。税收优惠主要包括以下内容。

(1)减税和免税。减税是指对应征税款减少征收部分税款。免税是指对规定应征收的税款给予免除。减税和免税又分为两种情况：一种是税法直接规定的长期减免税项目；另一种是依法给予的一定期限内的减免税措施，期满之后仍依规定纳税。

(2)起征点。起征点也称征税地点，是指征税对象开始征税的数额界限。征税对象的数额没有达到起征点的不征税；达到或超过起征点的，就其全部数额征税。

(3)免征额。免征额是指对征税对象总额中免予征税的数额，即对征税对象中的部分给予减免，只就减除后的剩余部分计征税款。

**10. 法律责任**

法律责任是指对违反国家税法规定的行为人采取的处罚措施，一般包括违法行为和因违法而应承担的法律责任两部分内容。违法行为是指违反税法规定的行为，包括作为和不作为。因违反税法而应承担的法律责任包括行政责任和刑事责任。纳税人和税务人员违反税法规定，都将依法承担法律责任。

# 第二节　税的征收与管理

税的征收与管理的一般程序包括税务登记、账簿和凭证管理、发票管理、纳税申报、税款征收、税务检查等环节。《中华人民共和国税收征收管理法》对税务机关和纳税人在各环节的权利义务进行了规范，并明确了不履行义务应承担的行政或法律责任。

## 一、税务登记

税务登记是税收管理的基础环节，旨在确立纳税人的法律地位，明确其纳税义务与权利，同时也是保障国家财政收入的重要手段。

### 1. 税务登记申请人

企业，企业在外地设立的分支机构和从事生产、经营的场所，个体工商户和从事生产、经营的事业单位，都应当办理税务登记(统称"从事生产、经营的纳税人")。前述规定以外的纳税人，除国家机关、个人和无固定生产经营场所的流动性农村小商贩外，也应当办理税务登记(统称"非从事生产经营但依照规定负有纳税义务的单位和个人")。根据税收法律、行政法规的规定，负有扣缴税款义务的扣缴义务人(国家机关除外)，应当办理扣缴税款登记。

### 2. 税务登记主管机关

县级以上(含本级)税务机关是税务登记的主管机关，负责税务登记的设立登记、变更登记、注销登记，以及非正常户处理、报验登记等有关事项。

国家税务机关按照国务院规定的税收征收管理范围，实施属地管理，采取联合登记或者分别登记的方式办理税务登记。

### 3."多证合一"登记制度

"多证合一"登记制度是指将企业注册登记时由依次申请改为一次申请，即由工商行政管理部门核发一个记载法人和统一社会信用代码的营业执照，即"一照一码"登记模式。"多证合一"改革是在"三证合一""五证合一""两证整合"改革的基础上，将有关涉及市场主体登记、备案等各类证、照，具体来说就是信息采集、记载公示、管理备查类的一般经营项目涉企证照事项，以及企业登记信息能够满足政府部门管理需要的涉企证照事项，进一步整合到营业执照上，使企业在办理营业执照后即能达到预定可生产经营状态，大幅度缩短企业从筹备开办到进入市场的时间。"多证合一"改革实施范围较"三证合一"和"五证合一"改革要更广。既适用于各类企业、农民专业合作社，也适用于个体工商户。当然，外商投资企业、港澳台投资企业也包括在内。

在"多证合一"登记制度下，税务登记作为其中的一项重要内容，被整合到营业执照中。纳税人在办理营业执照时，即可同时完成税务登记的相关手续，无需再单独向税务机关申请税务登记证。这一制度极大地简化了企业注册登记的流程，提高了办事效率，降低了企业的制度性交易成本。

## 二、账簿和凭证管理

账簿是纳税人、扣缴义务人连续记录其各种经济业务的账册和簿籍。凭证是纳税人用来记录其各种经济业务，明确经济责任，并据以登记账簿的书面证明。税务部门按照税收法律、行政法规和财务会计制度规定，对纳税人的会计账簿、凭证等实行管理和监督，这是税收管理的重要环节。

(1)设置账簿的时限。从事生产、经营的纳税人，应当自领取营业执照或者发生纳税义务之日起 15 日内，按照国家有关规定设置账簿。纳税人若使用计算机记账，应当在使用前将会计电算化系统的会计核算软件、使用说明书及有关资料报送主管税务机关备案。扣缴义务人应当自税收法律、行政法规规定的扣缴义务发生之日起 10 日内，按照所代扣、代收的税种，分别设置代扣代缴、代收代缴税款账簿。

(2)账簿设置的种类。纳税人应按要求设置总账、明细账、日记账以及其他辅助性账簿。总账、日记账应当采用订本式账簿。

(3)账簿、会计凭证和报表使用文字要求。账簿、会计凭证和报表应当使用中文。民族自治地方可以同时使用当地通用的一种民族文字。外商投资企业和外国企业可以使用一种外国文字。

(4)税控装置使用要求。纳税人应当按照税务机关的要求安装、使用税控装置，并按照税务机关的规定报送有关数据和资料。

(5)账簿及凭证保管要求。账簿、记账凭证、报表、完税凭证、发票、出口凭证及其他有关涉税资料应合法、真实、完整。账簿、记账凭证、报表、完税凭证、发票、出口凭证及其他有关涉税资料应当保存 10 年；但法律、行政法规另有规定的除外。

**学中做**

根据税收征收管理法律制定的规定，从事生产、经营的纳税人应在领取营业执照后的一定期限内开设账簿，该期限为(　　　)。

A. 15 日　　　　　B. 20 日　　　　　C. 25 日　　　　　D. 30 日

## 三、发票管理

发票是在购销商品、提供和接受服务及从事其他经营活动中，开具、收取的收付款凭证。发票是确定经济收支行为发生的法定凭证，是会计核算的原始依据。

### (一)发票的类型和适用范围

#### 1. 发票的类型

全国范围内全面推行"营改增"试点后，发票的类型主要是增值税专用发票和增值税普通发票，还有在特定范围继续使用的其他发票。

(1)增值税专用发票，包括增值税专用发票和机动车销售统一发票。

(2)增值税普通发票，包括增值税普通发票(折叠票)、增值税电子普通发票和增值税普通发票(卷票)

(3)其他发票，包括农产品收购发票、农产品销售发票、门票、过路(过桥)费发票、定额发票、客运发票和二手车销售统一发票等。

#### 2. 发票的适用范围

(1)增值税一般纳税人发生应税销售行为，使用增值税发票管理系统开具增值税专用发票、增值税普通发票、增值税电子普通发票、收费公路通行费增值税电子普通发票、机动车销售统一发票、二手车销售统一发票。

（2）增值税小规模纳税人发生应税销售行为，开具增值税普通发票，一般不使用增值税专用发票，可以到税务机关代开增值税专用发票。为持续推进"放管服"改革，小规模纳税人（其他个人除外）发生增值税应税行为，需要开具增值税专用发票的，可以自愿使用增值税发票管理系统自行开具。选择自行开具增值税专用发票的小规模纳税人，税务机关不再为其代开增值税专用发票。

（3）2017年1月1日起启用增值税普通发票（卷票）。增值税普通发票（卷票）由纳税人自愿选择使用，重点在生活性服务业纳税人中推广。纳税人可依法书面向税务机关要求使用印有本单位名称的增值税普通发票（折叠票）或增值税普通发票（卷票），国家税务机关按规定确认印有该单位名称发票的种类和数量。纳税人通过增值税发票管理新系统开具印有本单位名称的增值税普通发票（折叠票）或增值税普通发票（卷票）。

（4）门票、过路（过桥）费发票、定额发票、客运发票和二手车销售统一发票继续使用。

（5）餐饮行业增值税一般纳税人购进农业生产者自产农产品，可以使用国家税务机关监制的农产品收购发票，按照现行规定计算抵扣进项税额。

（6）采取汇总纳税的金融机构，省、自治区所辖地市以下分支机构可以使用从地市级机构统一领取的增值税专用发票、增值税普通发票、增值税电子普通发票；直辖市、计划单列市所辖区县及以下分支机构可以使用从直辖市、计划单列市机构统一领取的增值税专用发票、增值税普通发票、增值税电子普通发票。

（7）税务机关使用增值税发票管理新系统代开增值税专用发票和增值税普通发票。代开增值税专用发票使用六联票，代开增值税普通发票使用五联票。

### （二）发票的开具和使用

#### 1. 发票的开具

销售商品、提供服务及从事其他经营活动的单位和个人，对外发生经营业务收取款项，收款方应当向付款方开具发票；特殊情况下，由付款方向收款方开具发票。

所有单位和从事生产、经营活动的个人购买商品、接受服务以及从事其他经营活动支付款项，应当向收款方取得发票。取得发票时，不得要求变更品名和金额。

开具发票应当按照规定的时限、顺序、栏目，全部联次一次性如实开具，并加盖发票专用章。不符合规定的发票，不得作为财务报销凭证，任何单位和个人有权拒收。

任何单位和个人不得有下列虚开发票的行为：为他人、为自己开具与实际经营业务情况不符的发票；让他人为自己开具与实际经营业务情况不符的发票；介绍他人开具与实际经营业务情况不符的发票。

#### 2. 发票的使用

任何单位和个人应当按照发票管理规定使用发票，不得有下列行为：转借、转让、介绍他人转让发票、发票监制章和发票防伪专用品；知道或者应当知道是私自印制、伪造、变造、非法取得或者废止的发票而受让、开具、存放、携带、邮寄、运输;拆本使用发票;扩大发票使用范围;以其他凭证代替发票使用。

开具发票的单位和个人应当建立发票使用登记制度,设置发票登记簿,并定期向主管税务机关报告发票使用情况。开具发票的单位和个人应当在办理变更或者注销税务登记的同时,办理发票和发票领购簿的变更、缴销手续。开具发票的单位和个人应当按照税务机关的规定存放和保管发票,不得擅自损毁。已经开具的发票存根联和发票登记簿应当保存 5 年。保存期满,报经税务机关查验后销毁。

### (三)增值税发票开具和使用的特别规定

(1)国家税务总局编写并更新了《商品和服务税收分类与编码表》,并在增值税发票管理新系统中增加了编码相关功能。增值税纳税人应使用增值税发票管理新系统选择相应的编码开具增值税发票。

(2)自 2017 年 7 月 1 日起,购买方为企业(包括公司、非公司制企业法人、企业分支机构、个人独资企业、合伙企业和其他企业)的,索取增值税普通发票时,应向销售方提供纳税人识别号或统一社会信用代码;销售方为其开具增值税普通发票时,应在"购买方纳税人识别号"栏填写购买方的纳税人识别号或统一社会信用代码。不符合规定的发票,不得作为税收凭证。

(3)销售方开具增值税发票时,发票内容应按照实际销售情况如实开具,不得根据购买方要求填开与实际交易不符的内容。销售方开具发票时,通过销售平台系统与增值税发票税控系统后台对接,导入相关信息开票的,系统导入的开票数据内容应与实际交易相符;如不相符应及时修改完善销售平台系统。

### (四)发票检查

税务机关在发票管理中有权进行下列检查。

(1)检查印制、领购、开具、取得、保管和缴销发票的情况。

(2)调出发票查验。

(3)查阅、复制与发票有关的凭证、资料。

(4)向当事各方询问与发票有关的问题和情况。

(5)在查处发票案件时,对与案件有关的情况和资料,可以记录、录音、录像、照相和复制。

印刷、使用发票的单位和个人,必须依法接受税务机关的检查,必须如实反映情况,提供有关资料,不得有拒绝、隐瞒等行为。税务人员进行检查时,应当出示税务检查证。

税务机关需要将已开具的发票调出查验时,应当向被查验的单位和个人开具发票换票证。发票换票证与所调出查验的发票具有同等效力。被调出查验发票的单位和个人不得拒绝接受。税务机关需要将空白发票调出查验时,应当开具收据;经查无问题的，应当及时返还。

## 四、纳税申报

纳税申报是指纳税人、扣缴义务人按照法律、行政法规规定或者税务机关依照法律、行政法规的规定确定的期限，向主管税务机关报送有关纳税事项书面报告的法律行为，是纳税人履行纳税义务、承担法律责任的主要依据，是税务机关税收管理信息的主要来源和税务管理的一项重要制度。

### 1. 申报对象

在税务体系中，申报对象通常指的是需要依法向税务机关申报纳税义务的纳税人或扣缴义务人。纳税人是指法律、行政法规规定负有纳税义务的单位和个人；扣缴义务人则是指法律、行政法规规定负有代扣代缴、代收代缴税款义务的单位和个人。

### 2. 申报内容

纳税申报的内容主要体现在纳税申报表或代扣代缴、代收代缴税款报告表中，主要项目包括税种、税目，应纳税项目或者应代扣代缴、代收代缴项目，计税依据，扣除项目及标准，适用税率或者单位税额，应退税项目及税额、应减免税项目及税额，应纳税额或者应代扣代缴、代收代缴税额，税款所属期限、延期缴纳税款、欠税、滞纳金等。纳税人办理纳税申报时，除如实填写纳税申报表外，还要根据情况报送有关证件、资料等。

### 3. 申报期限

申报期限指纳税人按税法和税务机关规定向税务机关报送财务会计报表、纳税申报表和其他有关纳税资料的期限。申报期限通常与缴库期限合在一起，统称"报缴期限"。我国现行各税税法中，除规定纳税期限外，一般都同时规定报缴期限。

### 4. 申报方式

纳税申报方式是指纳税人和扣缴义务人在发生纳税义务和代扣代缴、代收代缴义务后，在其申报期限内，依照税收法律、行政法规的规定到指定税务机关进行申报纳税的形式。随着信息技术的发展，纳税申报方式越来越多样化。申报方式具体如下。

(1)直接申报。直接申报也称上门申报，是指纳税人和扣缴义务人在规定的申报期限内，自行到税务机关指定的办税服务场所报送纳税申报表、代扣代缴表、代收代缴表及有关资料。

(2)邮寄申报。邮寄申报是指经税务机关批准，纳税人、扣缴义务人使用统一的纳税申报专用信封，通过邮政部门办理交寄手续，并以邮政部门收据作为申报凭据的一种申报方式。

(3)数据电文申报。数据电文申报也称电子申报，是指纳税人、扣缴义务人在规定的申报期限内，通过与税务机关接受办理纳税申报、代扣代缴及代收代缴税款申报的电子系统联网的电脑终端，按照规定和系统发出的指示输入申报内容，以完成纳税申报或者代扣代缴及代收代缴税款申报的方式。

(4)简易申报。简易申报是指实行定期定额征收方式的纳税人，通过以缴纳税款凭证代替申报并可简并征期的一种申报方式。

### 5. 延期申报

延期申报是指纳税人或代征人经主管税务机关批准，推迟向税务机关报送纳税申报表和有关纳税资料的行为。纳税申报是纳税人必须履行的一项法定手续，没有特殊情况，纳税人必须根据税务机关核定的申报期限按期申报纳税。

### 6. 纳税申报的其他要求

(1)纳税人在纳税期内没有应纳税款的，也应当按照规定办理纳税申报。

(2)纳税人享受减税、免税待遇的，在减税、免税期间应当按照规定办理纳税申报。

## 五、税款征收

税款征收是指税务机关依据国家税收法律、行政法规确定的标准和范围，通过法定程序将纳税人应纳税款组织征收入库的一系列活动。税款征收是税收征管活动的中心环节，也是纳税人履行纳税义务的体现。

### (一)税款征收主要方式

(1)查账征收。查账征收是针对财务会计制度健全的纳税人，税务机关依据其报送的纳税申报表、财务会计报表和其他有关纳税资料，依照适用税率，计算其应缴纳税款的税款征收方式。这种征收方式较为规范，符合税收法律规定的基本原则，适用于财务会计制度健全，能够如实核算和提供生产经营情况，并能正确计算应纳税款和如实履行纳税义务的纳税人。

(2)查定征收。查定征收是针对账务不全，但能控制其材料、产量或进销货物的纳税单位或个人，税务机关依据正常条件下的生产能力对其生产的应税产品查定产量、销售额并据以确定其应缴纳税款的税款征收方式。这种征收方式适用于生产经营规模较小、产品零星、税源分散、会计账册不健全，但能控制原材料或进销货的小型厂矿和作坊。

(3)查验征收。查验征收是税务机关对纳税人的应税商品、产品，通过查验数量，按市场一般销售单价计算其销售收入，并据以计算其应缴纳税款的税款征收方式。这种征收方式适用于纳税人财务制度不健全，生产经营不固定，零星分散、流动性大的税源。

(4)定期定额征收。定期定额征收是税务机关对小型个体工商户在一定经营地点、一定经营时期、一定经营范围内的应纳税经营额(包括经营数量)或所得额进行核定，并以此为计税依据，确定其应缴纳税额的一种税款征收方式。这种征收方式适用于经主管税务机关认定和县级(含县级)以上税务机关批准的生产、经营规模小，达不到《个体工商户建账管理暂行办法》规定设置账簿标准，难以查账征收，不能准确计算计税依据的个体工商户(包括个人独资企业，简称"定期定额户")。

### 🔑 学中做

查验征收主要适用于哪些类型的纳税人？

A. 账簿健全、核算准确的企业

B. 生产经营规模小、账册不健全的个体工商户

C. 跨国企业集团的全球税务筹划

D. 农产品收购等特定行业

### (二)应纳税额的核定与调整

(1)纳税人有下列情形之一的，税务机关有权核定其应纳税额。

① 依照法律、行政法规的规定可以不设置账簿的。

② 依照法律、行政法规的规定应当设置账簿但未设置的。

③ 擅自销毁账簿或者拒不提供纳税资料的。

④ 虽设置账簿，但账目混乱或者成本资料、收入凭证、费用凭证残缺不全，难以查账的。

⑤ 发生纳税义务，但未按照规定的期限办理纳税申报，经税务机关责令限期申报，逾期仍不申报的。

⑥ 纳税人申报的计税依据明显偏低，又无正当理由的。

(2)核定应纳税额的方法。

为减少核定应纳税额的随意性，使核定的税额更接近纳税人的实际情况和法定负担水平，税务机关有权采用下列任何一种方法核定其应纳税额。

①参照当地同类行业或者类似行业中经营规模和收入水平相近的纳税人的税负水平核定。

②按照营业收入或者成本加合理的费用和利润的方法核定。

③按照耗用的原材料、燃料、动力等推算或者测算核定。

④按照其他合理方法核定。

当其中一种方法不足以正确核定应纳税额时，可以同时采用两种以上的方法核定。纳税人对税务机关采取上述方法核定的应纳税额有异议的，应当提供相关证据，经税务机关认定后，调整应纳税额。

### (三)税款征收措施

为了保证税款征收的顺利进行，《中华人民共和国税收征收管理法》及其实施细则赋予了税务机关在税款征收过程中针对不同情况可以采取相应征收措施的职权。

**1. 责令缴纳**

(1)纳税人未按照规定期限缴纳税款的,扣缴义务人未按照规定期限解缴税款的,税务机关可责令限期缴纳,并从滞纳税款之日起,按日加收滞纳税款万分之五的滞纳金。逾期仍未缴纳的,税务机关可以采取税收强制执行措施。加收滞纳金的起止时间,为法律、行政法规规定或者税务机关依照法律、行政法规的规定确定的税款缴纳期限届满次日起至纳税人、扣缴义务人实际缴纳或者解缴税款之日止。

(2)对未按照规定办理税务登记的从事生产、经营的纳税人,以及临时从事经营的纳税人,税务机关核定其应纳税额,责令其缴纳应纳税款。纳税人不缴纳的,税务机关可以扣押其价值相当于应纳税款的商品、货物。扣押后缴纳应纳税款的,税务机关必须立即解除扣押,并归还所扣押的商品、货物;扣押后仍不缴纳应纳税款的,经县以上税务局(分局)局长批准,依法拍卖或者变卖所扣押的商品、货物,以拍卖或者变卖所得抵缴税款。

(3)税务机关有根据认为从事生产、经营的纳税人有逃避纳税义务行为、可在规定的纳税期之前责令其限期缴纳应纳税款、逾期仍未缴纳的,税务机关有权采取其他税款征收措施。

(4)纳税担保人未按照规定的期限缴纳所担保的税款,税务机关可责令其限期缴纳应纳税款。逾期仍未缴纳的,税务机关有权采取其他税款征收措施。

**2. 责令提供纳税担保**

纳税担保是指经税务机关同意或确认,纳税人或其他自然人、法人、经济组织以保证、质押的方式为纳税人应当缴纳的税款及滞纳金提供担保的行为,包括经税务机关认可的有纳税担保能力的保证人为纳税人提供的纳税保证,以及纳税人或者第三人以其未设置或者未全部设置担保物权的财产提供的担保。

(1)适用纳税担保的情形。

①税务机关有根据认为从事生产、经营的纳税人有逃避纳税义务行为,在规定的纳税期之前经责令其限期缴纳应纳税款,在限期内发现纳税人有明显的转移、隐匿其应纳税的商品、货物,以及其他财产或者应纳税收入的迹象,责成纳税人提供纳税担保的。

②欠缴税款、滞纳金的纳税人或者其法定代表人需要出境的。

③纳税人同税务机关在纳税上发生争议而未缴清税款,需要申请行政复议的。

④税收法律、行政法规规定可以提供纳税担保的其他情形。

(2)纳税担保的范围。

纳税担保的范围包括税款、滞纳金和实现税款、滞纳金的费用。费用包括抵押、质押登记费用、质押保管费用,以及保管、拍卖、变卖担保财产等相关费用支出。

用于纳税担保的财产、权利的价值不得低于应当缴纳的税款、滞纳金,并考虑相关的费用。纳税担保的财产价值不足以抵缴税款、滞纳金的,税务机关应当向提供担保的纳税人或纳税担保人继续追缴。用于纳税担保的财产、权利的价格估算，除法律、行政法规另有规定外，参照同类商品的市场价、出厂价或者评估价格估算。

### 3. 采取税收保全措施

税务机关责令具有税法规定情形的纳税人提供纳税担保而纳税人拒绝提供纳税担保或无力提供纳税担保的，经县以上税务局(分局)局长批准，税务机关可以采取下列税收保全措施。

(1)书面通知纳税人开户银行或者其他金融机构冻结纳税人的金额相当于应纳税款的存款。

(2)扣押、查封纳税人的价值相当于应纳税款的商品、货物或者其他财产。其他财产包括纳税人的房地产、现金、有价证券等不动产和动产。

需要注意的是，个人及其所抚养家属维持生活必需的住房和用品(不包括机动车辆、金银饰品、古玩字画、豪华住宅或者一处以外的住房)，不在税收保全措施的范围之内。税务机关对单价在 5 000 元以下的其他生活用品，不采取税收保全措施。

### 学中做

下列哪项措施属于税收保全措施？

A. 税务机关直接划扣纳税人银行存款抵缴税款

B. 税务机关书面通知纳税人开户银行冻结其存款

C. 税务机关对纳税人的财产进行拍卖以抵缴税款

D. 税务机关对纳税人采取强制执行措施

### 4. 采取强制执行措施

从事生产、经营的纳税人、扣缴义务人未按照规定的期限缴纳或者解缴税款，纳税担保人未按照规定的期限缴纳所担保的税款，由税务机关责令限期缴纳，逾期仍未缴纳的，经县以上税务局(分局)局长批准，税务机关可以采取下列强制执行措施。

①强制扣款，即书面通知其开户银行或者其他金融机构从其存款中扣缴税款。

②拍卖变卖，即扣押、查封、依法拍卖或者变卖其价值相当于应纳税款的商品、货物或者其他财产，以拍卖或者变卖所得抵缴税款。

税务机关采取强制执行措施时，对上述纳税人、扣缴义务人，纳税担保人未缴纳的滞纳金同时强制执行。个人及其所抚养家属维持生活必需的住房和用品，不在强制执行措施的范围之内。税务机关对单价在 5 000 元以下的其他生活用品，不采取强制执行措施。

### 5. 阻止出境

欠缴税款的纳税人或者其法定代表人在出境前未按规定结清应纳税款、滞纳金或者提供纳税担保的，税务机关可以通知出境管理机关阻止其出境。

## 六、税务检查

税务检查又称纳税检查，是指税务机关依照国家有关税收法律、行政法规的规定，对纳税人、扣缴义务人履行纳税义务、扣缴义务情况进行审查监督的一种行政检查。税务检查是确保国家财政收入稳定和税收法律、行政法规、规章贯彻落实的重要手段，是国家经济监督体系中不可缺少的组成部分。

**1. 税务机关在税务检查中的职权与职责**

(1)税务机关有权进行下列税务检查。

①检查纳税人的账簿、记账凭证、报表和有关资料，检查扣缴义务人代扣代缴、代收代缴税款账簿、记账凭证和有关资料。

②到纳税人的生产、经营场所和货物存放地检查纳税人应纳税的商品、货物或者其他财产，检查扣缴义务人与代扣代缴、代收代缴税款有关的经营情况。

③责成纳税人、扣缴义务人提供与纳税或者代扣代缴、代收代缴税款有关的文件、证明材料和有关资料。

④询问纳税人、扣缴义务人与纳税或者代扣代缴、代收代缴税款有关的问题和情况。

⑤到车站、码头、机场、邮政企业及其分支机构检查纳税人托运、邮寄应纳税商品、货物或者其他财产的有关单据、凭证和有关资料。

⑥经县以上税务局(分局)局长批准，凭全国统一格式的检查存款账户许可证明，查询从事生产、经营的纳税人、扣缴义务人在银行或者其他金融机构的存款账户。税务机关在调查税收违法案件时，经设区的市、自治州以上税务局(分局)局长批准，可以查询案件涉嫌人员的储蓄存款。税务机关查询所获得的资料，不得用于税收以外的用途。

(2)税务机关对从事生产、经营的纳税人以前纳税期的纳税情况依法进行税务检查时，发现纳税人有逃避纳税义务行为，并有明显的转移、隐匿其应纳税的商品、货物以及其他财产或者应纳税的收入的迹象的，可以按照税法规定的批准权限采取税收保全措施或者强制执行措施。

(3)税务机关依法进行税务检查时，有权向有关单位和个人调查纳税人、扣缴义务人和其他当事人与纳税或者代扣代缴、代收代缴税款有关的情况。

(4)税务机关调查税务违法案件时，对与案件有关的情况和资料，可以记录、录音、录像、照相和复制。

(5)税务机关派出的人员进行税务检查时，应当出示税务检查证和税务检查通知书，并有责任为被检查人保守秘密；未出示税务检查证和税务检查通知书的，被检查人有权拒绝检查。

**2. 被检查人的义务**

(1)纳税人、扣缴义务人必须接受税务机关依法进行的税务检查，如实反映情况，提供有关资料，不得拒绝、隐瞒。

(2)税务机关依法进行税务检查时，有关单位和个人有义务向税务机关如实提供有关资料及证明材料。

## 📖 章节小结

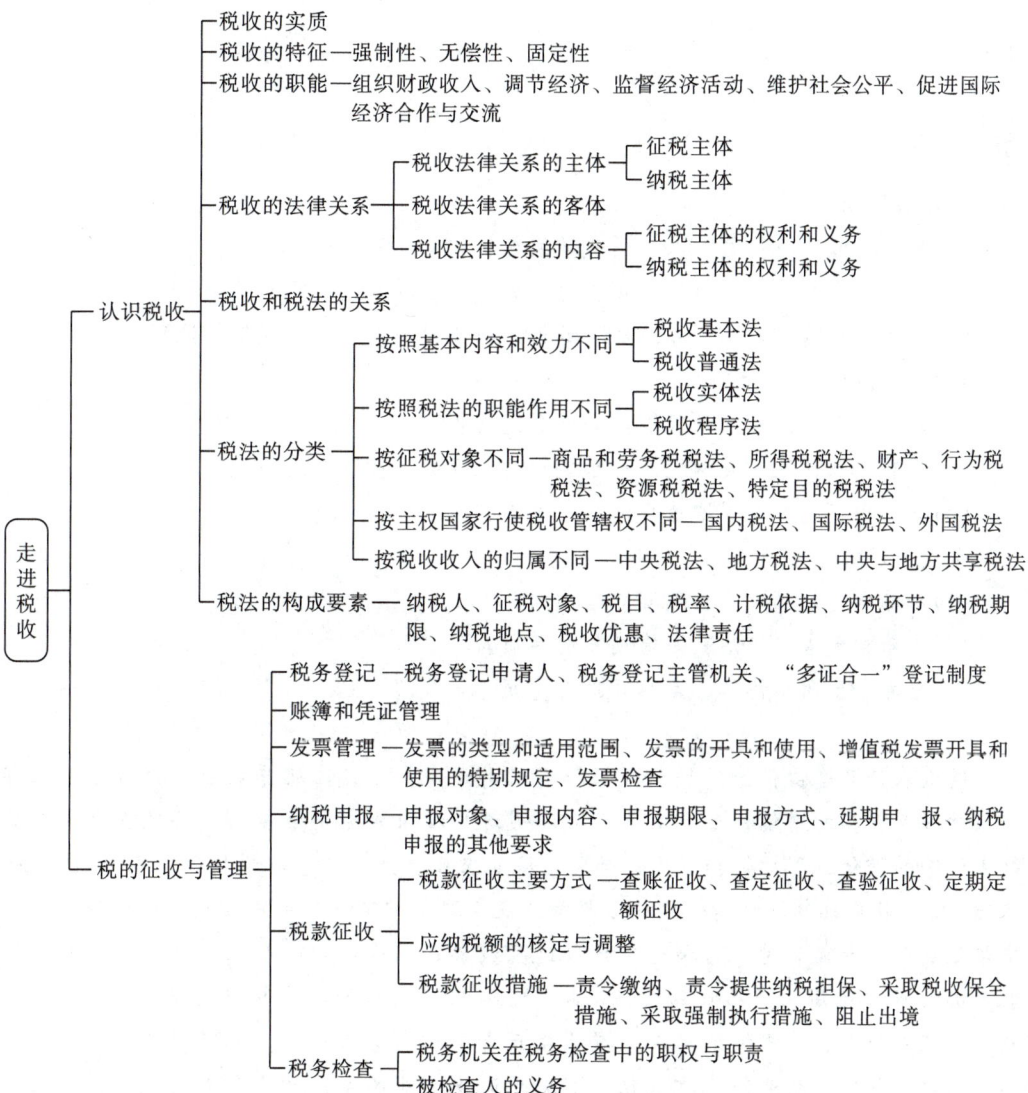

## 学习目标

◈**知识目标**

(1)掌握增值税的基本知识,明确增值税的构成要素。

(2)掌握增值税应纳税额的计算方法,了解增值税的税收优惠政策。

(3)熟悉一般纳税人企业和小规模纳税人企业两种类型的纳税申报流程。

◈**能力目标**

(1)能够确定增值税征税范围,并选择适用税率。

(2)能够准确计算一般纳税人和小规模纳税人的增值税应纳税额。

(3)能够根据资料填制增值税纳税申报表。

◈**素质目标**

(1)培养学生爱岗敬业、诚实守信的精神。

(2)培养学生遵纪守法、诚信纳税的品质。

(3)培养学生团结协作、互帮互助的意识。

　　购进农产品增值税进项税额的抵扣有三种情况:一是,从非农业生产者手中取得一般纳税人开具的增值税专用发票或者海关进口增值税专用缴款书,按照发票或缴款书上注明的增值税税额抵扣进项;二是,从非农业生产者手中取得按照简易计税方法,依照3%征收率计算缴纳增值税的小规模纳税人取得增值税专用发票的,以增值税专用发票上注明的金额和对应的扣除率计算进项税额;三是,购进农业生产者自产的免税农产品,可以使用农产品收购凭证,按9%或10%的扣除率计算进项税额。无论企业是从一般纳税人、小规模纳税人、农业生产者手中购买农产品,都可以抵扣增值税进项税额,这降低了企业的税收负担,有助于激发企业的生产活力和市场竞争力。农产品增值税进项税额抵扣政策鼓励农产品加工企业更多地采购农产品,从而带动农业生产规模的扩大和农民收入的增加,不仅有助于提升农业产业链的整体效益,还能推动农村经济的持续发展，实现城乡经济的协调发展。农产品增值税进项税额抵扣政策在维护税收公平、促进农业发展、优化税收征管以及降低农产品生产成本等方面都发挥着重要作用，是推动我国农业和农村经济发展的有力保障。

## 职场任务

甲汽车集团为增值税一般纳税人，2024年5月份尚未抵扣完的进项税额为2 100元。该企业6月份有关生产经营业务如下：

(1)销售M型小汽车10辆给汽车销售公司，每辆车不含税售价16万元，开具增值税专用发票注明应收价款160万元，款项已全部收回。

(2)销售V型小汽车50辆给经销商，每辆车不含税售价14万元，向经销商开具了增值税专用发票，注明价款700万元、增值税91万元。

(3)甲汽车集团将某单位逾期未退还包装物押金3.39万元转作其他业务收入。

(4)购进生产设备取得增值税专用发票注明价款25万元、进项税额3.25万元，支付运费取得增值税专用发票，注明运输费3万元、税款0.27万元，该设备当月投入使用。

(5)当月购进原材料取得增值税专用发票注明金额500万元、进项税额45万元，支付购进原材料的运费取得增值税专用发票，注明运输费50万元，税款4.5万元；支付装卸费取得增值税专用发票，注明装卸费5万元，税款0.3万元。

(6)委托一企业加工一批材料，发出原材料成本200万元，支付加工费10万元(不含税)，取得增值税专用发票，材料加工完成后验收入库。

(7)甲汽车集团将购进的钢材转用于企业职工集体福利。按企业材料成本计算方法确定，该材料成本为50万元，其进项税额为6.5万元。

(8)当月因管理不善，发生意外事故损失库存原材料，金额20万元。

请计算甲汽车集团6月份应缴纳的增值税税额，并进行增值税纳税申报。

## 任务实施

### 1. 计算甲汽车集团6月份应缴纳的增值税税额

(1)增值税销项税额

$=160\ 000\times10\times13\%+910\ 000+33\ 900\div(1+13\%)\times13\%=1\ 121\ 900$(元)

(2)允许抵扣的进项税额

$=32\ 500+2\ 700+450\ 000+45\ 000+3\ 000+100\ 000\times13\%=546\ 200$(元)

(3)进项税额转出额$=65\ 000+200\ 000\times13\%=91\ 000$(元)

(4)应纳增值税税额$=1\ 121\ 900-546\ 200+91\ 000-2\ 100=664\ 600$(元)

### 2. 填写增值税纳税申报表

甲汽车集团6月份增值税纳税申报表填制见表2-1～表2-3。

表2—1 增值税及附加税费申报表附列资料（一）

（本期销售情况明细）

税款所属时间：2024年6月1日至2024 年6月30 日

纳税人名称：（公章）长汽汽车集团

金额单位：元（列至角分）

| 项目及栏次 | | 开具增值税专用发票 | | 开具其他发票 | | 未开具发票 | | 纳税检查调整 | | 合计 | | | 服务、不动产和无形产扣除项目本期实际扣除金额 | 扣除后 | |
|---|---|---|---|---|---|---|---|---|---|---|---|---|---|---|---|---|
| | | 销售额 | 销项（应纳）税额 | 销售额 | 销项（应纳）税额 | 销售额 | 销项（应纳）税额 | 销售额 | 销项（应纳）税额 | 销售额 | 销项（应纳）税额 | 价税合计 | | 含税（免税）销售额 | 销项（应纳）税额 |
| | | 1 | 2 | 3 | 4 | 5 | 6 | 7 | 8 | 9=1+3+5+7 | 10=2+4+6+8 | 11=9+10 | 12 | 13=11-12 | 14=13÷(100%+税率或征收率)×税率或征收率 |
| 一、一般计税方法计税 | 全部征税项目 13%税率的货物及加工修理修配劳务 | 1 | 8 600 000.00 | 1 118 000.00 | | | 30000.00 | 3900.00 | | | 8 630 000.00 | 1 121 900.00 | —— | —— | —— | —— |
| | 13%税率的服务、不动产和无形资产 | 2 | | | | | | | | | | | | | | |
| | 9%税率的货物及加工修理修配劳务 | 3 | —— | —— | | | | | —— | —— | | | —— | —— | —— | —— |
| | 9%税率的服务、不动产和无形资产 | 4 | | | | | | | | | | | | | | |
| | 6%税率 | 5 | | | | | | | | | | | | | | |
| | 其中：即征即退货物及加工修理修配劳务 | 6 | | | | | | | | | | | | | | |
| | 即征即退服务、不动产和无形资产 | 7 | | | | | | | | | | | | | | |
| | 6%征收率 | 8 | | | | | | | | | | | | | | |
| 二、简易计税方法计税 | 全部征税项目 5%征收率的货物及加工修理修配劳务 | 9a | | | | | | | | | | | | | | |
| | 5%征收率的服务、不动产和无形资产 | 9b | | | | | | | | | | | | | | |
| | 4%征收率 | 10 | | | | | | | | | | | | | | |
| | 3%征收率的货物及加工修理修配劳务 | 11 | | | | | | | | | | | | | | |
| | 3%征收率的服务、不动产和无形资产 | 12 | | | | | | | | | | | | | | |
| | 预征率 % | 13a | | | | | | | | | | | | | | |
| | 预征率 % | 13b | | | | | | | | | | | | | | |
| | 预征率 % | 13c | | | | | | | | | | | | | | |
| | 其中：即征即退货物及加工修理修配劳务 | 14 | | | | | | | | | | | | | | |
| | 即征即退服务、不动产和无形资产 | 15 | | | | | | | | | | | | | | |
| 三、免抵退税 | 货物及加工修理修配劳务 | 16 | —— | | | | | | —— | | | | —— | —— | —— | —— |
| | 服务、不动产和无形资产 | 17 | —— | | | | | | —— | | | | —— | —— | —— | —— |
| 四、免税 | 货物及加工修理修配劳务 | 18 | —— | | | | | | —— | | | | —— | —— | —— | —— |
| | 服务、不动产和无形资产 | 19 | —— | | | | | | —— | | | | —— | —— | —— | —— |

## 表2-2　增值税及附加税费申报表附列资料（二）

**（本期进项税额明细）**

税款所属时间：2024年6月1日至2024年6月30日

纳税人名称：（公章）长A汽车集团　　　　　　　　　　　　　　　　　　　金额单位：元（列至角分）

| 一、申报抵扣的进项税额 | | | | |
|---|---|---|---|---|
| 项目 | 栏次 | 份数 | 金额 | 税额 |
| （一）认证相符的增值税专用发票 | 1=2+3 | 5 | 5 900 000.00 | 546 200.00 |
| 　其中：本期认证相符且本期申报抵扣 | 2 | 5 | 5 900 000.00 | 546 200.00 |
| 　　　　前期认证相符且本期申报抵扣 | 3 | | | |
| （二）其他扣税凭证 | 4=5+6+7+8a+8b | | | |
| 　其中：海关进口增值税专用缴款书 | 5 | | | |
| 　　　　农产品收购发票或者销售发票 | 6 | | | |
| 　　　　代扣代缴税收缴款凭证 | 7 | | | —— |
| 　　　　加计扣除农产品进项税额 | 8a | —— | —— | |
| 　　　　其他 | 8b | | | |
| （三）本期用于购建不动产的扣税凭证 | 9 | | | |
| （四）本期用于抵扣的旅客运输服务扣税凭证 | 10 | | | |
| （五）外贸企业进项税额抵扣证明 | 11 | —— | —— | |
| 当期申报抵扣进项税额合计 | 12=1+4+11 | 5 | 5 900 000.00 | 546 200.00 |
| 二、进项税额转出额 | | | | |
| 项目 | 栏次 | 税额 | | |
| 本期进项税额转出额 | 13=14至23之和 | 91 000.00 | | |
| 其中：免税项目用 | 14 | | | |
| 　　　集体福利、个人消费 | 15 | 65 000.00 | | |
| 　　　非正常损失 | 16 | 26 000.00 | | |
| 　　　简易计税方法征税项目用 | 17 | | | |
| 　　　免抵退税办法不得抵扣的进项税额 | 18 | | | |
| 　　　纳税检查调减进项税额 | 19 | | | |
| 　　　红字专用发票信息表注明的进项税额 | 20 | | | |
| 　　　上期留抵税额抵减欠税 | 21 | | | |
| 　　　上期留抵税额退税 | 22 | | | |
| 　　　异常凭证转出进项税额 | 23a | | | |
| 　　　其他应作进项税额转出的情形 | 23b | | | |
| 三、待抵扣进项税额 | | | | |
| 项目 | 栏次 | 份数 | 金额 | 税额 |
| （一）认证相符的增值税专用发票 | 24 | | —— | —— |
| 　期初已认证相符但未申报抵扣 | 25 | | | |
| 　本期认证相符且本期未申报抵扣 | 26 | | | |
| 　期末已认证相符但未申报抵扣 | 27 | | | |
| 　其中：按照税法规定不允许抵扣 | 28 | | | |
| （二）其他扣税凭证 | 29=30至33之和 | | | |
| 　其中：海关进口增值税专用缴款书 | 30 | | | |
| 　　　　农产品收购发票或者销售发票 | 31 | | | |
| 　　　　代扣代缴税收缴款凭证 | 32 | | | —— |
| 　　　　其他 | 33 | | | |
| | 34 | | | |
| 四、其他 | | | | |
| 项目 | 栏次 | 份数 | 金额 | 税额 |
| 本期认证相符的增值税专用发票 | 35 | 5 | 5 900 000.00 | 546 200.00 |
| 代扣代缴税额 | 36 | —— | —— | |

## 表2-3 增值税及附加税费申报表

### （一般纳税人适用）

根据国家税收法律法规及增值税相关规定制定本表。纳税人不论有无销售额，均应按税务机关核定的纳税期限填写本表，并向当地税务机关申报。

税款所属时间：自2024年 6 月1 日至2024年 6 月30 日　　　填表日期：2024 年 7 月 7 日　　　　　　　　金额单位：元（列至角分）

纳税人识别号（统一社会信用代码）：□□□□□□□□□□□□□□□□□□□　　　　　所属行业

| 纳税人名称：长A汽车集团 | | 法定代表人姓名 | | 注册地址 | | 生产经营地址 | |
| --- | --- | --- | --- | --- | --- | --- | --- |
| 开户银行及账号 | | | 登记注册类型 | | | 电话号码 | |

| | 项　目 | 栏次 | 一般项目 | | 即征即退项目 | |
| --- | --- | --- | --- | --- | --- | --- |
| | | | 本月数 | 本年累计 | 本月数 | 本年累计 |
| 销售额 | （一）按适用税率计税销售额 | 1 | 8 630 000.00 | | | |
| | 其中：应税货物销售额 | 2 | 8 630 000.00 | | | |
| | 应税劳务销售额 | 3 | | | | |
| | 纳税检查调整的销售额 | 4 | | | | |
| | （二）按简易办法计税销售额 | 5 | | | | |
| | 其中：纳税检查调整的销售额 | 6 | | | | |
| | （三）免、抵、退办法出口销售额 | 7 | | —— | | —— |
| | （四）免税销售额 | 8 | | | | |
| | 其中：免税货物销售额 | 9 | | | | |
| | 免税劳务销售额 | 10 | | | | |
| 税款计算 | 销项税额 | 11 | 1 121 900.00 | | | |
| | 进项税额 | 12 | 546 200.00 | | | |
| | 上期留抵税额 | 13 | 2 100.00 | | | |
| | 进项税额转出 | 14 | 91 000.00 | | | |
| | 免、抵、退应退税额 | 15 | | | | |
| | 按适用税率计算的纳税检查应补缴税额 | 16 | | | | |
| | 应抵扣税额合计 | 17=12+13-14-15+16 | 457 300.00 | —— | | —— |
| | 实际抵扣税额 | 18（如17<11，则为17，否则为11） | 457 300.00 | | | |
| | 应纳税额 | 19=11-18 | 664 600.00 | | | |
| | 期末留抵税额 | 20=17-18 | | | | |
| | 简易计税办法计算的应纳税额 | 21 | | | | |
| | 按简易计税办法计算的纳税检查应补缴税额 | 22 | | | | |
| | 应纳税额减征额 | 23 | | | | |
| | 应纳税额合计 | 24=19+21-23 | 664 600.00 | | | |
| 税款缴纳 | 期初未缴税额（多缴为负数） | 25 | | | | |
| | 实收出口开具专用缴款书退税额 | 26 | | | | |
| | 本期已缴税额 | 27=28+29+30+31 | | | | |
| | ①分次预缴税额 | 28 | | —— | | —— |
| | ②出口开具专用缴款书预缴税额 | 29 | | —— | | —— |
| | ③本期缴纳上期应纳税额 | 30 | | | | |
| | ④本期缴纳欠缴税额 | 31 | | | | |
| | 期末未缴税额（多缴为负数） | 32=24+25+26-27 | 664 600.00 | | | |
| | 其中：欠缴税额（≥0） | 33=25+26-27 | | —— | | —— |
| | 本期应补(退)税额 | 34=24-28-29 | 664 600.00 | —— | | —— |
| | 即征即退实际退税额 | 35 | | —— | | —— |
| | 期初未缴查补税额 | 36 | | | | |
| | 本期入库查补税额 | 37 | | | | |
| | 期末未缴查补税额 | 38=16+22+36-37 | | | | |
| 附加税费 | 城市维护建设税本期应补（退）税额 | 39 | | | | |
| | 教育费附加本期应补（退）费额 | 40 | | | | |
| | 地方教育附加本期应补（退）费额 | 41 | | | | |

声明：此表是根据国家税收法律法规及相关规定填写的，本人（单位）对填报内容（及附带资料）的真实性、可靠性、完整性负责。

　　　　　　　　　　　　　　　　　　　　　　　　　　　　　　纳税人（签章）：　　　　　　年 月 日

| 经办人：<br>经办人身份证号：<br>代理机构签章：<br>代理机构统一社会信用代码： | 受理人：<br><br>受理税务机关（章）：　　　　受理日期：2024 年 7 月 7 日 |
| --- | --- |

# 第一节　增值税的起源和发展

## 一、增值税的起源和发展

"增值税"的名称是于 1921 年由德国的西蒙士正式提出，但当时并未引起重视，直到 1948 年，法国政府为进一步发挥国际贸易优势，稳定财政收入，减轻生产和流通领域各环节的税收负担，适应社会化协作生产的需要，消除间接税重复征税的弊端，把制造阶段的商品税改按增值额计税，增值税才正式问世。而后，法国政府不断扩大征税范围并积极推广改革，于 1968 年全面实行增值税。随后，世界各国开始考虑引入增值税制度，根据经济合作与发展组织（OECD）发布的《税收政策改革 2023：OECD 与部分其他合作经济体》统计，截至 2022 年 10 月 1 日，全球共有 174 个税收管辖区开征了增值税。

## 二、中国征收增值税的历史进程

顺应世界税制改革大潮，中国于 1979 年引进增值税制度，正式开启流转税的改革征程。从 1979 年到 2023 年，中国增值税改革历程大致可以划分为五个阶段：

第一阶段：引进试点（1979－1993）。

中国自 1979 年开始试行增值税，并在 1984 年和 1993 年进行了两次重要改革。这一阶段的增值税制度主要处于试点和探索阶段，为后续的改革奠定了基础。

第二阶段：初步建立（1994－2003）。

1993 年 12 月 13 日，国务院发布了《中华人民共和国增值税暂行条例》，12 月 25 日，财政部下发了《中华人民共和国增值税暂行条例实施细则》，二者同时于 1994 年 1 月 1 日起施行，标志着我国现行增值税制度的正式确立。

第三阶段：转型与扩围阶段（2004—2011 年）。

1994 年税制改革后，我国建立了生产型增值税制度，主要特点是不允许抵扣固定资产所含的增值税进项税额。随着经济的发展和改革的深入，生产型增值税逐渐显露出其弊端。为此，我国于 2004 年开始逐步推进增值税由生产型向消费型的转型。这一转型过程主要是允许企业抵扣新购入设备所含的增值税，以促进企业投资和技术进步。

第四阶段："营改增"改革阶段（2012—2016 年）。

2012 年 7 月 25 日，国务院决定自 2012 年 8 月 1 日起，在上海市开展交通运输业和部分现代服务业营业税改征增值税试点。此后，试点范围逐步扩大至全国多个省市和行业。

经过多轮试点和扩围，我国于 2016 年 5 月 1 日起在全国范围内全面推开营业税改征增值税试点，实现了增值税对货物和服务的全覆盖。这一改革彻底打通了不同产业之间的抵扣链条，减轻了企业税负，促进了现代服务业的快速发展。

第五阶段：深化完善（2017—至今）。

为进一步优化税制结构、减轻企业税负，我国自 2017 年起逐步推进增值税税率的简并工作。经过多次调整，目前增值税税率已简并为三档：基本税率 13％、低税率 9％ 和零税率。

---

**小贴士**

《全国人民代表大会常务委员会关于惩治虚开、伪造和非法出售增值税专用发票犯罪的决定》中明确指出：

虚开增值税专用发票的，处三年以下有期徒刑或者拘役，并处二万元以上二十万元以下罚金；虚开的税款数额较大或者有其他严重情节的，处三年以上十年以下有期徒刑，并处五万元以上五十万元以下罚金；虚开的税款数额巨大或者有其他特别严重情节的，处十年以上有期徒刑或者无期徒刑，并处没收财产。有前款行为骗取国家税款，数额特别巨大、情节特别严重、给国家利益造成特别重大损失的，处无期徒刑或者死刑，并处没收财产。

伪造或者出售伪造的增值税专用发票的，处三年以下有期徒刑或者拘役，并处二万元以上二十万元以下罚金；数量较大或者有其他严重情节的，处三年以上十年以下有期徒刑，并处五万元以上五十万元以下罚金；数量巨大或者有其他特别严重情节的，处十年以上有期徒刑或者无期徒刑，并处没收财产。伪造并出售伪造的增值税专用发票，数量特别巨大、情节特别严重、严重破坏经济秩序的，处无期徒刑或者死刑，并处没收财产。

非法出售增值税专用发票的，处三年以下有期徒刑或者拘役，并处二万元以上二十万元以下罚金；数量较大的，处三年以上十年以下有期徒刑，并处五万元以上五十万元以下罚金；数量巨大的，处十年以上有期徒刑或者无期徒刑，并处没收财产。

非法购买增值税专用发票或者购买伪造的增值税专用发票的，处五年以下有期徒刑、拘役，并处或者单处二万元以上二十万元以下罚金。

盗窃增值税专用发票或者其他发票的，依照刑法关于盗窃罪的规定处罚。使用欺骗手段骗取增值税专用发票或者其他发票的，依照刑法关于诈骗罪的规定处罚。

## 第二节  增值税纳税人和征税范围的确定

### 一、增值税的概念

增值税是对销售商品或者劳务过程中实现的增值额征收的一种流转税。增值税已经成为中国最主要的税种之一，增值税的税收收入占中国全部税收收入的 60% 以上，它也是中国最大的一个税种。

增值税由国家税务总局负责征收，税收收入的 50% 为中央财政收入，50% 为地方收入。进口环节的增值税由海关负责征收，税收收入全部为中央财政收入。增值税在保证财政收入、促进公平竞争、引导产业结构优化、提升财政治理能力等方面发挥着至关重要的作用。

### 二、增值税的纳税人

《中华人民共和国增值税暂行条例》第一条规定，在中华人民共和国境内销售货物或者加工、修理修配劳务（以下简称劳务），销售服务、无形资产、不动产以及进口货物的单位和个人，为增值税的纳税人，应当依照本条例缴纳增值税。

**法规解读：**

《中华人民共和国增值税暂行条例实施细则》第二条规定，货物是指有形动产，包括电力、热力、气体在内；加工是指受托加工货物，即委托方提供原料及主要材料，受托方按照委托方的要求，制造货物并收取加工费的业务；修理修配是指受托对损伤和丧失功能的货物进行修复，使其恢复原状和功能的业务。

《中华人民共和国增值税暂行条例实施细则》第三条规定，销售货物是指有偿转让货物的所有权；提供加工、修理修配劳务（以下称应税劳务）是指有偿提供加工、修理修配劳务。单位或者个体工商户聘用的员工为本单位或者雇主提供加工、修理修配劳务，不包括在内。有偿，是指从购买方取得货币、货物或者其他经济利益。

《中华人民共和国增值税暂行条例实施细则》第九条规定，单位，是指企业、行政单位、事业单位、军事单位、社会团体及其他单位。个人，是指个体工商户和其他个人。

为了严格增值税的征收管理，将增值税纳税人按其经营规模大小及会计核算健全程度的不同划分为小规模纳税人和一般纳税人。

#### （一）小规模纳税人

《财政部 税务总局关于统一增值税小规模纳税人标准的通知》（财税〔2018〕33 号）规定，自 2018 年 5 月 1 日起，增值税小规模纳税人标准为年应征增值税销售额 500 万元及以下。

小规模纳税人会计核算健全，能够提供准确税务资料的，可以向主管税务机关办理登记，按照一般计税方法计算缴纳增值税。

年应税销售额是指纳税人在连续不超过 12 个月或四个季度的经营期内累计应征增值税销售额，包括纳税申报销售额、稽查查补销售额、纳税评估调整销售额。销售服务、无形资产或者不动产（以下简称应税行为）有扣除项目的纳税人，其应税行为年应税销售额按未扣除之前的销售额计算。纳税人偶然发生的销售无形资产、转让不动产的销售额，不计入应税行为年应税销售额。

### （二）一般纳税人

一般纳税人是指年应征增值税销售额超过国务院财政、税务主管部门规定的小规模纳税人标准的纳税人。

《中华人民共和国增值税暂行条例实施细则》第三十三条规定，除国家税务总局另有规定外，纳税人一经认定为一般纳税人后，不得转为小规模纳税人。

#### 🔑 学中做

根据增值税法律制度的规定，下列单位中，应确定为增值税一般纳税人的是（　　）。

A. 年应税销售额为 400 万元的酒店

B. 年应税销售额为 350 万元的宾馆

C. 年应税销售额为 450 万元的建筑公司

D. 年应税销售额为 600 万元的百货商店

## 三、增值税的征税范围

在中华人民共和国境内销售货物或者加工、修理修配劳务，销售服务、无形资产、不动产以及进口货物的单位和个人，应当缴纳增值税。

### （一）销售货物

货物，是指有形动产，包括电力、热力、气体在内。

#### 🔑 学中做

根据增值税法律制度的规定，下列各项中，应按"销售货物"缴纳增值税的有（　　）。

A. 销售电力　　B. 销售热力　　C. 销售天然气　　D. 销售房地产

### （二）加工、修理修配劳务

加工，是指受托加工货物，即委托方提供原料及主要材料，受托方按照委托方的要求，制造货物并收取加工费的业务。修理修配，是指受托对损伤和丧失功能的货物进行修复，使其恢复原状和功能的业务。

### （三）销售服务

销售服务是指提供交通运输服务、邮政服务、电信服务、建筑服务、金融服务、现代服务、生活服务。

#### 1. 交通运输服务

交通运输服务是指利用运输工具将货物或者旅客送达目的地，使其空间位置得到转移的业务活动，包括陆路运输服务、水路运输服务、航空运输服务和管道运输服务。

（1）陆路运输服务。陆路运输服务是指通过陆路（地上或者地下）运送货物或者旅客的运输业务活动，包括铁路运输服务和其他陆路运输服务。

铁路运输服务是指通过铁路运送货物或者旅客的运输业务活动。

其他陆路运输服务是指铁路运输以外的陆路运输业务活动，包括公路运输、缆车运输、索道运输、地铁运输、城市轻轨运输等。出租车公司向使用本公司自有出租车的出租车司机收取的管理费用，按照陆路运输服务缴纳增值税。

（2）水路运输服务。水路运输服务是指通过江、河、湖、川等天然、人工水道或者海洋航道运送货物或者旅客的运输业务活动。水路运输的程租、期租业务，属于水路运输服务。

程租业务是指运输企业为租船人完成某一特定航次的运输任务并收取租赁费的业务。

期租业务是指运输企业将配备有操作人员的船舶承租给他人使用一定期限，承租期内听候承租方调遣，不论是否经营，均按天向承租方收取租赁费，发生的固定费用均由船东负担的业务。

（3）航空运输服务。航空运输服务是指通过空中航线运送货物或者旅客的运输业务活动。

航空运输的湿租业务，属于航空运输服务。湿租业务是指航空运输企业将配备有机组人员的飞机承租给他人使用 定期限，承租期内听候承租方调遣，不论是否经营，均按一定标准向承租方收取租赁费，发生的固定费用均由承租方承担的业务。

航天运输服务，按照航空运输服务缴纳增值税。航天运输服务是指利用火箭等载体将卫星、空间探测器等空间飞行器发射到空间轨道的业务活动。

（4）管道运输服务。管道运输服务是指通过管道设施输送气体、液体、固体物质的运输业务活动。

无运输工具承运业务，按照交通运输服务缴纳增值税。无运输工具承运业务是指经营者以承运人身份与托运人签订运输服务合同，收取运费并承担承运人责任，然后委托实际承运人完成运输服务的经营活动。

#### 2. 邮政服务

邮政服务是指中国邮政集团公司及其所属邮政企业提供邮件寄递、邮政汇兑和机要通信等邮政基本服务的业务活动。邮政服务包括邮政普遍服务、邮政特殊服务和其他邮政服务。

(1)邮政普遍服务。邮政普遍服务是指函件、包裹等邮件寄递，以及邮票发行、报刊发行和邮政汇兑等业务活动。函件是指信函、印刷品、邮资封片卡、无名址函件和邮政小包等。包裹是按照封装上的名址递送给特定个人或者单位的独立封装的物品，其重量不超过五十千克，任何一边的尺寸不超过一百五十厘米，长、宽、高合计不超过三百厘米。

(2)邮政特殊服务。邮政特殊服务是指义务兵平常信函、机要通信、盲人读物和革命烈士遗物的寄递等业务活动。

(3)其他邮政服务。其他邮政服务是指邮册等邮品销售、邮政代理等业务活动。

### 3. 电信服务

电信服务是指利用有线、无线的电磁系统或者光电系统等各种通信网络资源，提供语音通话服务，传送、发射、接收或者应用图像、短信等电子数据和信息的业务活动。电信服务包括基础电信服务和增值电信服务。

(1)基础电信服务。基础电信服务是指利用固网、移动网、卫星、互联网，提供语音通话服务的业务活动，以及出租或者出售带宽、波长等网络元素的业务活动。

(2)增值电信服务。增值电信服务是指利用固网、移动网、卫星、互联网、有线电视网络，提供短信和彩信服务、电子数据和信息的传输及应用服务、互联网接入服务等业务活动。卫星电视信号落地转接服务，按照增值电信服务缴纳增值税。

### 4. 建筑服务

建筑服务包括工程服务、安装服务、修缮服务、装饰服务和其他建筑服务。

(1)工程服务。工程服务是指新建、改建各种建筑物、构筑物的工程作业，包括与建筑物相连的各种设备或者支柱、操作平台的安装或者装设工程作业，以及各种窑炉和金属结构工程作业。

(2)安装服务。安装服务是指生产设备、动力设备、起重设备、运输设备、传动设备、医疗实验设备以及其他各种设备、设施的装配、安置工程作业，包括与被安装设备相连的工作台、梯子、栏杆的装设工程作业，以及被安装设备的绝缘、防腐、保温、油漆等工程作业。固定电话、有线电视、宽带、水、电、燃气、暖气等经营者向用户收取的安装费、初装费、开户费、扩容费以及类似收费，按照安装服务缴纳增值税。

(3)修缮服务。修缮服务是指对建筑物、构筑物进行修补、加固、养护、改善，使之恢复原来的使用价值或者延长其使用期限的工程作业。

(4)装饰服务。装饰服务是指对建筑物、构筑物进行修饰装修，使之美观或者具有特定用途的工程作业。

(5)其他建筑服务。其他建筑服务是指除上列工程作业之外的各种工程作业服务，如钻井(打井)、拆除建筑物或者构筑物、平整土地、园林绿化、疏浚(不包括航道疏浚)、建筑物平移、搭脚手架、爆破、矿山穿孔、表面附着物(包括岩层、土层、沙层等)剥离和清理等工程作业。

### 5. 金融服务

金融服务是指经营金融保险的业务活动。金融服务包括贷款服务、直接收费金融服务、保险服务和金融商品转让。

(1)贷款服务。贷款是指将资金贷予他人使用而取得利息收入的业务活动。各种占用、拆借资金取得的收入,包括金融商品持有期间(含到期)利息(保本收益、报酬、资金占用费、补偿金等)收入、信用卡透支利息收入、买入返售金融商品利息收入、融资融券收取的利息收入,以及融资性售后回租、押汇、罚息、票据贴现、转贷等业务取得的利息及利息性质的收入,按照贷款服务缴纳增值税。

(2)直接收费金融服务。直接收费金融服务是指为货币资金融通及其他金融业务提供相关服务并且收取费用的业务活动。

(3)保险服务。保险服务是指投保人根据合同约定,向保险人支付保险费,保险人对于合同约定的可能发生的事故因其发生所造成的财产损失承担赔偿保险金责任,或者当被保险人死亡、伤残、疾病或者达到合同约定的年龄、期限等条件时承担给付保险金责任的商业保险行为。包括人身保险服务和财产保险服务。

(4)金融商品转让。金融商品转让是指转让外汇、有价证券、非货物期货和其他金融商品所有权的业务活动。其他金融商品转让包括基金、信托、理财产品等各类资产管理产品和各种金融衍生品的转让。

### 6. 现代服务

现代服务是指围绕制造业、文化产业、现代物流产业等提供技术性、知识性服务的业务活动。现代服务包括研发和技术服务、信息技术服务、文化创意服务、物流辅助服务、租赁服务、鉴证咨询服务、广播影视服务、商务辅助服务和其他现代服务。

(1)研发和技术服务。研发和技术服务包括研发服务、合同能源管理服务、工程勘察勘探服务、专业技术服务。

研发服务,也称技术开发服务,是指就新技术、新产品、新工艺或者新材料及其系统进行研究与试验开发的业务活动。

合同能源管理服务是指节能服务公司与用能单位以契约形式约定节能目标,节能服务公司提供必要的服务,用能单位以节能效果支付节能服务公司投入及其合理报酬的业务活动。

工程勘察勘探服务是指在采矿、工程施工前后,对地形、地质构造、地下资源蕴藏情况进行实地调查的业务活动。

专业技术服务是指气象服务、地震服务、海洋服务、测绘服务、城市规划、环境与生态监测服务等服务。

(2)信息技术服务。信息技术服务是指利用计算机、通信网络等技术对信息进行生产、收集、处理、加工、存储、运输、检索和利用，并提供信息服务的业务活动。信息技术服务包括软件服务、电路设计及测试服务、信息系统服务、业务流程管理服务和信息系统增值服务。

软件服务是指提供软件开发服务、软件维护服务、软件测试服务的业务活动。

电路设计及测试服务是指提供集成电路和电子电路产品设计、测试及相关技术支持服务的业务活动。

信息系统服务是指提供信息系统集成、网络管理、网站内容维护、桌面管理与维护、信息系统应用、基础信息技术管理平台整合、信息技术基础设施管理、数据中心、托管中心、信息安全服务、在线杀毒、虚拟主机等业务活动。

业务流程管理服务是指依托信息技术提供的人力资源管理、财务经济管理、审计管理、税务管理、物流信息管理、经营信息管理和呼叫中心等服务的活动。

信息系统增值服务是指利用信息系统资源为用户附加提供的信息技术服务，包括数据处理、分析和整合、数据库管理、数据备份、数据存储、容灾服务、电子商务平台等。

(3)文化创意服务。文化创意服务包括设计服务、知识产权服务、广告服务和会议展览服务。

设计服务是指把计划、规划、设想通过文字、语言、图画、声音、视觉等形式传递出来的业务活动，包括工业设计、内部管理设计、业务运作设计、供应链设计、造型设计、服装设计、环境设计、平面设计、包装设计、动漫设计、网游设计、展示设计、网站设计、机械设计、工程设计、广告设计、创意策划、文印晒图等。

知识产权服务是指处理知识产权事务的业务活动，包括对专利、商标、著作权、软件、集成电路布图设计的登记、鉴定、评估、认证、检索服务。

广告服务是指利用图书、报纸、杂志、广播、电视、电影、幻灯、路牌、招贴、橱窗、霓虹灯、灯箱、互联网等各种形式为客户的商品、经营服务项目、文体节目或者通告、声明等委托事项进行宣传和提供相关服务的业务活动。

会议展览服务是指为商品流通、促销、展示、经贸洽谈、民间交流、企业沟通、国际往来等举办或者组织安排的各类展览和会议的业务活动。

(4)物流辅助服务。物流辅助服务包括航空服务、港口码头服务、货运客运场站服务、打捞救助服务、装卸搬运服务、仓储服务等。

航空服务包括航空地面服务和通用航空服务。航空地面服务，是指航空公司、飞机场、民航管理局、航站等向在境内航行或者在境内机场停留的境内外飞机或者其他飞行器提供的导航等劳务性地面服务的业务活动。包括旅客安全检查服务、停机坪管理服务、机场候机厅管理服务、飞机清洗消毒服务、空中飞行管理服务、飞机起降服务、飞行通信服务、地面信号服务、飞机安全服务、飞机跑道管理服务、空中交通管理服务等。通用航空服务，是指为专业工作提供飞行服务的业务活动，包括航空摄影、航空培训、航空测量、航空勘探、航空护林、航空吊挂播撒、航空降雨、航空气象探测、航空海洋监测、航空科学实验等。

港口码头服务是指港务船舶调度服务、船舶通信服务、航道管理服务、航道疏浚服务、灯塔管理服务、航标管理服务、船舶引航服务、理货服务、系解缆服务、停泊和移泊服务、海上船舶溢油清除服务、水上交通管理服务、船只专业清洗消毒检测服务和防止船只漏油服务等为船只提供服务的业务活动。港口设施经营人收取的港口设施保安费按照港口码头服务缴纳增值税。

货运客运场站服务是指货运客运场站提供货物配载服务、运输组织服务、中转换乘服务、车辆调度服务、票务服务、货物打包整理、铁路线路使用服务、加挂铁路客车服务、铁路行包专列发送服务、铁路到达和中转服务、铁路车辆编解服务、车辆挂运服务、铁路接触网服务、铁路机车牵引服务等业务活动。

打捞救助服务是指提供船舶人员救助、船舶财产救助、水上救助和沉船沉物打捞服务的业务活动。

装卸搬运服务是指使用装卸搬运工具或者人力、畜力将货物在运输工具之间、装卸现场之间或者运输工具与装卸现场之间进行装卸和搬运的业务活动。

仓储服务是指利用仓库、货场或者其他场所代客贮放、保管货物的业务活动。收派服务是指接受寄件人委托,在承诺的时限内完成函件和包裹的收件、分拣、派送服务的业务活动。

收件服务是指从寄件人处收取函件和包裹,并运送到服务提供方同城的集散中心的业务活动。

分拣服务是指服务提供方在其集散中心对函件和包裹进行归类、分发的业务活动。

派送服务是指服务提供方从其集散中心将函件和包裹送达同城的收件人的业务活动。

(5)租赁服务。租赁服务包括融资租赁服务和经营租赁服务。

(6)鉴证咨询服务。鉴证咨询服务包括认证服务、鉴证服务和咨询服务。

认证服务是指具有专业资质的单位利用检测、检验、计量等技术,证明产品、服务、管理体系符合相关技术规范、相关技术规范的强制性要求或者标准的业务活动。

鉴证服务是指具有专业资质的单位受托对相关事项进行鉴证,发表具有证明力的意见的业务活动。包括会计鉴证、税务鉴证、法律鉴证、职业技能鉴定、工程造价鉴证、工程监理、资产评估、环境评估、房地产土地评估、建筑图纸审核、医疗事故鉴定等。

咨询服务是指提供信息、建议、策划、顾问等服务的活动,包括金融、软件、技术、财务、税收、法律、内部管理、业务运作、流程管理、健康等方面的咨询。

(7)广播影视服务。广播影视服务包括广播影视节目(作品)的制作服务、发行服务和播映(含放映)服务。

(8)商务辅助服务。商务辅助服务包括企业管理服务、经纪代理服务、人力资源服务、安全保护服务。

(9)其他现代服务。其他现代服务是指除研发和技术服务、信息技术服务、文化创意服务、物流辅助服务、租赁服务、鉴证咨询服务、广播影视服务和商务辅助服务以外的现代服务。

### 7. 生活服务

生活服务是指为满足城乡居民日常生活需求提供的各类服务活动。包括文化体育服务、教育医疗服务、旅游娱乐服务、餐饮住宿服务、居民日常服务和其他生活服务。居民日常服务，主要为满足居民个人及其家庭日常生活需求提供的服务，包括市容市政管理、家政、婚庆、养老、殡葬、照料和护理、救助救济、美容美发、按摩、桑拿、氧吧、足疗、沐浴、洗染、摄影扩印等服务。

**学中做**

根据增值税法律制度的规定，下列各项中，应按照"生活服务"缴纳增值税的是（　　）。

A. 文化创意服务　　B. 车辆停放服务　　C. 广播影视服务　　D. 旅游娱乐服务

### （四）销售无形资产

销售无形资产，是指转让无形资产所有权或者使用权的业务活动。无形资产，是指不具实物形态，但能带来经济利益的资产，包括技术、商标、著作权、商誉、自然资源使用权和其他权益性无形资产。

### （五）销售不动产

销售不动产是指转让不动产所有权的业务活动。不动产，是指不能移动或者移动后会引起性质、形状改变的财产，包括建筑物、构筑物等。建筑物，包括住宅、商业营业用房、办公楼等可供居住、工作或者进行其他活动的建造物。构筑物，包括道路、桥梁、隧道、水坝等建造物。转让建筑物有限产权或者永久使用权的，转让在建的建筑物或者构筑物所有权的，以及在转让建筑物或者构筑物时一并转让其所占土地的使用权的，按照销售不动产缴纳增值税。

**学中做**

根据增值税法律制度的规定，下列各项中，应征收增值税的是（　　）。

A. 居民存款利息

B. 被保险人获得的保险赔付

C. 母公司向子公司出售不动产

D. 航空公司根据国家指令无偿提供用于公益事业的航空运输服务

### (六)视同应税交易

《中华人民共和国增值税暂行条例实施细则》第四条规定，单位或者个体工商户的下列行为，视同销售货物：

(1)将货物交付其他单位或者个人代销；

(2)销售代销货物；

(3)设有两个以上机构并实行统一核算的纳税人，将货物从一个机构移送其他机构用于销售，但相关机构设在同一县(市)的除外；

(4)将自产或者委托加工的货物用于非增值税应税项目；

(5)将自产、委托加工的货物用于集体福利或者个人消费；

(6)将自产、委托加工或者购进的货物作为投资，提供给其他单位或者个体工商户；

(7)将自产、委托加工或者购进的货物分配给股东或者投资者；

(8)将自产、委托加工或者购进的货物无偿赠送其他单位或者个人。

下列情形视同销售服务、无形资产或者不动产：

(1)单位或者个体工商户向其他单位或者个人无偿提供服务，但用于公益事业或者以社会公众为对象的除外。

(2)单位或者个人向其他单位或者个人无偿转让无形资产或者不动产，但用于公益事业或者以社会公众为对象的除外。

(3)财政部和国家税务总局规定的其他情形。

## 四、增值税的税率、征收率与抵扣率

### (一)税率

#### 1. 基本税率

纳税人销售货物、加工修理修配劳务或者进口货物，除低税率、零税率适用范围外，税率为13％*。

#### 2. 低税率

纳税人销售或者进口下列货物，除零税率适用范围外，税率为9％：

(1)粮食等农产品、食用植物油、食用盐；

(2)自来水、暖气、冷气、热水、煤气、石油液化气、天然气、二甲醚、沼气、居民用煤炭制品；

(3)图书、报纸、杂志、音像制品、电子出版物；

---

* 注：《关于深化增值税改革有关政策的公告》(财政部、税务总局海关总署公告2019年第39号)对增值税进行了调整。

(4)饲料、化肥、农药、农机、农膜。

(5)国务院规定的其他货物。

**3. 零税率**

纳税人出口货物,税率为零;国务院另有规定的除外。

**4. 销售服务、无形资产或者不动产的税率**

(1)纳税人销售交通运输、邮政、基础电信、建筑、不动产租赁服务,销售不动产,转让土地使用权,税率为9%。

(2)纳税人销售有形动产租赁服务,税率为13%。

(3)除上述情况外,纳税人销售服务、无形资产,税率为6%。

(4)境内单位和个人跨境销售国务院规定范围内的服务、无形资产,税率为零。

《中华人民共和国增值税暂行条例》第三条规定,纳税人兼营不同税率的项目,应当分别核算不同税率项目的销售额;未分别核算销售额的,从高适用税率。

## (二)征收率

**1. 小规模纳税人**

(1)自2023年1月1日至2027年12月31日,增值税小规模纳税人适用3%征收率的应税销售收入,减按1%征收率征收增值税。

(2)小规模纳税人(除其他个人外)销售自己使用过的固定资产和旧货,减按2%征收率征收增值税。

**法规解读:**

纳税人销售自己使用过的固定资产,适用简易办法依照3%征收率减按2%征收增值税政策的,可以放弃减税,按照简易办法依照3%征收率缴纳增值税。

旧货,是指进入二次流通的具有部分使用价值的货物(含旧汽车、旧摩托车和旧游艇),但不包括自己使用过的物品。纳税人销售旧货,应开具普通发票,不得自行开具或者由税务机关代开增值税专用发票。

(3)小规模纳税人销售其取得(不含自建)的不动产(不含个体工商户销售购买的住房和其他个人销售不动产),按照5%的征收率计算应纳税额。

(4)小规模纳税人销售其自建的不动产,按照5%的征收率计算应纳税额。

(5)小规模纳税人出租不动产(不含个体工商户出租住房),按照5%的征收率计算应纳税额。

(6)个体工商户出租住房,按照5%的征收率减按1.5%计算应纳税额。

(7)房地产开发企业中的小规模纳税人,销售自行开发的房地产项目,按照5%的征收率征收增值税。

**2. 一般纳税人**

(1)一般纳税人销售自产的下列货物,可选择按照简易办法依照3%征收率征收。

①县级及县级以下小型水力发电单位生产的电力。小型水力发电单位，是指各类投资主体建设的装机容量为 5 万千瓦以下（含 5 万千瓦）的小型水力发电单位。②建筑用和生产建筑材料所用的砂、土、石料。③以自己采掘的砂、土、石料或其他矿物连续生产的砖、瓦、石灰（不含黏土实心砖、瓦）。④用微生物、微生物代谢产物、动物毒素、人或动物的血液或组织制成的生物制品。⑤自来水。⑥商品混凝土（仅限于以水泥为原料生产的水泥混凝土）。

（2）一般纳税人销售下列货物，暂按简易办法依 3% 征收率计算缴纳增值税：①寄售商店代销寄售物品（包括居民个人寄售的物品在内）；②典当业销售死当物品；③经国务院或其授权机关批准认定的免税商店零售免税货物。

（3）一般纳税人销售自己使用过的其他固定资产（以下简称"已使用过的固定资产"），应区分不同情形征收增值税。①销售自己使用过的 2009 年 1 月 1 日以后购进或者自制的固定资产，按照适用税率征收增值税。②2008 年 12 月 31 日以前未纳入扩大增值税抵扣范围试点的纳税人，销售自己使用过的 2008 年 12 月 31 日以前购进或者自制的固定资产，按照简易办法依 3% 征收率减按 2% 征收增值税。③2008 年 12 月 31 日以前已纳入扩大增值税抵扣范围试点的纳税人，销售自己使用过的在本地区扩大增值税抵扣范围试点以前购进或者自制的固定资产，按照简易办法依 3% 征收率减按 2% 征收增值税；销售自己使用过的在本地区扩大增值税抵扣范围试点以后购进或者自制的固定资产，按照适用税率征收增值税。

（4）一般纳税人销售自己使用过的除固定资产以外的物品，按照适用税率征收增值税。

（5）一般纳税人销售、出租自己使用过的不动产，应区分不同情形征收增值税。①一般纳税人销售、出租其 2016 年 4 月 30 日前取得（不含自建）的不动产，可以选择适用简易计税方法，按照 5% 的征收率计算应纳税额。②一般纳税人销售其 2016 年 4 月 30 日前自建的不动产，可以选择适用简易计税方法，按照 5% 的征收率计算应纳税额。一般纳税人出租其 2016 年 5 月 1 日后取得的不动产，适用一般计税方法计税。③住房租赁企业中的增值税一般纳税人向个人出租住房取得的全部出租收入，可以选择适用简易计税方法，按照 5% 的征收率减按 1.5% 计算缴纳增值税，或适用一般计税方法计算缴纳增值税。

（6）房地产开发企业销售自行开发的房地产老项目按照 5% 的征收率征收增值税。

（7）一般纳税人发生下列应税行为可以选择适用简易计税方法按照 3% 征收率计税，不允许抵扣进项税额，但一经选择，36 个月内不得变更。

①公共交通运输服务，包括轮客渡、公交客运、地铁、城市轻轨、出租车、长途客运、班车。

②经认定的动漫企业为开发动漫产品提供的动漫脚本编撰、形象设计、背景设计、动画设计、分镜、动画制作、摄制、描线、上色、画面合成、配音、配乐、音效合成、

剪辑、字幕制作、压缩转码(面向网络动漫、手机动漫格式适配)服务,以及在境内转让动漫版权(包括动漫品牌、形象或者内容的授权及再授权)。

③电影放映服务、仓储服务、装卸搬运服务、收派服务和文化体育服务。

④以纳入"营改增"试点之日前取得的有形动产为标的物提供的经营租赁服务。

⑤在纳入"营改增"试点之日前签订的尚未执行完毕的有形动产租赁合同。

### (三)抵扣率

增值税一般纳税人购进农产品,取得(开具)农产品销售发票或收购发票的,以农产品销售发票或收购发票上注明的农产品买价和9%的扣除率计算进项税额。2019年4月1日后,纳税人购进农产品,在购入当期,应遵从农产品抵扣的一般规定,按照9%计算抵扣进项税额。如果购进农产品用于生产或者委托加工13%税率货物,则在生产领用当期,再加计抵扣1个百分点。

## 五、增值税的税收优惠

### (一)起征点

纳税人发生应税交易,销售额未达到国务院规定的增值税起征点的,免征增值税;达到起征点的,依照规定全额计算缴纳增值税。

增值税起征点的适用范围限于个人,不适用于登记为一般纳税人的个体工商户。增值税起征点的幅度规定如下:

按期纳税的,增值税起征点为月销售额5 000~20 000元(含本数)。

按次纳税的,增值税起征点为每次(日)销售额300~500元。

省、自治区、直辖市财政局和国家税务总局应在规定的幅度内,根据实际情况确定本地区适用的起征点,并报财政部、国家税务总局备案。

自2023年1月1日至2027年12月31日,增值税小规模纳税人(以下简称小规模纳税人)发生增值税应税销售行为,合计月销售额未超过10万元(以1个季度为1个纳税期的,季度销售额未超过30万元,下同)的,免征增值税。小规模纳税人发生增值税应税销售行为,合计月销售额超过10万元,但扣除本期发生的销售不动产的销售额后未超过10万元的,其销售货物、劳务、服务、无形资产取得的销售额免征增值税。适用增值税差额征税政策的小规模纳税人,以差额后的销售额确定是否可以享受规定的免征增值税政策。

### (二)不属于增值税应税交易

(1)根据国家指令无偿提供的铁路运输服务、航空运输服务,属于《营业税改征增值税试点实施办法》第十四条规定的用于公益事业的服务。

(2)存款利息。

(3)被保险人获得的保险赔付。

(4)房地产主管部门或者其指定机构、公积金管理中心、开发企业以及物业管理单位代收的住宅专项维修资金。

(5)在资产重组过程中，通过合并、分立、出售、置换等方式，将全部或者部分实物资产以及与其相关联的债权、负债和劳动力一并转让给其他单位和个人，其中涉及的不动产、土地使用权转让行为。

### (三)增值税法定免税项目

根据《中华人民共和国增值税暂行条例》第十五条和《中华人民共和国增值税暂行条例实施细则》第三十五条的规定，下列项目免征增值税：

(1)农业生产者销售的自产农产品。农业，是指种植业、养殖业、林业、牧业、水产业。农业生产者，包括从事农业生产的单位和个人。农产品，是指初级农产品，具体范围由财政部、国家税务总局确定。

(2)避孕药品和用具。

(3)古旧图书。古旧图书，是指向社会收购的古书和旧书。

(4)直接用于科学研究、科学试验和教学的进口仪器、设备。

(5)外国政府、国际组织无偿援助的进口物资和设备。

(6)由残疾人的组织直接进口供残疾人专用的物品。

(7)销售的自己使用过的物品。自己使用过的物品，是指其他个人自己使用过的物品。

除前款规定外，增值税的免税、减税项目由国务院规定。任何地区、部门均不得规定免税、减税项目。

### (四)纳税人兼营免税、减税项目

《中华人民共和国增值税暂行条例》第十六条规定，纳税人兼营免税、减税项目的，应当分别核算免税、减税项目的销售额；未分别核算销售额的，不得免税、减税。

### (五)营业税改征增值税试点期间政策免征增值税项目

(1)托儿所、幼儿园提供的保育和教育服务。

(2)养老机构提供的养老服务。

(3)残疾人福利机构提供的育养服务。

(4)婚姻介绍服务。

(5)殡葬服务。

(6)残疾人员本人为社会提供的服务。

(7)医疗机构提供的医疗服务。

(8)从事学历教育的学校提供的教育服务。

(9)学生勤工俭学提供的服务。

(10)农业机耕、排灌、病虫害防治、植物保护、农牧保险以及相关技术培训业务，家禽、牲畜、水生动物的配种和疾病防治。

(11)纪念馆、博物馆、文化馆、文物保护单位管理机构、美术馆、展览馆、书画院、图书馆在自己的场所提供文化体育服务取得的第一道门票收入。

(12)寺院、宫观、清真寺和教堂举办文化、宗教活动的门票收入。

(13)行政单位之外的其他单位收取的符合《试点实施办法》第十条规定条件的政府性基金和行政事业性收费。

(14)个人转让著作权。

(15)个人销售自建自用住房。

(16)2024年12月31日前，公共租赁住房经营管理单位出租公共租赁住房。

(17)中国台湾航运公司、航空公司从事海峡两岸海上直航、空中直航业务在大陆取得的运输收入。

(18)纳税人提供的直接或者间接国际货物运输代理服务。

(19)以下利息收入：①2024年12月31日前，金融机构农户小额贷款以及合法合规经营的小额贷款公司的贷款；②国家助学贷款；③国债、地方政府债；④人民银行对金融机构的贷款；⑤住房公积金管理中心用住房公积金在指定的委托银行发放的个人住房贷款；⑥外汇管理部门在从事国家外汇储备经营过程中，委托金融机构发放的外汇贷款；⑦统借统还业务中，企业集团或企业集团中的核心企业以及集团所属财务公司按不高于支付给金融机构的借款利率水平或者支付的债券票面利率水平，向企业集团或者集团内下属单位收取的利息。

(20)被撤销金融机构以货物、不动产、无形资产、有价证券、票据等财产清偿债务。

(21)保险公司开办的一年期以上人身保险产品取得的保费收入。

(22)下列金融商品转让收入：①合格境外投资者（QFII）委托境内公司在我国从事证券买卖业务；②中国香港市场投资者（包括单位和个人）通过沪港通买卖上海证券交易所上市A股；③对中国香港市场投资者（包括单位和个人）通过基金互认买卖内地基金份额；④证券投资基金（封闭式证券投资基金，开放式证券投资基金）管理人运用基金买卖股票、债券；⑤个人从事金融商品转让业务。

(23)金融同业往来利息收入。

(24)同时符合规定条件的担保机构从事中小企业信用担保或者再担保业务取得的收入（不含信用评级、咨询、培训等收入）3年内免征增值税。

(25)国家商品储备管理单位及其直属企业承担商品储备任务，从中央或者地方财政取得的利息补贴收入和价差补贴收入。

(26)纳税人提供技术转让、技术开发和与之相关的技术咨询、技术服务。

(27)同时符合下列条件的合同能源管理服务：①节能服务公司实施合同能源管理项目相关技术，应当符合国家市场监督管理总局和国家标准化管理委员会发布的《合同能源管理技术通则》(GB/T24915-2010)规定的技术要求。②节能服务公司与用能企业签订节能效益分享型合同，其合同格式和内容，符合《中华人民共和国合同法》和《合同能源管理技术通则》(GB/T24915-2010)等规定。

(28)2024年12月31日前，科普单位的门票收入，以及县级及以上党政部门和科协开展科普活动的门票收入。

(29)政府举办的从事学历教育的高等、中等和初等学校(不含下属单位)，举办进修班、培训班取得的全部收入归该学校所有的收入。

(30)政府举办的职业学校设立的主要为在校学生提供实习场所、并由学校出资自办、由学校负责经营管理、经营收入归学校所有的企业，从事《销售服务、无形资产或者不动产注释》中"现代服务"(不含融资租赁服务、广告服务和其他现代服务)、"生活服务"(不含文化体育服务、其他生活服务和桑拿、氧吧)业务活动取得的收入。

(31)家政服务企业由员工制家政服务员提供家政服务取得的收入。

(32)福利彩票、体育彩票的发行收入。

(33)军队空余房产租赁收入。

(34)为了配合国家住房制度改革，企业、行政事业单位按房改成本价、标准价出售住房取得的收入。

(35)将土地使用权转让给农业生产者用于农业生产。

(36)涉及家庭财产分割的个人无偿转让不动产、土地使用权。

(37)土地所有者出让土地使用权和土地使用者将土地使用权归还给土地所有者。

(38)县级以上地方人民政府或自然资源行政主管部门出让、转让或收回自然资源使用权(不含土地使用权)。

(39)随军家属就业。

(40)军队转业干部就业。

《中华人民共和国增值税暂行条例实施细则》第三十六条规定，纳税人销售货物或者应税劳务适用免税规定的，可以放弃免税，依照条例的规定缴纳增值税。放弃免税后，36个月内不得再申请免税。

#### 🔧 学中做

增值税一般纳税人兼营不同税率的货物或应税劳务，未分别核算或不能准确核算其销售额的，其增值税税率的确定方法为(　　)。

A. 从低适用税率　　　　　　　B. 从高适用税率

C. 使用平均税率　　　　　　　D. 适用3%征收率

## 第三节　增值税税款的计算

增值税的计税方法包括一般计税方法和简易计税方法。一般纳税人发生应税交易适用一般计税方法计税，当发生财政部和国家税务总局规定的特定应税交易时，可以选择用简易计税方法计税，一经选择，36个月内不得变更。小规模纳税人发生应税交易适用简易计税方法。

### 一、一般纳税人应纳税额的计算

《中华人民共和国增值税暂行条例》第四条规定，除本条例第十一条规定外，纳税人销售货物、劳务、服务、无形资产、不动产（以下统称应税销售行为），应纳税额为当期销项税额抵扣当期进项税额后的余额。应纳税额计算公式：

$$应纳税额＝当期销项税额－当期进项税额$$

当期销项税额小于当期进项税额不足抵扣时，其不足部分可以结转下期继续抵扣。

#### （一）销项税额的计算

《中华人民共和国增值税暂行条例》第五条规定，纳税人发生应税销售行为，按照销售额和本条例第二条规定的税率计算收取的增值税额，为销项税额。销项税额计算公式：

$$销项税额＝销售额×税率$$

**1. 一般销售方式下销售额的确定**

《中华人民共和国增值税暂行条例》第六条规定，销售额为纳税人发生应税销售行为收取的全部价款和价外费用，但是不包括收取的销项税额。销售额以人民币计算。纳税人以人民币以外的货币结算销售额的，应当折合成人民币计算。

《中华人民共和国增值税暂行条例》第七条规定，纳税人发生应税销售行为的价格明显偏低并无正当理由的，由主管税务机关核定其销售额。

《中华人民共和国增值税暂行条例实施细则》第十二条规定，价外费用包括价外向购买方收取的手续费、补贴、基金、集资费、返还利润、奖励费、违约金、滞纳金、延期付款利息、赔偿金、代收款项、代垫款项、包装费、包装物租金、储备费、优质费、运输装卸费以及其他各种性质的价外收费。但下列项目不包括在内：

（1）受托加工应征消费税的消费品所代收代缴的消费税。

（2）同时符合以下条件的代垫运输费用：

①承运部门将运输费用发票开具给购买方的；

②纳税人将该项发票转交给购买方的。

（3）同时符合以下条件代为收取的政府性基金或者行政事业性收费：

①由国务院或者财政部批准设立的政府性基金，由国务院或者省级人民政府及其财政、价格主管部门批准设立的行政事业性收费；

②收取时开具省级以上财政部门印制的财政票据；

③所收款项全额上缴财政。

(4)销售货物的同时代办保险等而向购买方收取的保险费，以及向购买方收取的代购买方缴纳的车辆购置税、车辆牌照费。

**法规解读：**

纳税人按人民币以外的货币结算销售额的，其销售额的人民币折合率可以选择销售额发生的当天或者当月 1 日的人民币汇率中间价。纳税人应在事先确定采用何种折合率，确定后 1 年内不得变更。

增值税销售额不包括按照一般计税方法计算的销项税额和按照简易计税方法计算的应纳税额，体现了增值税的价外税性质。

一般纳税人发生应税交易，采用销售额和销项税额合并定价方法的，按下列公式计算销售额：

$$不含税销售额＝含税销售额÷(1＋税率)$$
$$含税销售额＝不含税销售额×(1＋税率)$$

**学中做**

增值税一般纳税人销售货物或者应税劳务，采用销售额和销项税额合并定价方法的，其计算销售额的公式为(　　)。

A. 不含税销售额＝含税销售额÷(1＋税率)

B. 不含税销售额＝不含税销售额÷(1＋税率)

C. 不含税销售额＝含税销售额÷(1－税率)

D. 不含税销售额＝不含税销售额÷(1－税率)

**2. 特殊销售方式下销售额的确定**

在实务中，纳税人会采用多种样式的销售方式促进销售，每一种销售方式都应确定其销售额。

(1)用折扣、折让方式销售货物。

纳税人采用的折扣方式一般有折扣销售(商业折扣)、销售折扣(现金折扣)、销售退回或折让三种形式。

①折扣销售(商业折扣)。折扣销售即商业折扣，是指销售方在发生应税交易时，因购货方购货数量较大等原因，为促进销售而给予购货方的价格优惠。纳税人采取折扣方式销售货物，如果销售额和折扣额在同一张发票上分别注明，可按折扣后的销售额征收增值税。销售额和折扣额在同一张发票上分别注明，是指销售额和折扣额在同

一张发票上的"金额"栏分别注明。未在同一张发票"金额"栏注明折扣额，而仅在发票的"备注"栏注明折扣额的，折扣额不得从销售额中减除。

> **小贴士**
>
> 　　销售额和折扣额未在同一张发票上注明的，折扣额也不得从销售额中减除。另外，折扣销售仅指价格折扣，不包括实物折扣，实物折扣不得从货物销售额中减除。

　　②销售折扣（现金折扣）。对销货方而言，销售折扣就是现金折扣，是指企业为了推销商品和及早收回销售货款，而给予购货方的一种价格优惠。销售折扣发生在销货之后，折扣金额是一种融资性质的理财费用，销售折扣不得从销售额中减除。

　　③销售退回或折让。销售退回与折让是指因错发商品或商品质量不合格而被购买方退回的商品或在价格上给予的折扣。虽然销售退回或折让是在销货后发生的，但是因错发商品或商品质量不合格引起的销售额的减少，因此可以从发生销售退回或折让的当期销项税额中扣减。

> **小贴士**
>
> 　　纳税人在开具增值税专用发票后发生开票有误或销售折让、中止、退回等情形的，应当按照国家税务总局的规定开具红字增值税专用发票；未按规定开具红字增值税专用发票的，不得减扣销售额或销项税额。

**做中学**

　　甲公司为增值税一般纳税人，5月采取折扣方式销售一批货物，不含增值税销售价格为200万元，因购货方购货数量大，给予购货方5％的价格优惠，并将销售额和折扣额在同一张发票上分别注明。已知增值税税率为13％。请计算甲公司上述业务增值税销项税额。

　　销项税额＝2 000 000×（1－5％）×13％＝247 000（元）

　　（2）用以旧换新方式销售货物。

　　以旧换新方式是纳税人在销售自己的货物时，有偿折价收回同类旧货物，并以折价款部分冲减货物价款的一种销售方式。纳税人采取以旧换新方式销售货物，应按新货物的同期销售价格确定销售额。对金银首饰以旧换新业务，可以按销售方实际收取的不含增值税的全部价款征收增值税。

🔧 **做中学**

某商场为增值税一般纳税人，5月采取以旧换新方式销售一批手机，该批新手机同期不含增值税销售价格为 200 万元，旧手机的收购价格为 20 万元。已知增值税税率为 13%。请计算商场上述业务增值税销项税额。

销项税额＝2 000 000×13%＝260 000(元)

(3)用还本销售方式销售货物。

还本销售是企业销售货物后，在一定期限内将全部或部分销货款一次或分次无条件退还给购货方的一种销售方式。这种销售方式的实质是利用货物换取资金的使用价值，是一种到期还本不付息的融资行为。纳税人采取还本销售方式销售货物，不得从销售额中减除还本支出。

🔧 **做中学**

某商场实行还本销售家具，家具现售价 10 000 元(不含增值税)，3 年后还本，请计算该商场上述业务增值税销项税额。

销项税额＝10 000×13%＝1 300(元)

(4)用以物易物方式销售货物。

以物易物方式是购销双方不以货币结算，而是以同等价款的货物相互结算，实现货物购销的一种销售方式。以物易物计算增值税时双方都应作为购销处理，以各自发出的货物核算销售额，并计算销项税额，以各自收到的货物核算购货金额，并计算进项税额(均需收到双方开具的增值税专用发票)。

(5)包装物押金。

纳税人为销售货物而出租出借包装物收取的押金，单独记账核算的，不并入销售额征税。但对因逾期未收回包装物不再退还的押金，应按所包装货物的适用税率征收增值税。纳税人为销售货物出租出借包装物而收取的押金，无论包装物使用期限长短，超过 1 年(含 1 年)以上仍不退还的均并入销售额征收增值税。对销售除啤酒、黄酒外的其他酒类产品而收取的包装物押金，无论是否返还以及会计上如何核算，均应并入当期销售额征税。对增值税一般纳税人(包括纳税人自己或代其他部门)向购买方收取的价外费用和逾期包装物押金，应视为含税收入，在征税时换算成不含税收入并入销售额计征增值税。

(6)视同应税交易销售额的确定。

《中华人民共和国增值税暂行条例》第七条规定，纳税人发生应税销售行为的价格明显偏低并无正当理由的，由主管税务机关核定其销售额。

《中华人民共和国增值税暂行条例实施细则》第十六条规定，纳税人有价格明显偏低并无正当理由或者有视同销售货物行为而无销售额者，按下列顺序确定销售额：

①按纳税人最近时期同类货物的平均销售价格确定。

②按其他纳税人最近时期同类货物的平均销售价格确定。

③按组成计税价格确定。组成计税价格的公式：

$$组成计税价格＝成本×(1＋成本利润率)$$

属于应征消费税的货物，其组成计税价格中应加计消费税额。

公式中的成本是指：销售自产货物的为实际生产成本，销售外购货物的为实际采购成本。公式中的成本利润率由国家税务总局确定。

### 学中做

某企业年 5 月将自产的月饼作为福利发给职工，该月饼生产成本 2 万元，成本利润率 10％。当月同类月饼不含增值税销售价格为 2.4 万元。该计算机企业该笔业务计征增值税的销售额为(　　)万元。

A. 2　　　　B. 2.2　　　　C. 2.4　　　　D. 2.64

(7)其他应税交易下销售额的确定。

①直接收费金融服务，以提供直接收费金融服务收取的手续费、佣金、酬金、管理费、服务费、经手费、开户费、过户费、结算费、转托管费等各类费用为销售额。

②贷款服务，以提供贷款服务取得的全部利息及利息性质的收入为销售额。

③金融商品转让，按照卖出价扣除买入价后的余额为销售额。转让金融商品出现的正负差，按盈亏相抵后的余额为销售额。若相抵后出现负差，可结转下一纳税期与下期转让金融商品销售额相抵，但年末时仍出现负差的，不得转入下一个会计年度。金融商品的买入价，可以选择按照加权平均法或者移动加权平均法进行核算，选择后36 个月内不得变更。

金融商品转让，不得开具增值税专用发票。

④经纪代理服务，以取得的全部价款和价外费用，扣除向委托方收取并代为支付的政府性基金或者行政事业性收费后的余额为销售额。向委托方收取的政府性基金或者行政事业性收费，不得开具增值税专用发票。

⑤航空运输企业的销售额。不包括代收的机场建设款和代售其他航空运输企业客票而代收转付的价款。

⑥提供客运场站服务。以其取得的全部价款和价外费用，扣除支付给承运方运费后的余额为销售额。

⑦提供旅游服务。可以选择以取得的全部价款和价外费用，扣除向旅游服务购买方收取并支付给其他单位或者个人的住宿费、餐饮费、交通费、签证费、门票费和支付给其他接团旅游企业的旅游费用后的余额为销售额。选择该办法计算销售额的试点

纳税人，向旅游服务购买方收取并支付的上述费用，不得开具增值税专用发票，可以开具普通发票。

⑧提供建筑服务适用简易计税方法的。以取得的全部价款和价外费用扣除支付的分包款后的余额为销售额。

⑨房地产开发企业中的一般纳税人销售其开发的房地产项目（选择简易计税方法的房地产老项目除外），以取得的全部价款和价外费用，扣除受让土地时向政府部门支付的土地价款后的余额为销售额。

⑩销售其于 2016 年 4 月 30 日前取得（不含自建）的不动产（选择简易计税方法的），以取得的全部价款和价外费用减去该项不动产购置原价或者取得不动产时的作价后的余额为销售额；自建的不动产，以取得的全部价款和价外费用为销售额。

### （二）进项税额的计算

《中华人民共和国增值税暂行条例》第八条规定，纳税人购进货物、劳务、服务、无形资产、不动产支付或者负担的增值税额，为进项税额。

> **小贴士**
>
> 在某一项经济业务中，在开具增值税专用发票的情况下，销售方收取的销项税额就是购买方支付的进项税额。

**1. 准予抵扣的进项税额**

（1）凭票抵扣。

下列进项税额允许凭票抵扣：

①从销售方取得的增值税专用发票（含税控机动车销售统一发票）上注明的增值税额；

②从海关取得的海关进口增值税专用缴款书上注明的增值税额；

③从境外单位或者个人购进服务、无形资产或者不动产，自税务机关或者扣缴义务人处取得的解缴税款的完税凭证上注明的增值税额。

（2）购进农产品计算抵扣。

购进农产品计算抵扣有三种情况：

①购进农产品，取得一般纳税人开具的增值税专用发票或海关进口增值税专用缴款书的，以增值税专用发票或海关进口增值税专用缴款书上注明的增值税额为进项税额；

②从按照简易计税方法依照 3%征收率计算缴纳增值税的小规模纳税人取得增值税专用发票的，以增值税专用发票上注明的金额和 9%的扣除率计算进项税额；

③取得（开具）农产品销售发票或收购发票的，以农产品销售发票或收购发票上注

明的农产品买价和 9％的扣除率计算进项税额；

其计算公式：

$$进项税额＝买价×扣除率$$

### 小贴士

纳税人购进用于生产销售或委托加工 13％税率货物的农产品，按照 10％的扣除率计算进项税额。比如企业购买面粉用于生产切面，由于切面的税率是 9％，那么面粉的扣除率是 9％；企业购买面粉用于生产方便面，由于方便面的税率是 13％，那么面粉的扣除率是 10％。

纳税人从批发、零售环节购进适用免征增值税政策的蔬菜、部分鲜活肉蛋而取得的普通发票，不得作为计算抵扣进项税额的凭证。

### 做中学

甲公司为增值税一般纳税人，从小规模纳税人企业购进一批农产品，取得增值税专用发票注明金额 30 万元、税额 0.9 万元。已知农产品扣除率为 9％。请计算甲公司该笔业务准予抵扣的进项税额。

进项税额＝300 000×9％＝27 000(元)

(3)国内旅客运输服务的抵扣。

纳税人购进国内旅客运输服务，其进项税额允许从销项税额中抵扣。纳税人取得增值税专用发票的，以发票上注明的税额为进项税额。纳税人未取得增值税专用发票的，暂按照以下规定确定进项税额：

①取得增值税电子普通发票的，为发票上注明的税额；

②取得注明旅客身份信息的航空运输电子客票行程单的，按照下列公式计算进项税额：

$$航空旅客运输进项税额＝(票价＋燃油附加费)÷(1＋9％)×9％$$

③取得注明旅客身份信息的铁路车票的，按照下列公式计算的进项税额：

$$铁路旅客运输进项税额＝票面金额÷(1＋9％)×9％$$

④取得注明旅客身份信息的公路、水路等其他客票的，按照下列公式计算进项税额：

$$公路、水路等其他旅客运输进项税额＝票面金额÷(1＋3％)×3％$$

### 小贴士

旅客运输服务的抵扣需满足以下两个条件，一是本企业员工发生的差旅费用，取得票据必须实名制；二是在国内发生的旅客运输服务，国外不可抵扣。

### 做中学

甲公司为增值税一般纳税人，5月员工王某在境内出差，取得注明王某身份信息的铁路车票和公路客票各一张，票面金额分别为254元和309元。请计算甲公司该笔业务准予抵扣的进项税额。

准予抵扣的进项税额 $=254\div(1+9\%)\times9\%+309\div(1+3\%)\times3\%=29.97$（元）

（4）加计抵减。

依照规定，自2023年1月1日至2027年12月31日，允许集成电路设计、生产、封测、装备、材料企业（以下称集成电路企业），按照当期可抵扣进项税额加计15%抵减应纳增值税税额（以下称加计抵减政策）。对适用加计抵减政策的集成电路企业采取清单管理，具体适用条件、管理方式和企业清单由工业和信息化部会同发展改革委、财政部、税务总局等部门制定。

自2023年1月1日至2027年12月31日，允许先进制造业企业按照当期可抵扣进项税额加计5%抵减应纳增值税税额（以下称加计抵减政策）。先进制造业企业是指高新技术企业（含所属的非法人分支机构）中的制造业一般纳税人，高新技术企业是指按照《科技部财政部国家税务总局关于修订印发〈高新技术企业认定管理办法〉的通知》（国科发火〔2016〕195号）规定认定的高新技术企业。先进制造业企业具体名单，由各省、自治区、直辖市、计划单列市工业和信息化部门会同同级科技、财政、税务部门确定。

#### 2. 不得抵扣的进项税额

①用于简易计税方法计税项目、免征增值税项目、集体福利或者个人消费的购进货物、加工修理修配劳务、服务、无形资产和不动产。其中涉及的固定资产、无形资产、不动产，仅指专用于上述项目的固定资产、无形资产（不包括其他权益性无形资产）、不动产。纳税人的交际应酬消费属于个人消费。

②非正常损失的购进货物，以及相关的加工修理修配劳务和交通运输服务。

③非正常损失的在产品、产成品所耗用的购进货物（不包括固定资产）、加工修理修配劳务和交通运输服务。

④非正常损失的不动产，以及该不动产所耗用的购进货物、设计服务和建筑服务。

⑤非正常损失的不动产在建工程所耗用的购进货物、设计服务和建筑服务。（纳税人新建、改建、扩建、修缮、装饰不动产，均属于不动产在建工程。）

⑥购进的旅客运输服务、贷款服务、餐饮服务、居民日常服务和娱乐服务。

⑦纳税人接受贷款服务向贷款方支付的与该笔贷款直接相关的投融资顾问费、手续费、咨询费等费用。

⑧财政部和国家税务总局规定的其他情形。

适用一般计税方法的纳税人，兼营简易计税方法计税项目、免征增值税项目而无法划分不得抵扣的进项税额，按照下列公式计算不得抵扣的进项税额：

不得抵扣的进项税额＝当期无法划分的全部进项税额×(当期简易计税方法计税项目销售额＋免征增值税项目销售额)÷当期全部销售额

主管税务机关可以按照上述公式依据年度数据对不得抵扣的进项税额进行清算。

### 学中做

根据增值税法律制度的规定，一般纳税人的下列进项税额中，不得从销项税额中抵扣的是(　　)。

A. 购进免税农产品的进项税额

B. 购进货物用于无偿赠送的进项税额

C. 购进货物用于集体福利的进项税额

D. 购进生产用原材料的进项税额

## (三)一般纳税人应纳税额的计算

增值税一般纳税人应纳税额的计算公式如下：

应纳增值税额＝当期销项税额－当期进项税额

如果上式计算结果为正数，则为当期应纳增值税；如果计算结果为负数，则形成留抵税额，待下期抵扣，下期应纳税额的计算公式：

应纳增值税额＝当期销项税额－当期进项税额－上期留抵税额

### 做中学

某企业为增值税一般纳税人，7月发生下列经济业务：

(1)销售 A 产品 50 台，不含税单价 8 000 元。货款收到后，向购买方开具了增值税专用发票，并将提货单交给了购买方。截至月底，购买方尚未提货。

(2)单位内部职工集体福利领用甲材料 1 000 千克，每千克单位成本为 50 元。

(3)当月丢失库存乙材料 800 千克，每千克单位成本为 20 元，作待处理财产损溢处理。

(4)当月发生购进货物的全部进项税额为 20 000 元。

其他相关资料：上月进项税额已全部抵扣完毕，本月取得的进项税额抵扣凭证均已申报抵扣。购销货物增值税税率均为 13％，税务局核定的 B 产品成本利润率为 10％。

请计算该公司当月销项税额、可抵扣进项税额、应纳增值税额。

(1)该公司当月销项税额
=[50×8 000+50×1000×(1+10％)]×13％=59 150(元)

(2)该公司当月可抵扣进项税额=20 000-20×800×13％=17 920(元)

(3)该公司当月应纳增值税税额=59 150-17 920=41 230(元)

## 二、小规模纳税人应纳税额的计算

小规模纳税人发生应税交易适用简易计税方法。《中华人民共和国增值税暂行条例》第十一条规定,小规模纳税人发生应税销售行为,实行按照销售额和征收率计算应纳税额的简易办法,并不得抵扣进项税额。应纳税额计算公式:

应纳税额=销售额×征收率

《中华人民共和国增值税暂行条例实施细则》第三十条规定,小规模纳税人的销售额不包括其应纳税额。小规模纳税人销售货物或者应税劳务采用销售额和应纳税额合并定价方法的,按下列公式计算销售额:

销售额=含税销售额÷(1+征收率)

### 做中学

某商店为按月纳税的增值税小规模纳税人,5月销售货物取得含增值税销售物123 600元;购进货物取得增值税专用发票注明税额700元。请计算该商店5月应缴纳的增值税税额。

应纳税额=123 600÷(1+3％)×3％=3 600(元)

## 三、进口货物应纳税额的计算

《中华人民共和国增值税暂行条例》第十四条规定,纳税人进口货物,按照组成计税价格和本条例第二条规定的税率计算应纳税额。组成计税价格和应纳税额计算公式:

组成计税价格=关税完税价格+关税+消费税

应纳税额=组成计税价格×税率

### 小贴士

根据税法规定纳税人进口货物,从海关处取得的海关进口增值税专用缴款书上注明的增值税额可以在计算本月应纳增值税额时作为进项税额抵扣。

### 做中学

某商贸企业(增值税一般纳税人)进口机器一台,关税完税价格为260万元,假设进口关税为 40 万元；本月将机器售出，取得不含税销售额 400 万元。计算该商贸企业本月应纳增值税税额。

(1)当月销项税额＝400×13％＝52(万元)

(2)当月进项税额＝(260＋40)×13％＝39(万元)

(3)当月应纳增值税额＝52－39＝13(万元)

## 四、扣缴义务人应扣缴税额的计算

《中华人民共和国增值税暂行条例》第十八条规定，中华人民共和国境外的单位或者个人在境内销售劳务，在境内未设有经营机构的，以其境内代理人为扣缴义务人；在境内没有代理人的，以购买方为扣缴义务人。

《营业税改征增值税试点实施办法》第二十条规定，境外单位或者个人在境内发生应税行为，在境内未设有经营机构的，扣缴义务人按照下列公式计算应扣缴税额：

$$应扣缴税额＝购买方支付的价款÷(1＋税率)×税率$$

**做中学**

境外公司为某纳税人提供设计服务，合同价款 159 万元，该境外公司没有在境内设立经营机构，应以服务购买方为增值税扣缴义务人，请计算购买方应当扣缴的增值税额。

应扣缴增值税额＝1 590 000÷(1＋6％)×6％＝90 000(元)

# 第四节　增值税的纳税申报

## 一、增值税的征收管理

### (一)纳税义务发生时间

《中华人民共和国增值税暂行条例》第十九条规定，增值税纳税义务发生时间：

(1)发生应税销售行为，为收讫销售款项或者取得索取销售款项凭据的当天；先开具发票的，为开具发票的当天。

(2)进口货物，为报关进口的当天。

(3)增值税扣缴义务发生时间为纳税人增值税纳税义务发生的当天。

**法规解读：**

收讫销售款项或者取得索取销售款项凭据的当天，按销售结算方式的不同，具体是指：

(1)采取直接收款方式销售货物，不论货物是否发出，均为收到销售款或者取得索取销售款凭据的当天。

（2）采取托收承付和委托银行收款方式销售货物，为发出货物并办妥托收手续的当天。

（3）采取赊销和分期收款方式销售货物，为书面合同约定的收款日期的当天，无书面合同的或者书面合同没有约定收款日期的，为货物发出的当天。

（4）采取预收货款方式销售货物，为货物发出的当天，但生产销售生产工期超过12个月的大型机械设备、船舶、飞机等货物，为收到预收款或者书面合同约定的收款日期的当天。

（5）委托其他纳税人代销货物，为收到代销单位的代销清单或者收到全部或者部分货款的当天。未收到代销清单及货款的，为发出代销货物满180天的当天。

（6）销售应税劳务，为提供劳务同时收讫销售款或者取得索取销售款的凭据的当天。

（7）纳税人发生视同销售货物行为，为货物移送的当天。

（8）纳税人提供建筑服务、租赁服务采取预收款方式的，其纳税义务发生时间为收到预收款的当天。

（9）纳税人从事金融商品转让的，为金融商品所有权转移的当天。

（10）纳税人发生视同销售服务、无形资产或者不动产的，其纳税义务发生时间为服务、无形资产转让完成的当天或者不动产权属变更的当天。

### （二）增值税的纳税地点

根据《中华人民共和国增值税暂行条例》第二十二条和《营业税改征增值税试点实施办法》第四十六条规定，增值税纳税地点：

（1）固定业户应当向其机构所在地的主管税务机关申报纳税。总机构和分支机构不在同一县（市）的，应当分别向各自所在地的主管税务机关申报纳税；经国务院财政、税务主管部门或者其授权的财政、税务机关批准，可以由总机构汇总向总机构所在地的主管税务机关申报纳税。

（2）固定业户到外县（市）销售货物或者劳务，应当向其机构所在地的主管税务机关报告外出经营事项，并向其机构所在地的主管税务机关申报纳税；未报告的，应当向销售地或者劳务发生地的主管税务机关申报纳税；未向销售地或者劳务发生地的主管税务机关申报纳税的，由其机构所在地的主管税务机关补征税款。

（3）非固定业户销售货物或者劳务，应当向销售地或者劳务发生地的主管税务机关申报纳税；未向销售地或者劳务发生地的主管税务机关申报纳税的，由其机构所在地或者居住地的主管税务机关补征税款。

（4）进口货物，应当向报关地海关申报纳税。

（5）扣缴义务人应当向其机构所在地或者居住地的主管税务机关申报缴纳其扣缴的税款。

（6）其他个人提供建筑服务，销售或者租赁不动产，转让自然资源使用权，应向建筑服务发生地、不动产所在地、自然资源所在地主管税务机关申报纳税。

### （三）增值税的纳税期限

《中华人民共和国增值税暂行条例》第二十三条规定，增值税的纳税期限分别为 1 日、3 日、5 日、10 日、15 日、1 个月或者 1 个季度。纳税人的具体纳税期限，由主管税务机关根据纳税人应纳税额的大小分别核定；不能按照固定期限纳税的，可以按次纳税。

纳税人以 1 个月或者 1 个季度为 1 个纳税期的，自期满之日起 15 日内申报纳税；以 1 日、3 日、5 日、10 日或者 15 日为 1 个纳税期的，自期满之日起 5 日内预缴税款，于次月 1 日起 15 日内申报纳税并结清上月应纳税款。

扣缴义务人解缴税款的期限，依照前两款规定执行。

《中华人民共和国增值税暂行条例》第二十四条规定，纳税人进口货物，应当自海关填发海关进口增值税专用缴款书之日起 15 日内缴纳税款。

## 二、增值税的纳税申报

增值税的纳税申报分为一般纳税人的纳税申报和小规模纳税人的纳税申报。

### （一）一般纳税人的纳税申报

电子信息采集系统一般纳税人纳税申报资料包括以下几项：

#### 1. 必须填报资料

自 2021 年 8 月 1 日起，增值税与城市维护建设税、教育费附加、地方教育附加申报表整合。①《增值税及附加税费申报表（一般纳税人适用）》和反映本期销售情况明细的附列资料（一）、反映本期进项税额明细的附列资料（二）、反映营改增纳税人服务、不动产和无形资产扣除明细的附列资料（三）、反映税额抵减情况表附列资料（四）、反映附加税费情况表附列资料（五）以及《增值税减免税申报明细表》；②备份数据软盘和 IC 卡；③资产负债表和利润表。

#### 2. 其他必报资料

①《海关完税凭证抵扣清单》；②《代开发票抵扣清单》；③主管国税机关规定的其他必报资料。

#### 3. 备查资料

①已开具普通发票存根联；②符合抵扣条件并且在本期申报抵扣的增值税专用发票抵扣联；③海关进口货物完税凭证、购进农产品普通发票存根联原件及复印件；④收购发票；⑤代扣代缴税款凭证存根联；⑥主管税务机关规定的其他备查资料。备查资料是否需要在当期报送，由各级国家税务总局确定。

#### 4. 增值税及附加税费申报表（一般纳税人适用）

增值税及附加税费申报表（一般纳税人适用）填表说明如下。

(1)名词解释。

"货物",是指增值税的应税货物。

"劳务",是指增值税的应税加工、修理、修配劳务。

"服务、不动产和无形资产",是指销售服务、不动产和无形资产。

"按适用税率计税""按适用税率计算"和"一般计税方法",均指按"应纳税额＝当期销项税额－当期进项税额"公式计算增值税应纳税额的计税方法。

"按简易办法计税""按简易征收办法计算"和"简易计税方法",均指按"应纳税额＝销售额×征收率"公式计算增值税应纳税额的计税方法。

"扣除项目",是指纳税人销售服务、不动产和无形资产,在确定销售额时,按照有关规定允许其从取得的全部价款和价外费用中扣除价款的项目。

(2)"税款所属时间":指纳税人申报的增值税应纳税额的所属时间,应填写具体的起止年、月、日。

(3)"填表日期":指纳税人填写本表的具体日期。

(4)"纳税人识别号(统一社会信用代码)":填写纳税人的统一社会信用代码或纳税人识别号。

(5)"所属行业":按照国民经济行业分类与代码中的小类行业填写。

(6)"纳税人名称":填写纳税人单位名称全称。

(7)"法定代表人姓名":填写纳税人法定代表人的姓名。

(8)"注册地址":填写纳税人税务登记证件所注明的详细地址。

(9)"生产经营地址":填写纳税人实际生产经营地的详细地址。

(10)"开户银行及账号":填写纳税人开户银行的名称和纳税人在该银行的结算账户号码。

(11)"登记注册类型":按纳税人税务登记证件的栏目内容填写。

(12)"电话号码":填写可联系到纳税人的常用电话号码。

(13)"即征即退项目"列:填写纳税人按规定享受增值税即征即退政策的货物、劳务和服务、不动产、无形资产的征(退)税数据。

(14)"一般项目"列:填写除享受增值税即征即退政策以外的货物、劳务和服务、不动产、无形资产的征(免)税数据。

(15)"本年累计"列:一般填写本年度内各月"本月数"之和。其中,第13、20、25、32、36、38栏及第18栏"实际抵扣税额""一般项目"列的"本年累计"分别按本填写说明第(27)(34)(39)(46)(50)(52)(32)条要求填写。

(16)第1栏"(一)按适用税率计税销售额":填写纳税人本期按一般计税方法计算缴纳增值税的销售额,包含:在财务上不作销售但按税法规定应缴纳增值税的视同销售和价外费用的销售额;外贸企业作价销售进料加工复出口货物的销售额;税务、财政、审计部门检查后按一般计税方法计算调整的销售额。

本栏"一般项目"列"本月数"=《附列资料(一)》第9列第1至5行之和一第9列第6、7行之和;本栏"即征即退项目"列"本月数"=《附列资料(一)》第9列第6、7行之和。

(17)第2栏"其中:应税货物销售额":填写纳税人本期按适用税率计算增值税的应税货物的销售额。包含在财务上不作销售但按税法规定应缴纳增值税的视同销售货物和价外费用销售额,以及外贸企业作价销售进料加工复出口货物的销售额。

(18)第3栏"应税劳务销售额":填写纳税人本期按适用税率计算增值税的应税劳务的销售额。

(19)第4栏"纳税检查调整的销售额":填写纳税人因税务、财政、审计部门检查,并按一般计税方法在本期计算调整的销售额。但享受增值税即征即退政策的货物、劳务和服务、不动产、无形资产,经纳税检查属于偷税的,不填入"即征即退项目"列,而应填入"一般项目"列。营业税改征增值税的纳税人,服务、不动产和无形资产有扣除项目的,本栏应填写扣除之前的不含税销售额。

本栏"一般项目"列"本月数"=《附列资料(一)》第7列第1至5行之和。

(20)第5栏"按简易办法计税销售额":填写纳税人本期按简易计税方法计算增值税的销售额。包含纳税检查调整按简易计税方法计算增值税的销售额。营业税改征增值税的纳税人,服务、不动产和无形资产有扣除项目的,本栏应填写扣除之前的不含税销售额;服务、不动产和无形资产按规定汇总计算缴纳增值税的分支机构,其当期按预征率计算缴纳增值税的销售额也填入本栏。

本栏"一般项目"列"本月数"≥《附列资料(一)》第9列第8至13b行之和一第9列第14、15行之和;本栏"即征即退项目"列"本月数"≥《附列资料(一)》第9列第14、15行之和。

(21)第6栏"其中:纳税检查调整的销售额":填写纳税人因税务、财政、审计部门检查,并按简易计税方法在本期计算调整的销售额。但享受增值税即征即退政策的货物、劳务和服务、不动产、无形资产,经纳税检查属于偷税的,不填入"即征即退项目"列,而应填入"一般项目"列。

(22)第7栏"免、抵、退办法出口销售额":填写纳税人本期适用免、抵、退税办法的出口货物、劳务和服务、无形资产的销售额。

本栏"一般项目"列"本月数"=《附列资料(一)》第9列第16、17行之和。

(23)第8栏"免税销售额":填写纳税人本期按照税法规定免征增值税的销售额和适用零税率的销售额,但零税率的销售额中不包括适用免、抵、退税办法的销售额。

本栏"一般项目"列"本月数"=《附列资料(一)》第9列第18、19行之和。

(24)第9栏"其中:免税货物销售额":填写纳税人本期按照税法规定免征增值税的货物销售额及适用零税率的货物销售额,但零税率的销售额中不包括适用免、抵、退税办法出口货物的销售额。

(25)第10栏"免税劳务销售额":填写纳税人本期按照税法规定免征增值税的劳务销售额及适用零税率的劳务销售额,但零税率的销售额中不包括适用免、抵、退税办法的劳务的销售额。

(26)第11栏"销项税额"：填写纳税人本期按一般计税方法计税的货物、劳务和服务、不动产、无形资产的销项税额。

本栏"一般项目"列"本月数"=《附列资料（一）》（第10列第1、3行之和－第10列第6行）＋（第14列第2、4、5行之和－第14列第7行）；

本栏"即征即退项目"列"本月数"=《附列资料（一）》第10列第6行＋第14列第7行。

(27)第12栏"进项税额"：填写纳税人本期申报抵扣的进项税额。

本栏"一般项目"列"本月数"＋"即征即退项目"列"本月数"=《附列资料（二）》第12栏"税额"。

(28)第13栏"上期留抵税额"："本月数"按上一税款所属期申报表第20栏"期末留抵税额""本月数"填写。本栏"一般项目"列"本年累计"不填写。

(29)第14栏"进项税额转出"：填写纳税人已经抵扣，但按税法规定本期应转出的进项税额。

本栏"一般项目"列"本月数"＋"即征即退项目"列"本月数"=《附列资料（二）》第13栏"税额"。

(30)第15栏"免、抵、退应退税额"：反映税务机关退税部门按照出口货物、劳务和服务、无形资产免、抵、退办法审批的增值税应退税额。

(31)第16栏"按适用税率计算的纳税检查应补缴税额"：填写税务、财政、审计部门检查，按一般计税方法计算的纳税检查应补缴的增值税税额。

本栏"一般项目"列"本月数"≤《附列资料（一）》第8列第1至5行之和＋《附列资料（二）》第19栏。

(32)第17栏"应抵扣税额合计"：填写纳税人本期应抵扣进项税额的合计数。按表中所列公式计算填写。

(33)第18栏"实际抵扣税额"："本月数"按表中所列公式计算填写。本栏"一般项目"列"本年累计"不填写。

(34)第19栏"应纳税额"：反映纳税人本期按一般计税方法计算并应缴纳的增值税额。

①适用加计抵减政策的纳税人，按以下公式填写。

本栏"一般项目"列"本月数"=第11栏"销项税额""一般项目"列"本月数"－第18栏"实际抵扣税额""一般项目"列"本月数"－"实际抵减额"；

②本栏"即征即退项目"列"本月数"=第11栏"销项税额""即征即退项目"列"本月数"－第18栏"实际抵扣税额""即征即退项目"列"本月数"－"实际抵减额"。

适用加计抵减政策的纳税人是指，按照规定计提加计抵减额，并可从本期适用一般计税方法计算的应纳税额中抵减的纳税人（下同）。"实际抵减额"是指按照规定可从本期适用一般计税方法计算的应纳税额中抵减的加计抵减额，分别对应《附列资料（四）》第6行"一般项目加计抵减额计算"、第7行"即征即退项目加计抵减额计算"的"本期实际抵减额"列。

（35）第20栏"期末留抵税额"："本月数"按表中所列公式填写。本栏"一般项目"列"本年累计"不填写。

（36）第21栏"简易计税办法计算的应纳税额"：反映纳税人本期按简易计税方法计算并应缴纳的增值税额，但不包括按简易计税方法计算的纳税检查应补缴税额。按以下公式计算填写：

本栏"一般项目"列"本月数"＝《附列资料（一）》（第10列第8、9a、10、11行之和－第10列第14行）＋（第14列第9b、12、13a、13b行之和－第14列第15行）；

本栏"即征即退项目"列"本月数"＝《附列资料（一）》第10列第14行＋第14列第15行。

（37）第22栏"按简易计税办法计算的纳税检查应补缴税额"：填写纳税人本期因税务、财政、审计部门检查并按简易计税方法计算的纳税检查应补缴税额。

（38）第23栏"应纳税额减征额"：填写纳税人本期按照税法规定减征的增值税应纳税额。包含按照规定可在增值税应纳税额中全额抵减的增值税税控系统专用设备费用以及技术维护费，支持和促进重点群体创业就业、扶持自主就业退役士兵创业就业等有关税收政策可扣减的增值税，按照规定可填列的减按征收对应的减征增值税税额等。

当本期减征额小于或等于第19栏"应纳税额"与第21栏"简易计税办法计算的应纳税额"之和时，按本期减征额实际填写；当本期减征额大于第19栏"应纳税额"与第21栏"简易计税办法计算的应纳税额"之和时，按本期第19栏与第21栏之和填写。本期减征额不足抵减部分结转下期继续抵减。

（39）第24栏"应纳税额合计"：反映纳税人本期应缴增值税的合计数。按表中所列公式计算填写。

（40）第25栏"期初未缴税额（多缴为负数）"："本月数"按上一税款所属期申报表第32栏"期末未缴税额（多缴为负数）""本月数"填写。"本年累计"按上年度最后一个税款所属期申报表第32栏"期末未缴税额（多缴为负数）""本年累计"填写。

（41）第26栏"实收出口开具专用缴款书退税额"：本栏不填写。

（42）第27栏"本期已缴税额"：反映纳税人本期实际缴纳的增值税额，但不包括本期入库的查补税款。按表中所列公式计算填写。

（43）第28栏"①分次预缴税额"：填写纳税人本期已缴纳的准予在本期增值税应纳税额中抵减的税额。

（44）第29栏"②出口开具专用缴款书预缴税额"：本栏不填写。

（45）第30栏"③本期缴纳上期应纳税额"：填写纳税人本期缴纳上一税款所属期应缴未缴的增值税额。

（46）第31栏"④本期缴纳欠缴税额"：反映纳税人本期实际缴纳和留抵税额抵减的

增值税欠税额，但不包括缴纳入库的查补增值税额。

(47)第32栏"期末未缴税额(多缴为负数)"："本月数"反映纳税人本期期末应缴未缴的增值税额，但不包括纳税检查应缴未缴的税额。按表中所列公式计算填写。"本年累计"与"本月数"相同。

(48)第33栏"其中：欠缴税额(≥0)"：反映纳税人按照税法规定已形成欠税的增值税额。按表中所列公式计算填写。

(49)第34栏"本期应补(退)税额"：反映纳税人本期应纳税额中应补缴或应退回的数额。按表中所列公式计算填写。

(50)第35栏"即征即退实际退税额"：反映纳税人本期因符合增值税即征即退政策规定，而实际收到的税务机关退回的增值税额。

(51)第36栏"期初未缴查补税额"："本月数"按上一税款所属期申报表第38栏"期末未缴查补税额""本月数"填写。"本年累计"按上年度最后一个税款所属期申报表第38栏"期末未缴查补税额""本年累计"填写。

(52)第37栏"本期入库查补税额"：反映纳税人本期因税务、财政、审计部门检查而实际入库的增值税额，包括按一般计税方法计算并实际缴纳的查补增值税额和按简易计税方法计算并实际缴纳的查补增值税额。

(53)第38栏"期末未缴查补税额"："本月数"反映纳税人接受纳税检查后应在本期期末缴纳而未缴纳的查补增值税额。按表中所列公式计算填写，"本年累计"与"本月数"相同。

(54)第39栏"城市维护建设税本期应补(退)税额"：填写纳税人按税法规定应当缴纳的城市维护建设税。本栏"一般项目"列"本月数"=《附列资料(五)》第1行第11列。

(55)第40栏"教育费附加本期应补(退)费额"：填写纳税人按规定应当缴纳的教育费附加。本栏"一般项目"列"本月数"=《附列资料(五)》第2行第11列。

(56)第41栏"地方教育附加本期应补(退)费额"：填写纳税人按规定应当缴纳的地方教育附加。本栏"一般项目"列"本月数"=《附列资料(五)》第3行第11列。

### (二)小规模纳税人的纳税申报

#### 1. 申报资料

小规模纳税人申报资料包括以下几项：

(1)增值税小规模纳税人纳税申报表及其附列资料。

(2)资产负债表、利润表。

(3)主管税务机关要求的其他资料。

#### 2. 增值税及附加税费申报表(小规模纳税人适用)

增值税及附加税费申报表(小规模纳税人适用)见表2-4，填表说明如下。

## 表2-4 增值税及附加税费申报表

### （小规模纳税人适用）

纳税人识别号(统一社会信用代码)：□□□□□□□□□□□□□□□□□□□□

纳税人名称：　　　　　　　　　　　　　　　　　　金额单位：元（列至角分）

税款所属期：　年 月 日至　 年 月 日　　　　　　填表日期：年 月 日

| 项　目 | | 栏次 | 本期数 | | 本年累计 | |
|---|---|---|---|---|---|---|
| | | | 货物及劳务 | 服务、不动产和无形资产 | 货物及劳务 | 服务、不动产和无形资产 |
| 一、计税依据 | （一）应征增值税不含税销售额（3%征收率） | 1 | | | | |
| | 增值税专用发票不含税销售额 | 2 | | | | |
| | 其他增值税发票不含税销售额 | 3 | | | | |
| | （二）应征增值税不含税销售额（5%征收率） | 4 | | —— | | —— |
| | 增值税专用发票不含税销售额 | 5 | | —— | | —— |
| | 其他增值税发票不含税销售额 | 6 | | —— | | —— |
| | （三）销售使用过的固定资产不含税销售额 | 7(7≥8) | | —— | | —— |
| | 其中：其他增值税发票不含税销售额 | 8 | | —— | | —— |
| | （四）免税销售额 | 9=10+11+12 | | | | |
| | 其中：小微企业免税销售额 | 10 | | | | |
| | 　　　未达起征点销售额 | 11 | | | | |
| | 　　　其他免税销售额 | 12 | | | | |
| | （五）出口免税销售额 | 13(13≥14) | | | | |
| | 　　　其中：其他增值税发票不含税销售额 | 14 | | | | |
| 二、税款计算 | 本期应纳税额 | 15 | | | | |
| | 本期应纳税额减征额 | 16 | | | | |
| | 本期免税额 | 17 | | | | |
| | 其中：小微企业免税额 | 18 | | | | |
| | 　　　未达起征点免税额 | 19 | | | | |
| | 应纳税额合计 | 20=15-16 | | | | |
| | 本期预缴税额 | 21 | | | —— | —— |
| | 本期应补（退）税额 | 22=20-21 | | | —— | —— |
| 三、附加税费 | 城市维护建设税本期应补（退）税额 | 23 | | | | |
| | 教育费附加本期应补（退）费额 | 24 | | | | |
| | 地方教育附加本期应补（退）费额 | 25 | | | | |

声明：此表是根据国家税收法律法规及相关规定填写的，本人（单位）对填报内容（及附带资料）的真实性、可靠性、完整性负责。

　　　　　　　　　　　　　　　　　　　　纳税人（签章）：　　　　　年 月 日

| 经办人：<br>经办人身份证号：<br>代理机构签章：<br>代理机构统一社会信用代码： | 受理人：<br><br>受理税务机关（章）：<br>受理日期：　　　年 月 日 |
|---|---|

（1）名词解释。

"货物"，是指增值税的应税货物。

"劳务"，是指增值税的应税加工、修理、修配劳务。

"服务、不动产和无形资产"，是指销售服务、不动产和无形资产（以下简称应税行为）。

"扣除项目"，是指纳税人发生应税行为，在确定销售额时，按照有关规定允许其从取得的全部价款和价外费用中扣除价款的项目。

（2）"税款所属期"是指纳税人申报的增值税应纳税额的所属时间，应填写具体的起止年、月、日。

（3）"纳税人识别号（统一社会信用代码）"：填写纳税人的统一社会信用代码或纳税人识别号。

（4）"纳税人名称"：填写纳税人名称全称。

（5）第1栏"应征增值税不含税销售额（3％征收率）"：填写本期销售货物及劳务、发生应税行为适用3％征收率的不含税销售额，不包括应税行为适用5％征收率的不含税销售额、销售使用过的固定资产（不含不动产，下同）和销售旧货的不含税销售额、免税销售额、出口免税销售额、查补销售额，国家税务总局另有规定的除外。

纳税人发生适用3％征收率的应税行为且有扣除项目的，本栏填写扣除后的不含税销售额，与当期《附列资料一》第8栏数据一致，适用小微企业免征增值税政策的纳税人除外。

（6）第2栏"增值税专用发票不含税销售额"：填写纳税人自行开具和税务机关代开的增值税专用发票销售额合计。

（7）第3栏"其他增值税发票不含税销售额"：填写增值税发票管理系统开具的增值税专用发票之外的其他发票不含税销售额。

（8）第4栏"应征增值税不含税销售额（5％征收率）"：填写本期发生应税行为适用5％征收率的不含税销售额。

纳税人发生适用5％征收率应税行为且有扣除项目的，本栏填写扣除后的不含税销售额，与当期《附列资料一》第16栏数据一致，适用小微企业免征增值税政策的纳税人除外。

（9）第5栏"增值税专用发票不含税销售额"：填写纳税人自行开具和税务机关代开的增值税专用发票销售额合计。

（10）第6栏"其他增值税发票不含税销售额"：填写增值税发票管理系统开具的增值税专用发票之外的其他发票不含税销售额。

（11）第7栏"销售使用过的固定资产不含税销售额"：填写销售自己使用过的固定资产和销售旧货的不含税销售额，销售额＝含税销售额/（1＋3％）。

（12）第8栏"其中：其他增值税发票不含税销售额"：填写纳税人销售自己使用过

的固定资产和销售旧货，在增值税发票管理系统开具的增值税专用发票之外的其他发票不含税销售额。

(13)第9栏"免税销售额"：填写销售免征增值税的货物及劳务、应税行为的销售额，不包括出口免税销售额。应税行为有扣除项目的纳税人，填写扣除之后的销售额。

(14)第10栏"小微企业免税销售额"：填写符合小微企业免征增值税政策的免税销售额，不包括符合其他增值税免税政策的销售额。个体工商户和其他个人不填写本栏次。

(15)第11栏"未达起征点销售额"：填写个体工商户和其他个人未达起征点（含支持小微企业免征增值税政策）的免税销售额，不包括符合其他增值税免税政策的销售额。本栏次由个体工商户和其他个人填写。

(16)第12栏"其他免税销售额"：填写销售免征增值税的货物及劳务、应税行为的销售额，不包括符合小微企业免征增值税和未达起征点政策的免税销售额。

(17)第13栏"出口免税销售额"：填写出口免征增值税货物及劳务、出口免征增值税应税行为的销售额。应税行为有扣除项目的纳税人，填写扣除之前的销售额。

(18)第14栏"其中：其他增值税发票不含税销售额"：填写出口免征增值税货物及劳务、出口免征增值税应税行为，在增值税发票管理系统开具的增值税专用发票之外的其他发票销售额。

(19)第15栏"本期应纳税额"：填写本期按征收率计算缴纳的应纳税额。

(20)第16栏"本期应纳税额减征额"：填写纳税人本期按照税法规定减征的增值税应纳税额。包含可在增值税应纳税额中全额抵减的增值税税控系统专用设备费用以及技术维护费，可在增值税应纳税额中抵免的购置税控收款机的增值税税额，支持和促进重点群体创业就业、扶持自主就业退役士兵创业就业等有关税收政策可扣减的增值税额，按照规定可填列的减按征收对应的减征增值税税额等。

当本期减征额小于或等于第15栏"本期应纳税额"时，按本期减征额实际填写；当本期减征额大于第15栏"本期应纳税额"时，按本期第15栏填写，本期减征额不足抵减部分结转下期继续抵减。

(21)第17栏"本期免税额"：填写纳税人本期增值税免税额，免税额根据第9栏"免税销售额"和征收率计算。

(22)第18栏"小微企业免税额"：填写符合小微企业免征增值税政策的增值税免税额，免税额根据第10栏"小微企业免税销售额"和征收率计算。

(23)第19栏"未达起征点免税额"：填写个体工商户和其他个人未达起征点（含支持小微企业免征增值税政策）的增值税免税额，免税额根据第11栏"未达起征点销售额"和征收率计算。

(24)第21栏"本期预缴税额"：填写纳税人本期预缴的增值税额，但不包括查补缴纳的增值税额。

（25）第23栏"城市维护建设税本期应补（退）税额"：填写《附列资料（二）》城市维护建设税对应第9栏本期应补（退）税（费）额。

（26）第24栏"教育费附加本期应补（退）费额"：填写《附列资料（二）》教育费附加对应第9栏本期应补（退）税（费）额。

（27）第25栏"地方教育附加本期应补（退）费额"：填写《附列资料（二）》地方教育附加对应第9栏本期应补（退）税（费）额。

## 章节小结

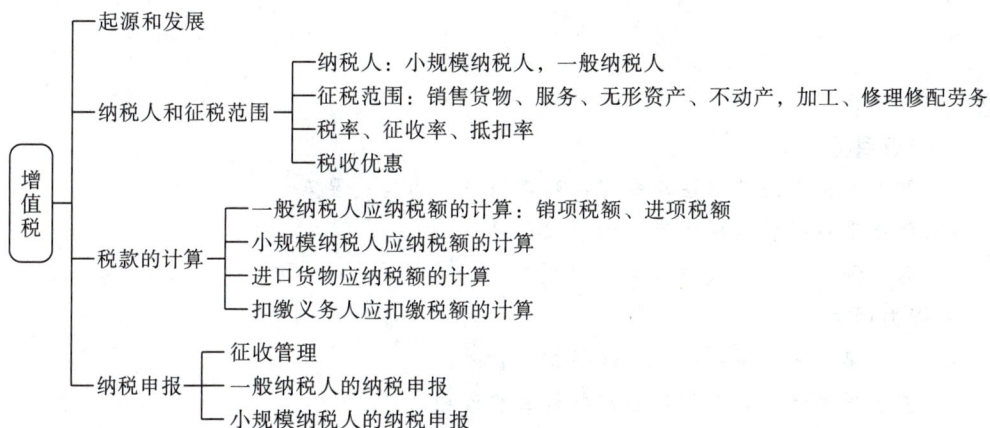

# 第三章

# 消费税

✐ **学习目标**

❖**知识目标**

(1)掌握消费税的基本法规知识，明确消费税的构成要素。

(2)掌握消费税各应税项目应纳税额计算。

(3)熟悉消费税的申报方式。

❖**能力目标**

(1)能够确定应税所得项目，选择适用税率。

(2)能够准确计算各应税项目应纳消费税税额。

(3)能够根据资料填制消费税纳税申报表。

❖**素质目标**

(1)培养学生爱岗敬业、诚实守信的精神。

(2)培养学生遵纪守法、诚信纳税的品质。

(3)培养学生团结协作、互帮互助的意识。

我国消费税政策经历了一系列精细调整与优化，旨在通过科学合理的税制设计，促进健康消费，调节市场供需，同时减轻中低收入群体的负担，实现消费税的调节功能与民生保障的有效结合。从扩大消费税征税范围到调整部分消费品税率，再到实施差异化的税收优惠政策，消费税政策的每一次调整都紧密围绕国家发展战略和民生需求展开。

特别是近年来，针对绿色消费、环保节能产品的消费税优惠政策不断加码，鼓励消费者选择低碳环保的生活方式，促进了资源的节约与环境的保护。同时，对于部分高污染、高能耗产品则适当提高税率，利用税收杠杆引导产业结构优化升级，推动经济可持续发展。

此外，消费税政策还充分考虑了社会公平与民生福祉，通过设定合理的免税额度和税收减免措施，确保基本生活必需品不受影响，保障了低收入群体的基本生活需求。

这种精细调节的方式,不仅促进了消费市场的活跃与健康发展,还增强了税收制度的公平性和有效性,进一步体现了国家对社会民生的深切关怀。

消费税的调整优化,不仅是对传统税收政策的完善与升级,更是国家经济治理体系现代化的重要体现。它通过精准施策,有效调节了市场供需关系,促进了资源的合理配置与高效利用,为构建新发展格局、推动高质量发展提供了有力支撑。同时,也激发了消费者的购买信心与消费潜力,为经济持续稳定增长注入了新动力。

## 职场任务

甲公司为增值税一般纳税人(纳税人识别号,91965789BC＊＊＊PUI),主要从事化妆品生产和销售业务。2024年8月发生业务如下。

(1)销售A型高档化妆品,取得不含增值税销售额300万元。

(2)委托乙公司加工B型高档化妆品,甲公司提供原材料成本70万元,乙公司取得不含增值税加工费15万元。当月加工完毕,丙公司交货时按计税价格代收了消费税。

(3)将委托加工收回的B型高档化妆品全部领用,用于继续生产C型高档化妆品,本月销售C型高档化妆品,取得不含增值税销售额150万元。

已知:高档化妆品消费税税率为15％。该公司以前月份的消费税已结清。

任务:(1)计算本月应纳消费税税额。

(2)填写消费税纳税申报表。

## 任务实施

### 1. 计算消费税税额

(1)销售A型高档化妆品应纳消费税税额计算

销售A型高档化妆品应纳消费税税额＝3 000 000×15％＝450 000(元)

(2)乙公司代扣代缴B型高档化妆品消费税税额计算

组成计税价格＝(700 000＋150 000)÷(1－15％)＝1 000 000(元)

应代收代缴消费税税额＝1 000 000×15％＝150 000(元)

(3)销售C型高档化妆品应纳消费税税额计算

收回的B型高档化妆品继续加工C型高档化妆品,并且用于销售,代收代缴的消费税可以抵扣。

销售C型高档化妆品应纳消费税税额＝1 500 000×15％－150 000＝75 000(元)

(4)甲公司应纳消费税税额计算

应纳消费税合计＝450 000＋75 000＝525 000(元)

### 2. 填写消费税纳税申报表

甲公司消费税纳税申报表如表3-1所示。

**表3-1 消费税及附加税费申报表**

税款所属期：2024 年 08 月 01 日至 2024 年 08 月 31 日

纳税人识别号（统一社会信用代码）：91965789BC****PUI

纳税人名称：甲公司　　　　　　　　　　　　　　　　　金额单位：人民币元（列至角分）

| 项目＼应税消费品名称 | 适用税率 定额税率 1 | 适用税率 比例税率 2 | 计量单位 3 | 本期销售数量 4 | 本期销售额 5 | 本期应纳税额 6=1×4+2×5 |
|---|---|---|---|---|---|---|
| 高档化妆品 | | 15% | | | 4 500 000 | 675 000 |
| | | | | | | |
| | | | | | | |
| 合计 | —— | —— | —— | —— | —— | 675 000 |

| | 栏次 | 本期税费额 |
|---|---|---|
| 本期减（免）税额 | 7 | 0 |
| 期初留抵税额 | 8 | 0 |
| 本期准予扣除税额 | 9 | 150 000 |
| 本期应扣除税额 | 10=8+9 | 150 000 |
| 本期实际扣除税额 | 11[10<（6－7），则为10，否则为6－7] | 150 000 |
| 期末留抵税额 | 12=10－11 | 0 |
| 本期预缴税额 | 13 | 0 |
| 本期应补（退）税额 | 14=6－7－11－13 | 525 000 |
| 城市维护建设税本期应补（退）税额 | 15 | 36 750 |
| 教育费附加本期应补（退）费额 | 16 | 15 750 |
| 地方教育附加本期应补（退）费额 | 17 | 10 500 |

声明：此表是根据国家税收法律法规及相关规定填写的，本人（单位）对填报内容（及附带资料）的真实性、可靠性、完整性负责。

　　　　　　　　　　　　　　　　　纳税人（签章）：　　　　　年　月　日

| | |
|---|---|
| 经办人： | 受理人： |
| 经办人身份证号： | |
| 代理机构签章： | 受理税务机关（章）： |
| 代理机构统一社会信用代码： | 受理日期：　　年　月　日 |

# 第一节　消费税的起源和发展

## 一、消费税的起源和发展

消费税的历史可以追溯到古代。在我国，消费税可以追溯到西汉时期对酒的课税，而古罗马时代也曾课征盐税。这表明，消费税作为一种对特定消费品和消费行为征收的税，其起源与古代社会的经济活动和税收需求密切相关。在国际上，消费税也是许多国家税收体系中的重要组成部分。例如，美、英、德、法、日等国都开征了消费税，这些国家的消费税制度在各自的经济和社会发展中发挥了重要作用。

## 二、中国征收消费税的历史进程

自 1994 年消费税正式设立以来，我国消费税制度经历了多次政策法规调整，以适应经济社会发展的需要。以下是主要的调整过程：

首次设立与税目设定：1994 年消费税设立时，包括 11 个税目（烟、酒及酒精、化妆品、护肤护发品、贵重首饰及珠宝玉石、鞭炮焰火、汽油、柴油、汽车轮胎、摩托车、小汽车）。这些税目的选择体现了国家对特定消费行为的调节意图。

首次大规模调整：2006 年，为了进一步完善消费税制度，国家对消费税进行了首次大规模调整。这次调整新增了高尔夫球及球具、高档手表、游艇、木制一次性筷子、实木地板等税目，同时取消了护肤护发品税目，并对小汽车、摩托车、汽车轮胎等税目的税率进行了调整。这些调整旨在更好地发挥消费税的调节作用，促进资源节约和环境保护。

后续调整与改革：此后，国家根据经济社会发展的需要和税收制度改革的要求，对消费税进行了多次调整。例如，2008 年成品油税费改革将汽油、柴油等成品油消费税单位税额大幅提高；2014 年以来新一轮消费税改革则进一步推进了消费税制度的完善。

政策法规完善：为了规范消费税的征收管理，国家还不断完善相关法律法规和政策文件。例如，《中华人民共和国消费税暂行条例》及其实施细则的修订和完善，为消费税的征收管理提供了法律依据；同时，国务院及其相关部门还发布了多项通知和公告，对消费税的具体政策执行进行了指导和规范。

中国征收消费税的政策法规在不断发展和完善。未来，随着财税体制改革的深入推进和消费税制度的进一步完善，我国消费税将在筹集财政收入、调节收入分配、促进资源节约和环境保护等方面发挥更加重要的作用。

## 第二节　消费税纳税人和征税对象的确定

### 一、消费税的概念

消费税是一种选择性征收的流转税，它主要针对特定的消费品或消费行为，在商品或服务的流转过程中，按照其销售额或数量以及规定的税率进行征收。这种税收制度的主要目的是调节产品结构，引导消费方向，保证国家财政收入。

具体来说，消费税通常针对那些对社会、经济或环境有特定影响的消费品，如奢侈品、高能耗产品、有害健康的产品等。通过对这些产品征税，政府可以抑制对其过度消费，促进资源的合理利用，保护环境，同时也可以通过税收收入来支持其他公共事业或社会福利项目。

> **小贴士**
>
> 消费税与增值税等其他流转税有所不同。增值税是在商品或服务的每个流转环节都征收的一种税，而消费税则是对特定消费品或消费行为在最终消费环节征收的一种税。因此，消费税具有更强的针对性和调节性，可以更有效地实现政府的政策目标。

### 二、消费税的纳税人

《中华人民共和国消费税暂行条例》第一条规定，在中华人民共和国境内生产、委托加工和进口本条例规定的消费品的单位和个人，以及国务院确定的销售本条例规定的消费品的其他单位和个人，为消费税的纳税人，应当依照本条例缴纳消费税。

**法规解读：**

《中华人民共和国消费税暂行条例实施细则》第二条规定，条例第一条所称单位，是指企业、行政单位、事业单位、军事单位、社会团体及其他单位。条例第一条所称个人，是指个体工商户及其他个人。条例第一条所称在中华人民共和国境内，是指生产、委托加工和进口属于应当缴纳消费税的消费品的起运地或者所在地在境内。

### 三、消费税的征税对象

消费税的税目包括烟、酒、高档化妆品、贵重首饰及珠宝玉石，鞭炮焰火、成品油、小汽车、高尔夫球及球具、高档手表、游艇、木制一次性筷子、实木地板、电池、

涂料 15 个税目,有的税目还可进一步划分为若干子目。其具体范围如下:

## (一)烟

凡是以烟叶为原料加工生产的产品,不论使用何种辅料,均属于本税目的征收范围。本税目征收范围包括卷烟(分生产环节和批发环节)、雪茄烟、烟丝和电子烟。

(1)卷烟,包括各种规格、型号的国产卷烟、进口卷烟、白包卷烟、手工卷烟等。卷烟包括甲类卷烟和乙类卷烟,甲类卷烟是指每标准条(200 支)调拨价格在 70 元(不含增值税)以上(含 70 元)的卷烟,乙类卷烟是指每标准条(200 支)调拨价格在 70 元(不含增值税)以下的卷烟。

(2)雪茄烟,包括各种规格、型号的雪茄烟;

(3)烟丝,包括以烟叶为原料加工生产的不经卷制的散装烟,如斗烟、莫合烟、烟末、水烟、黄红烟丝等;

(4)电子烟,是指用于产生气溶胶供人抽吸等的电子传输系统,包括烟弹、烟具以及烟弹与烟具组合销售的电子烟产品。烟弹是指含有雾化物的电子烟组件,烟具是指将雾化物雾化为可吸入气溶胶的电子装置。

## (二)酒

酒是指酒精度在 1 度以上的各种酒类饮料,本税目征收范围包括白酒、啤酒、黄酒、其他酒。

(1)白酒,包括粮食白酒和薯类白酒。其中粮食白酒是指以高粱、玉米、大米、糯米、大麦、小麦、小米、青稞等各种粮食为原料,经过糖化、发酵后,采用蒸馏方法酿制的白酒;薯类白酒是指以白薯(红薯、地瓜)、木薯、马铃薯(土豆)、芋头、山药等各种干鲜薯类为原料,经过糖化、发酵后,采用蒸馏方法酿制的白酒。用甜菜酿制的白酒,比照薯类白酒征税。

(2)黄酒,是指以糯米、粳米、籼米、大米、黄米、玉米、小麦、薯类等为原料,经加混糖化、发酵、压榨酿制的酒。黄酒的征收范围包括各种原料酿制的黄酒和酒度超过 12 度(含 12 度)的土甜酒。

(3)啤酒,是指以大麦或其他粮食为原料,加入啤酒花,经糖化、发酵、过滤酿制的含有二氧化碳的酒。啤酒包括甲类啤酒和乙类啤酒,其中每吨出厂价(含包装物及包装物押金)在 3 000 元(含 3000 元,不含增值税)以上的为甲类啤酒,每吨出厂价(含包装物及包装物押金在 3000 元以下的为乙类啤酒。对饮食业、商业、娱乐业举办的啤酒屋(酒坊)利用啤酒生产设备生产的啤酒,应当征收消费税。无醇啤酒比照啤酒征税;"果啤"属于啤酒,应征消费税。

(4)其他酒,是指除白酒、黄酒、啤酒以外的各种酒,包括糠麸白酒、其他原料白酒、土甜酒、复制酒、果木酒、汽酒、药酒、葡萄酒等。对以黄酒为酒基生产的配制或泡制酒，按其他酒征收消费税。调味料酒不征消费税。

### (三)高档化妆品

本税目征收范围包括高档美容、修饰类化妆品、高档护肤类化妆品和成套化妆品。

高档美容、修饰类化妆品和高档护肤类化妆品是指生产(进口)环节销售(完税)价格(不含增值税)在 10 元/毫升(克)或 15 元/片(张)及以上的美容、修饰类化妆品和护肤类化妆品。

从 2016 年 10 月 1 日起，取消对普通美容、修饰类化妆品征收消费税。舞台、戏剧、影视演员化妆用的上妆油、卸妆油、油彩、发胶和头发漂白剂等，不属于本税目征收范围。

### (四)贵重首饰及珠宝玉石

本税目征税范围包括各种金银珠宝首饰和经采掘、打磨、加工的各种珠宝玉石。

(1)金银首饰、铂金首饰和钻石及钻石饰品，包括凡以金、银、白金、宝石、珍珠、钻石翡翠、珊瑚、玛瑙等珍贵稀有物质以及其他金属、人造宝石等制作的各种纯金银首饰及镶嵌首饰(含人造金银、合成金银首饰等)等。

(2)其他贵重首饰和珠宝玉石，包括钻石、珍珠、松石、青金石、欧泊石、橄榄石、长石玉、石英、玉髓、石榴石、锆石、尖晶石、黄玉、碧玺、金绿玉、绿柱石、刚玉、琥珀、珊瑚煤玉、龟甲、合成刚玉、合成玉石、双合石以及玻璃仿制品等。

宝石坯是经采掘、打磨、初级加工的珠宝玉石半成品，对宝石坯应按规定征收消费税。

### (五)鞭炮焰火

本税目征收范围包括各种鞭炮、焰火，具体包括喷花类、旋转类、旋转升空类、火箭类、吐珠类、线香类、小礼花类、烟雾类、造型玩具类、爆竹类、摩擦炮类、组合烟花类、礼花弹类。

体育运动中用的发令纸、鞭炮引线不属于本税目征收范围。

### (六)成品油

本税目征税范围包括汽油、柴油、石脑油、溶剂油、润滑油、燃料油、航空煤油。

(1)汽油，是指用原油或其他原料加工生产的辛烷值不小于 66 的可用作汽油发动机燃料的各种轻质油。含铅汽油是指铅含量每升超过 0.013 克的汽油。汽油分为车用汽油和航空汽油。以汽油、汽油组分调和生产的甲醇汽油、乙醇汽油也属于本税目的征收范围。

(2)柴油，是指用原油或其他原料加工生产的凝点或倾点在 $-50℃\sim30℃$ 的可用作柴油发动机燃料的各种轻质油和以柴油组分为主、经调和精制可用作柴油发动机燃料的非标油。以柴油、柴油组分调和生产的生物柴油也属于本税目的征收范围。

（3）石脑油，又叫轻汽油、化工轻油，是以石油加工生产的或二次加工汽油经加氢精制而得的用于化工原料的轻质油。石脑油的征收范围包括除汽油、柴油、煤油、航空煤油、溶剂油以外的各种轻质油。

（4）溶剂油，是以石油加工生产的用于涂料、油漆生产、食用油加工、印刷油墨、皮革、农药、橡胶、化妆品生产的轻质油。

（5）润滑油，是用于内燃机、机械加工过程的润滑产品。润滑油分为矿物性润滑油、植物性润滑油、动物性润滑油和化工原料合成润滑油。润滑油的征收范围包括以石油为原料加工的矿物性润滑油、矿物性润滑油基础油。植物性润滑油、动物性润滑油和化工原料合成润滑油不属于润滑油的征收范围。

（6）燃料油，也称重油、渣油。燃料油的征收范围包括用于电厂发电、船舶锅炉燃料、加热炉燃料、冶金和其他工业炉燃料的各类燃料油。自 2012 年 11 月 1 日起，催化料、焦化料属于燃料油的征收范围，应当征收消费税。

（7）航空煤油，也叫喷气燃料，是以石油加工生产的用于喷气发动机和喷气推进系统中作为能源的石油燃料。

### （七）摩托车

本税目征税范围包括轻便摩托车、摩托车。摩托车包括两轮车、边三轮车、正三轮车等。

对发动机气缸容量 250 毫升（不含）以下的小排量摩托车不征收消费税。

对最大设计车速不超过 50 千米/小时、发动机气缸总工作容量不超过 50 毫升的三轮摩托车不征收消费税。

### （八）小汽车

本税目征税范围包括乘用车、中轻型商用客车和超豪华小汽车 3 个子目。

（1）乘用车，是在设计和技术特性上用于载运乘客和货物的汽车，包括含驾驶员座位在内最多不超过 9 个座位（含）。用排气量小于 1.5 升（含）的乘用车底盘（车架）改装、改制的车辆，属于乘用车征税范围。

（2）中轻型商用客车，是在设计和技术特性上用于载运乘客和货物的汽车，包括含驾驶员座位在内的座位数在 10～23 座（含 23 座）。

用排气最大于 1.5 升的乘用车底盘（车架）或用中轻型商用客车底盘（车架）改装、改制的车辆属于中轻型商用客车征收范围。

含驾驶员人数（额定载客）为区间值的（如 8～10 人、17～26 人）小汽车，按其区间值下限人数确定征收范围。

（3）超豪华小汽车，是每辆零售价格 130 万元（不含增值税）及以上的乘用车和中轻型商用客车，即乘用车和中轻型商用客车子目中的超豪华小汽车。

电动汽车不属于本税目征收范围。车身长度大于 7 米（含），并且座位在 10～23 座（含）以下的商用客车，不属于中轻型商用客车征税范围，不征收消费税。沙滩车、雪地车、卡丁车、高尔夫车不属于消费税征收范围，不征收消费税。企业购进货车或厢式货车改装生产的商务车、卫星通信车等专用汽车不属于消费税的征收范围，不征收消费税。购进乘用车和中轻型商用客车整车改装生产的汽车，应按规定征收消费税。

### (九)高尔夫球及球具

本税目的征税范围包括高尔夫球、高尔夫球杆及高尔夫球包（袋）、高尔夫球的杆头、杆身和握把子目。

高尔夫球是指重量不超过 45.93 克、直径不超过 42.67 毫米的高尔夫球运动比赛，练习用球；高尔夫球杆是指被设计用来打高尔夫球的工具，由杆头，杆身和握把三部分组成；高尔夫球包（袋）是指专用于盛装高尔夫球及球杆的包（袋）。

### (十)高档手表

本税目的征税范围是指销售价格（不含增值税）每只在 10000 元（含）以上的各类手表。

### (十一)游艇

游艇是指长度大于 8 米（含）、小于 90 米（含），船体由玻璃钢、钢、铝合金、塑料等多种材料制作，可以在水上移动的水上浮载体。按照动力划分，游艇分为无动力艇、帆艇和机动艇。

本税目征税范围包括艇身长度大于 8 米（含）、小于 90 米（含），内置发动机，可以在水上移动，一般为私人或团体购置，主要用于水上运动和休闲娱乐等非谋利活动的各类机动艇。

### (十二)木制一次性筷子

木制一次性筷子又称卫生筷子，是指以木材为原料经过锯段、浸泡、旋切、刨切、烘干、筛选、打磨、倒角、包装等环节加工而成的各类一次性使用的筷子。

本税目征收范围包括各种规格的木制一次性筷子和未经打磨、倒角的木制一次性筷子。

### (十三)实木地板

实木地板是指以木材为原料，经锯割、干燥、刨光、截断、开榫、涂漆等工序加工而成的块状或条状的地面装饰材料。实木地板按生产工艺不同，可分为独板（块）实木地板、实木指接地板、实木复合地板三类；按表面处理状态不同，可分为未涂饰地板(白坯板、素板)和漆饰地板两类。

本税目征税范围包括各类规格的实木地板、实木指接地板、实木复合地板及用于装饰墙壁、天棚的侧端面为榫、槽的实木装饰板。未经涂饰的素板属于本税目征税范围。

### (十四)电池

本税目征税范围包括原电池、蓄电池、燃料电池、太阳能电池和其他电池。

(1)原电池，又称一次电池，是按不可以充电设计的电池，包括锌原电池、锂原电池和其他原电池，也可以分为无汞原电池和含汞原电池。

(2)蓄电池，又称二次电池，是按可充电、重复使用设计的电池，包括酸性蓄电池、碱性或其他非酸性蓄电池、氧化还原液流电池和其他蓄电池。

(3)燃料电池，是指通过电化学过程，将连续供应的反应物和氧化剂的化学能直接转换为电能的电化学发电装置。

(4)太阳能电池，是指将太阳光能转换成电能的装置。

对无汞原电池、金属氢化物镍蓄电池(又称"氢镍蓄电池"或"镍氢蓄电池")、锂原电池、锂离子蓄电池、太阳能电池、燃料电池和全钒液流电池免征消费税。

### (十五)涂料

涂料是指涂于物体表面能形成具有保护、装饰或特殊性能的固态涂膜的一类液体或固体材料的总称。涂料由主要成膜物质、次要成膜物质等构成。按主要成膜物质，涂料可分为油脂类、天然树脂类、酚醛树脂类、沥青类、醇酸树脂类、氨基树脂类、硝基类、过滤乙烯树脂类、烯类树脂类、丙烯酸酯类树脂类、聚酯树脂类、环氧树脂类、元素有机类、橡胶类、纤维素类、其他成膜物类等。

对施工状态下挥发性有机物含量低于 420 克/升(含)的涂料免征消费税。

🔑 学中做

根据消费税法律制度的规定，下列各项中，属于消费税应税消费品的是( )。

A. 自来水　　B. 酒　　　C. 橙汁　　　D. 糖果

## 四、消费税的税率

我国现行消费税税率有比例税率、定额税率、复合计税三种，具体规定如下。

表 3-2　我国现行消费税税率

| 税目 | 税率/税额 |
|---|---|
| 一、烟 | |
| 　　1.卷烟 | 56%加 0.003 元/支 |
| 　　　(1)甲类卷烟(生产或进口环节) | 36%加 0.003 元/支 |
| 　　　(2)乙类卷烟(生产或进口环节) | 11% |
| 　　　(3)批发环节 | 36% |
| 　　2.雪茄烟 | 30% |
| 　　3.烟丝 | |
| 　　4.电子烟 | 36% |
| 　　　(1)生产环节 | 11% |
| 　　　(2)批发环节 | |
| 二、酒及酒精 | |
| 　　1.白酒 | 20%加 0.5 元/500 克 |
| 　　2.黄酒 | 240 元/吨 |
| 　　3.啤酒 | |
| 　　　(1)甲类啤酒 | 250 元/吨 |
| 　　　(2)乙类啤酒 | 220 元/吨 |
| 　　4.其他酒 | 10% |
| 三、化妆品 | 15% |
| 四、贵重首饰及珠宝玉石 | |
| 　　1.金银首饰、铂金首饰和钻石及钻石饰品(零售环节) | 5% |
| 　　2.其他贵重首饰和珠宝玉石 | 10% |
| 五、鞭炮、焰火 | 15% |
| 六、成品油 | |
| 　　1.汽油 | 1.52 元/升 |
| 　　2.柴油 | 1.2 元/升 |
| 　　3.航空煤油 | 1.2 元/升 |
| 　　4.石脑油 | 1.52 元/升 |
| 　　5.溶剂油 | 1.52 元/升 |
| 　　6.润滑油 | 1.52 元/升 |
| 　　7.燃料油 | 1.2 元/升 |
| 七、摩托车 | |
| 　　1.气缸容量(排气量,下同)在 250 毫升(含 250 毫升)以下的 | 3% |
| 　　2.气缸容量在 250 毫升以上的 | 10% |

续表

| 税目 | 税率/税额 |
|------|----------|
| 八、小汽车 | |
|   1. 乘用车 | |
|     (1)气缸容量(排气量，下同)在1.0升(含)以下的 | 1% |
|     (2)气缸容量在1.0升以上至1.5升(含1.5升)的 | 3% |
|     (3)气缸容量在1.5升以上至2.0升(含2.0升)的 | 5% |
|     (4)气缸容量在2.0升以上至2.5升(含2.5升)的 | 9% |
|     (5)气缸容量在2.5升以上至3.0升(含3.0升)的 | 12% |
|     (6)气缸容量在3.0升以上至4.0升(含4.0升)的 | 25% |
|     (7)气缸容量在4.0升以上的 | 40% |
|   2. 中轻型商用客车(生产或进口环节) | 5% |
|   3. 超豪华小汽车(零售环节) | 10 |
| 九、高尔夫球及球具 | 10% |
| 十、高档手表 | 20% |
| 十一、游艇 | 10% |
| 十二、木制一次性筷子 | 5% |
| 十三、实木地板 | 5% |
| 十四、电池 | 4% |
| 十五、涂料 | 4% |

《中华人民共和国消费税暂行条例》第三条规定，纳税人兼营不同税率的应当缴纳消费税的消费品(以下简称应税消费品)，应当分别核算不同税率应税消费品的销售额、销售数量；未分别核算销售额、销售数量，或者将不同税率的应税消费品组成成套消费品销售的，从高适用税率。

**法规解读：**

《中华人民共和国消费税暂行条例实施细则》第四条规定，条例第三条所称纳税人兼营不同税率的应当缴纳消费税的消费品，是指纳税人生产销售两种税率以上的应税消费品。

🔑 **学中做**

根据消费税法律制度的规定，下列应税消费品中，采用复合计税方法计征消费税的有(    )。

A. 电子烟       B. 卷烟       C. 白酒       D. 啤酒

## 五、消费税的纳税环节

消费税是对在我国境内从事生产、委托加工和进口《中华人民共和国消费税暂行条例》规定的消费品的单位和个人，就其销售数量和销售额，在特定环节征收的一种税。《中华人民共和国消费税暂行条例》第四条规定，纳税人生产的应税消费品，于纳税人销售时纳税。纳税人自产自用的应税消费品，用于连续生产应税消费品的，不纳税；用于其他方面的，于移送使用时纳税。

委托加工的应税消费品，除受托方为个人外，由受托方在向委托方交货时代收代缴税款。委托加工的应税消费品，委托方用于连续生产应税消费品的，所纳税款准予按规定抵扣。

进口的应税消费品，于报关进口时纳税。

**法规解读：**

《中华人民共和国消费税暂行条例实施细则》第五条规定，条例第四条所称销售，是指有偿转让应税消费品的所有权。有偿是指从购买方取得货币、货物或者其他经济利益。

《中华人民共和国消费税暂行条例实施细则》第六条规定，条例第四条所称用于连续生产应税消费品，是指纳税人将自产自用的应税消费品作为直接材料生产最终应税消费品，自产自用应税消费品构成最终应税消费品的实体。条例第四条所称用于其他方面，是指纳税人将自产自用应税消费品用于生产非应税消费品、在建工程、管理部门、非生产机构、提供劳务、馈赠、赞助、集资、广告、样品、职工福利、奖励等方面。

《中华人民共和国消费税暂行条例实施细则》第七条规定，条例第四条所称委托加工的应税消费品，是指由委托方提供原料和主要材料，受托方只收取加工费和代垫部分辅助材料加工的应税消费品。对于由受托方提供原材料生产的应税消费品，或者受托方先将原材料卖给委托方，然后再接受加工的应税消费品，以及由受托方以委托方名义购进原材料生产的应税消费品，不论在财务上是否作销售处理，都不得作为委托加工应税消费品，而应当按照销售自制应税消费品缴纳消费税。委托加工的应税消费品直接出售的，不再缴纳消费税。

委托个人加工的应税消费品，由委托方收回后缴纳消费税。

小贴士

大部分的税目都在生产、委托加工和进口环节征收消费税；

金银首饰、钻石及钻石饰品、铂金首饰，在零售环节征收消费税；

超豪华小汽车，在生产、委托加工和进口环节按现行税率征收消费税的基础上，在零售环节加征消费税；

卷烟、电子烟，在生产、委托加工和进口环节按现行税率征收消费税的基础上，在批发环节加征消费税。

学中做

根据消费税法律制度的规定，下列单位中，属于消费税纳税人的是（    ）。

A. 生产金银首饰的单位　　　　　B. 从事卷烟批发的单位

C. 进口高档手表的单位　　　　　D. 零售超豪华小汽车的单位

# 第三节　消费税税款的计算

《中华人民共和国消费税暂行条例》第五条规定：消费税实行从价定率、从量定额，或者从价定率和从量定额复合计税（以下简称复合计税）的办法计算应纳税额。应纳税额计算公式如下：

实行从价定率办法计算的应纳税额＝销售额×比例税率

实行从量定额办法计算的应纳税额＝销售数量×定额税率

实行复合计税办法计算的应纳税额＝销售额×比例税率＋销售数量×定额税率

纳税人销售的应税消费品，以人民币计算销售额。纳税人以人民币以外的货币结算销售额的，应当折合成人民币计算。

**法规解读：**

《中华人民共和国消费税暂行条例实施细则》第十一条规定，纳税人销售的应税消费品，以人民币以外的货币结算销售额的，其销售额的人民币折合率可以选择销售额发生的当天或者当月1日的人民币汇率中间价。纳税人应在事先确定采用何种折合率，确定后1年内不得变更。

## 一、直接对外销售应税消费品应纳税额的计算

### (一)从价定率法应纳税额的计算

消费税是价内税，即以含消费税的价格作为计税价格，应纳税额的计算取决于应税消费品的销售额和适用税率两个因素。其计算公式如下：

$$应纳税额＝应税消费品销售额×比例税率$$

《中华人民共和国消费税暂行条例》第六条规定，销售额为纳税人销售应税消费品向购买方收取的全部价款和价外费用。

### 1. 销售额的一般规定

《中华人民共和国消费税暂行条例实施细则》第十二条规定，条例第六条所称销售额，不包括应向购货方收取的增值税税款。如果纳税人应税消费品的销售额中未扣除增值税税款或者因不得开具增值税专用发票而发生价款和增值税税款合并收取的，在计算消费税时，应当换算为不含增值税税款的销售额。其换算公式为

$$应税消费品的销售额＝含增值税的销售额÷（1＋增值税税率或征收率）$$

### 2. 包装物的规定

《中华人民共和国消费税暂行条例实施细则》第十三条规定，应纳税额的应税消费品连同包装物销售的，无论包装物是否单独计价以及在会计上如何核算，均应并入应税消费品的销售额中缴纳消费税。如果包装物不作价随同产品销售，而是收取押金，此项押金则不应并入应税消费品的销售额中征税。但对因逾期未收回的包装物不再退还的和已收取一年以上的押金，应并入应税消费品的销售额，按照应税消费品的适用税率缴纳消费税。

对既作价随同应税消费品销售，又另外收取押金的包装物的押金，凡纳税人在规定的期限内没有退还的，均应并入应税消费品的销售额，按照应税消费品的适用税率缴纳消费税。

### 3. 价外费用的规定

《中华人民共和国消费税暂行条例实施细则》第十四条规定，条例第六条所称价外费用，是指价外购买方收取的基金、集资费、返还利润、补贴、违约金（延期付款利息和手续费）、包装费、储备费、邮政费、运输装卸费、代收款项、代垫款项以及其他各种性质的价外收费。但下列项目不包括在内：

（1）承运部门的运费发票开具给购货方的；

（2）纳税人将该项发票转交给购货方的。

#### 做中学

某化妆品厂为增值税一般纳税人，2024 年 9 月销售高档化妆品，开具增值税专用发票注明的销售额为 500 000 元，开具普通发票注明的销售额为 113 000 元。要求计算该化妆品厂 9 月应缴纳的消费税税额。

应税销售额＝500 000＋113 000÷（1＋13％）＝600 000 元）

应纳消费税税额＝600 000×15％＝90 000（元）

### (二)从量定额法应纳税额的计算

从量定额法计算消费税，应纳税额的计算取决于应税消费品的销售数量和适用税

率两个因素。其计算公式如下：

$$应纳税额＝应税消费品销售数量×单位税额$$

**1. 销售数量的一般规定**

《中华人民共和国消费税暂行条例实施细则》第九条规定，条例第五条所称销售数量，是指应税消费品的数量。具体为

(1)销售应税消费品的，为应税消费品的销售数量；

(2)自产自用应税消费品的，为应税消费品的移送使用数量；

(3)委托加工应税消费品的，为纳税人收回的应税消费品数量；

(4)进口应税消费品的，为海关核定的应税消费品进口征税数量。

**2. 计量单位的换算标准**

《中华人民共和国消费税暂行条例实施细则》第十条规定，实行从量定额办法计算应纳税额的应税消费品，计量单位的换算标准如下：

(1)黄酒 1 吨＝962 升

(2)啤酒 1 吨＝988 升

(3)汽油 1 吨＝1388 升

(4)柴油 1 吨＝1176 升

(5)航空煤油 1 吨＝1246 升

(6)石脑油 1 吨＝1385 升

(7)溶剂油 1 吨＝1282 升

(8)润滑油 1 吨＝1126 升

(9)燃料油 1 吨＝1015 升

**做中学**

某酒厂为增值税一般纳税人，2024 年 9 月销售黄酒 5 t，要求计算该酒厂 9 月应缴纳的消费税税额。

应纳消费税税额＝5×240＝1 200(元)

## (三)从价定率和从量定额复合计税法应纳税额的计算

在现行的消费税征税范围中，卷烟、白酒实行复合计税法，其计算公式如下：

应纳税额＝应税消费品销售额×比例税率＋应税消费品销售数量×单位税额

**做中学**

某酒厂为增值税一般纳税人，2024 年 5 月销售自产粮食白酒 3 t，取得不含增税价款 200 000 元，同时收取包装物押金 1 130 元。已知白酒消费税定额税率为每 500 g 为 0.5 元，比例税率为 20%。计算该酒厂当月该笔业务应缴纳消费税税额。

应税销售额＝200 000＋1130÷(1＋13％)＝201 000(元)

应纳消费税税额＝201 000×20％＋3×1 000×2×0.5＝43 200(元)

## 二、自产自用应税消费品应纳消费税的计算

《中华人民共和国消费税暂行条例》第七条规定，纳税人自产自用的应税消费品，按照纳税人生产的同类消费品的销售价格计算纳税；没有同类消费品销售价格的，按照组成计税价格计算纳税。

实行从价定率办法计算纳税的组成计税价格计算公式：

$$组成计税价格＝(成本＋利润)÷(1－比例税率)$$

实行复合计税办法计算纳税的组成计税价格计算公式：

$$组成计税价格＝(成本＋利润＋自产自用数量×定额税率)÷(1－比例税率)$$

**法规解读：**

《中华人民共和国消费税暂行条例实施细则》第十五条规定，条例第七条、第八条所称同类消费品的销售价格，是指纳税人或代收代缴义务人当月销售的同类消费品的销售价格。如果当月同类消费品各期销售价格高低不同，应按销售数量加权平均计算。但销售的应税消费品有下列情况之一的，不得列入加权平均计算：

(1)销售价格明显偏低又无正当理由的；

(2)无销售价格的。

如果当月无销售或者当月未完结，应按照同类消费品上月或最近月份的销售价格计算纳税。

《中华人民共和国消费税暂行条例实施细则》第十六条规定，条例第七条所称成本，是指应税消费品的产品生产成本。

《中华人民共和国消费税暂行条例实施细则》第十七条规定，条例第七条所称利润，是指根据应税消费品的全国平均成本利润率计算的利润。应税消费品全国平均成本利润率由国家税务总局确定。具体如下：

(1)甲类卷烟10％；

(2)乙类卷烟5％；

(3)雪茄烟5％；

(4)烟丝5％；

(5)粮食白酒10％；

(6)薯类白酒5％；

(7)其他酒5％；

(8)化妆品5％；

(9)鞭炮、焰火5％；

(10)实木地板 5%；

(11)木制一次性筷子 5%；

(12)贵重首饰及珠宝玉石 6%；

(13)摩托车 6%；

(14)中轻型商用客车 5%；

(15)乘用车 8%；

(16)高尔夫球及球具 10%；

(17)高档手表 20%；

(18)游艇 10%；

(19)电池 4%；

(20)涂料 7%。

### 做中学

某化妆品生产企业为增值税一般纳税人，2024 年 8 月特制一批高档化妆品作为中秋节福利发放，该高档化妆品无同类产品市场售价，生产成本为 50 000 元，成本利润率为 5%。已知消费税税率为 15%。计算该化妆品生产企业当月该笔业务应缴纳的消费税税额。

组成计税价格＝(50 000＋50 000×5%)÷(1−15%)＝61 764.71(元)

应纳消费税税额＝61 764.71×15%＝9 264.71(元)

### 做中学

某卷烟厂为增值税一般纳税人，2024 年 9 月将自产的甲类卷烟 10 条用于广告，该卷烟的生产成本为 100 元/条，成本利润率为 10%，无同类产品市场售价。已知甲类卷烟消费税定额税率为 0.6 元/条，比例税率为 56%。计算卷烟厂当月该笔业务应缴纳的消费税税额。

组成计税价格＝[10×100×(1＋10%)＋10×0.6]÷(1−56%)＝2 513.64(元)

应纳消费税税额＝2 513.64×56%＋10×0.6＝1 413.64(元)

## 三、委托加工应税消费品应纳消费税的计算

《中华人民共和国消费税暂行条例》第八条规定，委托加工的应税消费品，按照受托方的同类消费品的销售价格计算纳税；没有同类消费品销售价格的，按照组成计税价格计算纳税。

实行从价定率办法计算纳税的组成计税价格计算公式：

组成计税价格＝(材料成本＋加工费)÷(1−比例税率)

实行复合计税办法计算纳税的组成计税价格计算公式：

组成计税价格＝（材料成本＋加工费＋委托加工数量×定额税率）÷（1－比例税率）

**法规解读：**

《中华人民共和国消费税暂行条例实施细则》第十八条规定，条例第八条所称材料成本，是指委托方所提供加工材料的实际成本。

委托加工应税消费品的纳税人，必须在委托加工合同上如实注明（或以其他方式提供）材料成本。凡未提供材料成本的，受托方主管税务机关有权核定其材料成本。

《中华人民共和国消费税暂行条例实施细则》第十九条规定，条例第八条所称加工费，是指受托方加工应税消费品向委托方所收取的全部费用（包括代垫辅助材料的实际成本）。

**做中学**

某工厂于 2024 年 2 月受托为某单位加工一批实木地板，委托单位提供原材料成本 200 000 元，收取委托单位不含增值税的加工费 30 000 元，该工厂无同类产品市场售价。已知实木地板消费税税率为 5%。计算该工厂该笔业务应代收代缴的消费税税额。

组成计税价格＝（200 000＋30 000）÷（1－5%）＝242 105.26（元）

应代收代缴消费税税额＝242 105.26×5%＝12 105.26（元）

**做中学**

某酒厂受托加工 2 000 kg 白酒，委托加工合同注明对方单位提供原材料成本为 9 000 元，不含增值税加工费为 1 000 元。该酒厂无同类产品市场售价。已知白酒消费税定额税率为每 500 g 为 0.5 元，比例税率为 20%。计算该酒厂该笔业务应代收代缴的消费税税额。

组成计税价格＝（9 000＋1 000＋2 000×0.5×2）÷（1－20%）＝15 000（元）

应代收代缴消费税税额＝15 000×20%＋2 000×0.5×2＝5 000（元）

## 四、进口应税消费品应纳消费税的计算

《中华人民共和国消费税暂行条例》第九条规定，进口的应税消费品，按照组成计税价格计算纳税。

实行从价定率办法计算纳税的组成计税价格计算公式：

组成计税价格＝（关税完税价格＋关税）÷（1－消费税比例税率）

实行复合计税办法计算纳税的组成计税价格计算公式：

组成计税价格＝（关税完税价格＋关税＋进口数量×消费税定额税率）÷

（1－消费税比例税率）

**法规解读:**

《中华人民共和国消费税暂行条例实施细则》第二十条规定,条例第九条所称关税完税价格,是指海关核定的关税计税价格。

**做中学**

某外贸公司 2024 年 9 月从俄罗斯进口 10 支高档手表,海关核定的该批高档手表价格为 200 000 元,按规定缴纳关税 20 000 元。已知消费税税率为 20%,计算该外贸公司该笔业务进口环节应缴纳的消费税税额。

组成计税价格=(200 000+20 000)÷(1−20%)=275 000(元)

应纳消费税税额=275 000×20%=55 000(元)

# 五、已纳消费税的扣除

为了避免重复征税,现行消费税法规定,将外购应税消费品和委托加工收回的应税消费品继续生产应税消费品销售的,可以将外购应税消费品和委托加工收回的应税消费品已缴纳的消费税给予扣除。

## (一)外购应税消费品已纳税款的扣除

由于某些应税消费品是用外购已缴纳消费税的应税消费品连续生产出来的,在对这些连续生产出来的应税消费品计算征税时,税法规定应按当期生产领用数量计算准予扣除外购的应税消费品已纳的消费税税款。扣除范围包括以下情形:

(1)以外购已税烟丝生产的卷烟。

(2)以外购已税高档化妆品生产的高档化妆品。

(3)以外购已税珠宝、玉石生产的贵重首饰及珠宝、玉石。

(4)以外购已税鞭炮、焰火生产的鞭炮、焰火。

(5)以外购已税杆头、杆身和握把为原料生产的高尔夫球杆。

(6)以外购已税木制一次性筷子为原料生产的木制一次性筷子。

(7)以外购已税实木地板为原料生产的实木地板。

(8)以外购已税石脑油、润滑油、燃料油为原料生产的成品油。

(9)以外购已税汽油、柴油为原料生产的汽油、柴油。

上述当期准予扣除外购应税消费品已纳消费税税款的计算公式为

当期准予扣除的外购应税消费品买价=期初库存的外购应税消费品的买价+当期购进的应税消费品的买价−期末库存的外购应税消费品的买价

当期准予扣除的外购应税消费品已纳税款=当期准予扣除的外购应税消费品价格×外购应税消费品适用税率

**做中学**

某化妆品厂用外购已税香水精生产高档化妆品。2024 年 3 月初库存外购已税香水精 200 000 元，当月外购已税香水精 300 000 元（不含增值税），月末库存外购已税香水精 100 000 元，其余被当月生产高档化妆品领用。已知消费税税率为 15％。计算该化妆品厂当月准予扣除的外购香水精已纳消费税税款。

当月准予扣除的外购香水精买价＝200 000＋300 000－100 000＝500 000（元）

当月准予扣除的外购香水精已纳消费税税款＝500 000×15％＝75 000（元）

### （二）委托加工收回的应税消费品已纳税款的扣除

委托加工的应税消费品因为已由受托方代收代缴消费税，因此，委托方收回货物后用于连续生产应税消费品的，其已纳税款准予按照规定从连续生产的应税消费品应纳消费税税额中抵扣。下列连续生产的应税消费品准予从应纳消费税税额中按当期生产领用数量计算扣除委托加工收回的应税消费品已纳消费税税款。

（1）以委托加工收回的已税烟丝为原料生产的卷烟。

（2）以委托加工收回的已税高档化妆品为原料生产的高档化妆品。

（3）以委托加工收回的已税珠宝、玉石为原料生产的贵重首饰及珠宝、玉石。

（4）以委托加工收回的已税鞭炮、焰火为原料生产的鞭炮、焰火。

（5）以委托加工收回的已税杆头、杆身和握把为原料生产的高尔夫球杆。

（6）以委托加工收回的已税木制一次性筷子为原料生产的木制一次性筷子

（7）以委托加工收回的已税实木地板为原料生产的实木地板。

（8）以委托加工收回的已税石脑油、润滑油、燃料油为原料生产的成品油

（9）以委托加工收回的已税汽油、柴油为原料生产的汽油、柴油。

上述当期准予扣除委托加工收回的应税消费品已纳消费税税款的计算公式为

当期准予扣除的委托加工应税消费品已纳税款＝期初库存的委托加工应税消费品的已纳税款＋当期收回的委托加工应税消费品的已纳税款－期末库存的委托加工应税消费品的已纳税款

**做中学**

某卷烟厂为增值税一般纳税人，2024 年 5 月委托某烟丝加工厂加工一批烟丝，卷烟厂提供的烟叶在委托加工合同中注明成本为 200 000 元。烟丝当月加工完，卷烟厂提货时支付的不含增值税的加工费为 80 000 元，并支付了烟丝加工厂按烟丝组成计税价格计算的消费税税款。

当月，卷烟厂将这批加工好的烟丝的 30％直接销售，70％用于生产甲类卷烟 20 箱并全部销售，向购货方开具的增值税专用发票上注明金额 300 000 元、税额 339 000

元。已知烟丝消费税税率为30%，甲类卷烟消费税税率为56%，定额税率为150元/箱，增值税税率为13%。计算甲卷烟厂当月销售卷烟应缴纳消费税税额。

委托加工烟丝的组成计税价格＝（200 000＋80 000）÷（1－30%）＝400 000（元）

委托加工烟丝的已纳消费税税额＝400 000×30%＝120 000（元）

委托加工收回烟丝的30%直接销售不再缴纳消费税。

委托加工收回烟丝的70%被生产领用可抵扣消费税税款＝120 000×70%＝84 000（元）

卷烟厂销售卷烟应纳消费税税额＝20×150＋300 000×56%－84 000＝171 000（元）

# 第四节　出口应税消费品的退（免）税

《中华人民共和国消费税暂行条例》第十一条规定，对纳税人出口应税消费品，免征消费税；国务院另有规定的除外。出口应税消费品的免税办法，由国务院财政、税务主管部门规定。

**法规解读：**

《中华人民共和国消费税暂行条例实施细则》第二十二条规定，出口的应税消费品办理退税后，发生退关，或者国外退货进口时予以免税的，报关出口者必须及时向其机构所在地或者居住地主管税务机关申报补缴已退的消费税税款。

纳税人直接出口的应税消费品办理免税后，发生退关或者国外退货，进口时已予以免税的，经机构所在地或者居住地主管税务机关批准，可暂不办理补税，待其转为国内销售时，再申报补缴消费税。

## 一、出口应税消费品退（免）税的适用范围

(1)出口企业出口或视同出口适用增值税退（免）税的货物，免征消费税，如果属于购进出口的货物，退还前一环节对其已征的消费税。

(2)出口企业出口或视同出口适用增值税免税政策的货物，免征消费税，但不退还其以前环节已征的消费税，且不允许在内销应税消费品应纳消费税税款中抵扣。

(3)出口企业出口或视同出口适用增值税征税政策的货物，应按规定缴纳消费税，不退还其以前环节已征的消费税，且不允许在内销应税消费品应纳消费税税款中抵扣。

## 二、消费税退税的计税依据

出口货物的消费税应退税额的计税依据，按购进出口货物的消费税专用缴款书和海关进口消费税专用缴款书确定。

属于从价定率计征消费税的，为已征且未在内销应税消费品应纳税额中抵扣的购进出口货物金额；属于从量定额计征消费税的，为已征且未在内销应税消费品应纳税

额中抵扣的购进出口货物数量；属于复合计征消费税的，按从价定率和从量定额的计税依据分别确定。

## 三、消费税退税的计算

消费税应退税额＝从价定率计征消费税的退税计税依据×比例税率＋
从量定额计征消费税的退税计税依据×定额税率

### 做中学

某外贸企业从生产企业购进高档化妆品出口，取得增值税专用发票注明金额100 000元、税额13 000元，出口价格为150 000元。已知高档化妆品消费税税率为15％。计算该外贸企业出口应退消费税税额。

应退消费税税额＝150 000×15％＝22 500(元)

# 第五节　消费税的纳税申报

## 一、消费税的征收管理

### (一)纳税义务发生时间

《中华人民共和国消费税暂行条例实施细则》第八条规定，消费税纳税义务发生时间，根据条例第四条的规定，分列如下：

(1)纳税人销售应税消费品的，按不同的销售结算方式分别为：

①采取赊销和分期收款结算方式的，为书面合同约定的收款日期的当天，书面合同没有约定收款日期或者无书面合同的，为发出应税消费品的当天；

②采取预收货款结算方式的，为发出应税消费品的当天；

③采取托收承付和委托银行收款方式的，为发出应税消费品并办妥托收手续的当天；

④采取其他结算方式的，为收讫销售款或者取得索取销售款凭据的当天。

(2)纳税人自产自用应税消费品的，为移送使用的当天。

(3)纳税人委托加工应税消费品的，为纳税人提货的当天。

(4)纳税人进口应税消费品的，为报关进口的当天。

### (二)纳税期限

《中华人民共和国消费税暂行条例》第十四条规定，消费税的纳税期限分别为1日、3日、5日、10日、15日、1个月或者1个季度。纳税人的具体纳税期限，由主管税务机关根据纳税人应纳税额的大小分别核定；不能按照固定期限纳税的，可以按次纳税。

　　纳税人以 1 个月或者 1 个季度为 1 个纳税期的，自期满之日起 15 日内申报纳税；以 1 日、3 日、5 日、10 日或者 15 日为 1 个纳税期的，自期满之日起 5 日内预缴税款，于次月 1 日起 15 日内申报纳税并结清上月应纳税款。

　　《中华人民共和国消费税暂行条例》第十五条规定，纳税人进口应税消费品，应当自海关填发海关进口消费税专用缴款书之日起 15 日内缴纳税款。

### （三）纳税地点

　　《中华人民共和国消费税暂行条例》第十三条规定，纳税人销售的应税消费品，以及自产自用的应税消费品，除国务院财政、税务主管部门另有规定外，应当向纳税人机构所在地或者居住地的主管税务机关申报纳税。

　　委托加工的应税消费品，除受托方为个人外，由受托方向机构所在地或者居住地的主管税务机关解缴消费税税款。

　　进口的应税消费品，应当向报关地海关申报纳税。

　　**法规解读：**

　　《中华人民共和国消费税暂行条例实施细则》第二十三条规定，纳税人销售的应税消费品，如因质量等原因由购买者退回时，经机构所在地或者居住地主管税务机关审核批准后，可退还已缴纳的消费税税款。

　　《中华人民共和国消费税暂行条例实施细则》第二十四条规定，纳税人到外县（市）销售或者委托外县（市）代销自产应税消费品的，于应税消费品销售后，向机构所在地或者居住地主管税务机关申报纳税。纳税人的总机构与分支机构不在同一县（市）的，应当分别向各自机构所在地的主管税务机关申报纳税；经财政部、国家税务总局或者其授权的财政、税务机关批准，可以由总机构汇总向总机构所在地的主管税务机关申报纳税。

　　委托个人加工的应税消费品，由委托方向其机构所在地或者居住地主管税务机关申报纳税。

　　进口的应税消费品，由进口人或者其代理人向报关地海关申报纳税。

## 二、消费税的申报

　　为贯彻落实中办、国办印发的《关于进一步深化税收征管改革的意见》，深入推进税务领域"放管服"改革，优化营商环境，切实减轻纳税人、缴费人申报负担，根据《国家税务总局关于开展 2021 年"我为纳税人缴费人办实事暨便民办税春风行动"的意见》，自 2021 年 8 月 1 日起，消费税城市维护建设税、教育费附加、地方教育附加申报表整合，启用《消费税及附加税费申报表》。

### （一）纳税申报表主表

　　《消费税及附加税费申报表》的主表，由消费税纳税人填写，如表 3 - 3 所示，填列方式如下：

## 表3-3 消费税及附加税费申报表

税款所属期：自　　年　　月　　日至　　年　　月　　日

纳税人识别号(统一社会信用代码)：□□□□□□□□□□□□□□□□□□□□□

纳税人名称：　　　　　　　　　　　　　　　　金额单位：人民币元（列至角分）

| 项目 / 应税消费品名称 | 适用税率 | | 计量单位 | 本期销售数量 | 本期销售额 | 本期应纳税额 |
|---|---|---|---|---|---|---|
| | 定额税率 | 比例税率 | | | | |
| | 1 | 2 | 3 | 4 | 5 | 6=1×4+2×5 |
| | | | | | | |
| | | | | | | |
| | | | | | | |
| 合计 | —— | —— | | —— | | |

| | 栏次 | 本期税费额 |
|---|---|---|
| 本期减（免）税额 | 7 | |
| 期初留抵税额 | 8 | |
| 本期准予扣除税额 | 9 | |
| 本期应扣除税额 | 10=8+9 | |
| 本期实际扣除税额 | 11[10<(6 -7)，则为 10，否则为 6-7] | |
| 期末留抵税额 | 12=10-11 | |
| 本期预缴税额 | 13 | |
| 本期应补（退）税额 | 14=6-7-11-13 | |
| 城市维护建设税本期应补（退）税额 | 15 | |
| 教育费附加本期应补（退）费额 | 16 | |
| 地方教育附加本期应补（退）费额 | 17 | |

　　声明：此表是根据国家税收法律法规及相关规定填写的，本人（单位）对填报内容（及附带资料）的真实性、可靠性、完整性负责。

　　　　　　　　　　　　　　　　　　　纳税人（签章）：　　　　年　月　日

| | |
|---|---|
| 经办人：<br>经办人身份证号：<br>代理机构签章：<br>代理机构统一社会信用代码： | 受理人：<br><br>受理税务机关（章）：<br><br>受理日期：　　年　月　日 |

**1. 表头项目**

(1)税款所属期：指纳税人申报的消费税应纳税额所属时间，应填写具体的年、月、日。

(2)纳税人识别号(统一社会信用代码)：填写纳税人识别号或者统一社会信用代码。

(3)纳税人名称：填写纳税人名称全称。

**2. 表内各栏**

(1)第4栏"本期销售数量"：填写国家税收法律、法规及相关规定(以下简称"税法")规定的本期应当申报缴纳消费税的应税消费品销售数量(不含出口免税销售数量)。用自产汽油生产的乙醇汽油，按照生产乙醇汽油所耗用的汽油数量填写；以废矿物油生产的润滑油基础油为原料生产的润滑油，按扣除耗用的废矿物油生产的润滑油基础油后的数量填写。

(2)第5栏"本期销售额"：填写税法规定的本期应当申报缴纳消费税的应税消费品销售额(不含出口免税销售额)。

(3)第6栏"本期应纳税额"：计算公式如下：

实行从价定率办法计算的应纳税额＝销售额×比例税率

实行从量定额办法计算的应纳税额＝销售数量×定额税率

实行复合计税办法计算的应纳税额＝销售额×比例税率＋销售数量×定额税率

暂缓征收的应税消费品，不计算应纳税额。

(4)第7栏"本期减(免)税额"：填写本期按照税法规定减免的消费税应纳税额，不包括暂缓征收的应税消费品的税额以及出口应税消费品的免税额。本期减免消费税应纳税额情况，需同时填报《本期减(免)税额明细表》。本栏数值应等于《本期减(免)税额明细表》第8栏"减(免)税额""合计"栏数值。

(5)第8栏"期初留抵税额"：填写上期申报表第12栏"期末留抵税额"数值。

(6)第9栏"本期准予扣除税额"：填写税法规定的本期外购、进口或委托加工收回应税消费品用于连续生产应税消费品准予扣除的消费税已纳税额，以及委托加工收回应税消费品以高于受托方计税价格销售的，在计税时准予扣除的消费税已纳税额。

成品油消费税纳税人：本表"本期准予扣除税额"栏数值＝《本期准予扣除税额计算表(成品油消费税纳税人适用)》第6栏"本期准予扣除税额""合计"栏数值。

其他消费税纳税人：本表"本期准予扣除税额"栏数值＝附表《本期准予扣除税额计算表》第19栏"本期准予扣除税款合计""合计"栏数值。

(7)第10栏"本期应扣除税额"：填写纳税人本期应扣除的消费税税额，计算公式为：本期应扣除税额＝期初留抵税额＋本期准予扣除税额。

(8)第11栏"本期实际扣除税额"：填写纳税人本期实际扣除的消费税税额，计算公式为：

当本期应纳税额合计－本期减（免）税额≥本期应扣除税额时，本期实际扣除税额＝本期应扣除税额；

当本期应纳税额合计－本期减（免）税额＜本期应扣除税额时，本期实际扣除税额＝本期应纳税额合计－本期减（免）税额。

(9)第12栏"期末留抵税额"：计算公式为：期末留抵税额＝本期应扣除税额－本期实际扣除税额

(10)第13栏"本期预缴税额"：填写纳税申报前纳税人已预先缴纳入库的本期消费税额。

(11)第14栏"本期应补（退）税额"：填写纳税人本期应纳税额中应补缴或应退回的数额，计算公式为：

本期应补（退）税额＝本期应纳税额合计－本期减（免）税额－本期实际扣除税额－本期预缴税额

(12)第15栏"城市维护建设税本期应补（退）税额"：填写附表《消费税附加税费计算表》"城市维护建设税"对应的"本期应补（退）税（费）额"栏数值。

(13)第16栏"教育费附加本期应补（退）费额"：填写附表《消费税附加税费计算表》"教育费附加"对应的"本期应补（退）税（费）额"栏数值。

(14)第17栏"地方教育附加本期应补（退）费额"：填写附表《消费税附加税费计算表》"地方教育费附加"对应的"本期应补（退）税（费）额"栏数值。

**3. 其他事项说明**

本表为 A4 竖式，所有数字小数点后保留两位。一式二份，一份纳税人留存，一份税务机关留存。

**(二)纳税申报附表**

**1. 本期准予扣除税额计算表(表 3 - 4)**

本表由外购（含进口）或委托加工收回应税消费品用于连续生产应税消费品、委托加工收回的应税消费品以高于受托方计税价格出售的纳税人（成品油消费税纳税人除外）填写。

本表"应税消费品名称""适用税率""计量单位"栏的填写同主表。填列方式如下：

表 3 - 4　本期准予扣除税额计算表

| 准予扣除项目 | | 应税消费品名称 | | | | 合计 |
|---|---|---|---|---|---|---|
| 一、本期准予扣除的委托加工应税消费品已纳税款计算 | | 期初库存委托加工应税消费品已纳税款 | 1 | | | |
| | | 本期收回委托加工应税消费品已纳税款 | 2 | | | |
| | | 期末库存委托加工应税消费品已纳税款 | 3 | | | |
| | | 本期领用不准予扣除委托加工应税消费品已纳税款 | 4 | | | |
| | | 本期准予扣除委托加工应税消费品已纳税款 | 5＝1＋2－3－4 | | | |
| 二、本期准予扣除的外购应税消费品已纳税款计算 | （一）从价计税 | 期初库存外购应税消费品买价 | 6 | | | |
| | | 本期购进应税消费品买价 | 7 | | | |
| | | 期末库存外购应税消费品买价 | 8 | | | |
| | | 本期领用不准予扣除外购应税消费品买价 | 9 | | | |
| | | 适用税率 | 10 | | | |
| | | 本期准予扣除外购应税消费品已纳税款 | 11＝（6＋7－8－9）× 10 | | | |
| | （二）从量计税 | 期初库存外购应税消费品数量 | 12 | | | |
| | | 本期外购应税消费品数量 | 13 | | | |
| | | 期末库存外购应税消费品数量 | 14 | | | |
| | | 本期领用不准予扣除外购应税消费品数量 | 15 | | | |
| | | 适用税率 | 16 | | | |
| | | 计量单位 | 17 | | | |
| | | 本期准予扣除的外购应税消费品已纳税款 | 18＝（12＋13－14－15）× 16 | | | |
| 三、本期准予扣除税款合计 | | | 19＝5＋11＋18 | | | |

(1)第 1 栏"期初库存委托加工应税消费品已纳税款"：填写上期本表第 3 栏数值。

(2)第 2 栏"本期收回委托加工应税消费品已纳税款"：填写纳税人委托加工收回的应税消费品 在委托加工环节已纳消费税税额。

(3)第 3 栏"期末库存委托加工应税消费品已纳税款"：填写纳税人期末库存委托加工收回的应 税消费品在委托加工环节已纳消费税税额合计。

(4)第 4 栏"本期领用不准予扣除委托加工应税消费品已纳税款"：填写纳税人委托加工收回的 应税消费品，按税法规定不允许扣除的在委托加工环节已纳消费税税额。

(5)第 5 栏"本期准予扣除委托加工应税消费品已纳税款"：填写按税法规定，本期委托加工收回应税消费品中符合扣除条件准予扣除的消费税已纳税额，计算公式为：

本期准予扣除委托加工应税消费品已纳税款＝期初库存委托加工应税消费品已纳税款＋本期收回委托加工应税消费品已纳税款－期末库存委托加工应税消费品已纳税款－本期领用不准予扣除委托加工应税消费品已纳税款

(6)第 6 栏"期初库存外购应税消费品买价"：填写本表上期第 8 栏"期末库存外购应税消费品买价"的数值。

(7)第 7 栏"本期购进应税消费品买价"：填写纳税人本期外购用于连续生产的从价计税的应税 消费品买价。

(8)第 8 栏"期末库存外购应税消费品买价"：填写纳税人外购用于连续生产应税消费品期末买价余额。

(9)第 9 栏"本期领用不准予扣除外购应税消费品买价"：填写纳税人本期领用外购的从价计税的应税消费品，按税法规定不允许扣除的应税消费品买价。

(10)第 11 栏"本期准予扣除外购应税消费品已纳税款"：计算公式为：

本期准予扣除的外购应税消费品已纳税款(从价计税)＝(期初库存外购应税消费品买价＋本期购 进应税消费品买价－期末库存外购应税消费品买价－本期领用不准予扣除外购应税消费品买价)×适用税率

(11)第 12 栏"期初库存外购应税消费品数量"：填写本表上期"期末库存外购应税消费品数量"。

(12)第 13 栏"本期外购应税消费品数量"：填写纳税人本期外购用于连续生产的从量计税的应税消费品数量。

(13)第 14 栏"期末库存外购应税消费品数量"：填写纳税人用于连续生产的外购应税消费品期末库存数量。

(14)第 15 栏"本期领用不准予扣除外购应税消费品数量"：填写纳税人本期领用外购的从量计税的应税消费品，按税法规定不允许扣除的应税消费品数量。

(15)第 18 栏"本期准予扣除的外购应税消费品已纳税款"：计算公式为：

本期准予扣除的外购应税消费品已纳税款(从量计税)＝(期初库存外购应税消费品数量＋本期购进应税消费品数量－期末库存外购应税消费品数量－本期领用不准予扣

除外购应税消费品数量)×适用税率

(16)第 19 栏"本期准予扣除税款合计":计算公式为:

本期准予扣除税款合计＝本期准予扣除委托加工应税消费品已纳税款＋本期准予扣除外购应税消费品已纳税款(从价计税)＋本期准予扣除的外购应税消费品已纳税款(从量计税)

(17)本表为 A4 竖式。所有数字小数点后保留两位。一式二份,一份纳税人留存,一份税务机关留存。

### 2. 本期准予扣除税额计算表(表 3－5)

本表由外购(含进口)或委托加工收回已税汽油、柴油、石脑油、润滑油、燃料油(以下简称应税油品)用于连续生产应税消费品的成品油消费税纳税人填写。

本表变性燃料乙醇的计量单位为"吨",其余计量单位全部为"升"。填列方法如下:

表 3－5　本期准予扣除税额计算表

(成品油消费税纳税人适用)

金额单位:元(列至角分)

**一、扣除税额及库存计算**

| 扣除油品类别 | 上期库存数量 | 本期外购入库数量 | 委托加工收回连续生产数量 | 本期准予扣除数量 | 本期准予扣除税额 | 本期领用未用于连续生产不准予扣除数量 | 期末库存数量 |
|---|---|---|---|---|---|---|---|
| 1 | 2 | 3 | 4 | 5 | 6 | 7 | 8＝2＋3＋4－5－7 |
| 汽油 | | | | | | | |
| 柴油 | | | | | | | |
| 石脑油 | | | | | | | |
| 润滑油 | | | | | | | |
| 燃料油 | | | | | | | |
| 合计 | | | | | | | |

**二、润滑油基础油(废矿物油)和变性燃料乙醇领用存**

| 产品名称 | 上期库存数量 | 本期入库数量 | 本期生产领用数量 | 期末库存数量 |
|---|---|---|---|---|
| 1 | 2 | 3 | 4 | 5＝2＋3－4 |
| 润滑油基础油(废矿物油) | | | | |
| 变性燃料乙醇 | | | | |

(1)第一部分第 2 栏"上期库存数量"：按本表上期第一部分第 8 栏"期末库存数量"的数值填写。

(2)第一部分第 3 栏"本期外购入库数量"：填写纳税人本期外购、进口用于连续生产的应税油品数量。不含依据定点直供计划采购的石脑油、燃料油；外购、进口或委托加工收回的甲醇汽油、乙醇汽油、纯生物柴油、溶剂油、航空煤油；以及利用废矿物油生产的油品数量。

(3)第一部分第 4 栏"委托加工收回连续生产数量"：填写纳税人委托加工收回用于连续生产的各种应税油品数量，应与《本期委托加工收回情况报告表》中第二部分第 6 栏中"本期委托加工收回用于连续生产数量"栏对应一致。

(4)第一部分第 5 栏"本期准予扣除数量"：填写纳税人按税法规定在本期申报扣除外购、进口或委托加工收回用于连续生产的应税油品数量。本栏次对应的汽油、柴油、润滑油数量应分别小于等于主表的汽油、柴油、润滑油"本期销售数量"栏次的数量。

(5)第一部分第 6 栏"本期准予扣除税额"：填写纳税人符合税法规定在本期申报扣除外购、进口或委托加工收回用于连续生产的应税油品已纳消费税税额。计算公式为：

$$本期准予扣除税额＝本期准予扣除数量×适用税率$$

(6)第一部分第 7 栏"本期领用未用于连续生产不准予扣除数量"：填写纳税人由外购、进口或委托加工收回的应税油品，未用于连续生产应税成品油而不允许扣除的成品油数量。

(7)第一部分第 8 栏"期末库存数量"：填写期末留存的应税油品库存数量，计算公式为：

期末库存数量＝上期库存数量＋本期外购入库数量＋委托加工收回连续生产数量－本期准予扣除数量－本期领用未用于连续生产不准予扣除数量，且期末库存数量≥0。

(8)第一部分"合计"：填写"上期库存数量"、"本期外购入库数量"、"委托加工收回连续生产数量"、"本期准予扣除数量"、"本期准予扣除税额"、"本期领用未用于连续生产不准予扣除数量"、"期末库存数量"合计数。

(9)第二部分"润滑油基础油（废矿物油）"行：填写利用废矿物油生产的润滑油基础油领用存情况；本表第二部分第 3 栏"本期入库数量"包括外购和自产的润滑油基础油（废矿物油）数量。自产的润滑油基础油（废矿物油）应与《本期减（免）税额明细表》润滑油基础油的"减（免）数量"一致。用于连续生产润滑油的其他润滑油基础油数量不填入本行。

(10)第二部分第 2 栏"上期库存数量 "：分别按上期《本期准予扣除税额计算表》第二部分的润滑油基础油(废矿物油)和变性燃料乙醇的"期末库存数量"栏数值填写。

(11)第二部分第 5 栏"期末库存数量 "：填写期末库存润滑油基础油(废矿物油)和变性燃料乙醇的数量，计算公式为：

期末库存数量＝上期库存数量＋本期入库数量－本期生产领用数量，且期末库存数量≥0。

(12)本表为 A4 竖式，所有数字小数点后保留两位。一式二份，一份纳税人留存，一份税务机关留存。

### 3. 本期减(免)税额明细表(表 3－6)

本表由符合消费税减免税政策规定的纳税人填报。本表不含暂缓征收的项目。未发生减(免)消费税业务的纳税人和受托方不填报本表。填列方法如下：

表 3－6　本期减(免)税额明细表

金额单位：元(列至角分)

| 应税消费品名称 ╲ 项目 | 减(免)性质代码 | 减(免)项目名称 | 减(免)税销售额 | 适用税率(从价定率) | 减(免)税销售数量 | 适用税率(从量定额) | 减(免)税额 |
|---|---|---|---|---|---|---|---|
| 1 | 2 | 3 | 4 | 5 | 6 | 7 | 8＝4×5 ＋6×7 |
| 出口免税 | —— | —— | | —— | | —— | |
| | | | | | | | |
| | | | | | | | |
| | | | | | | | |
| | | | | | | | |
| | | | | | | | |
| 合计 | | | | | | | |

(1)第 1 栏"应税消费品名称"：填写按照税法规定的减征、免征应税消费品的名称。

(2)第 2 栏"减(免)性质代码 "：根据国家税务总局最新发布的减(免)性质代码，填写减征、免征应税消费品对应的减(免)性质代码。

(3)第 3 栏"减(免)项目名称 "：根据国家税务总局最新发布的减(免)项目名称，填写减征、免征应税消费品对应的减(免)项目名称。

(4)第4栏"减(免)税销售额":填写本期应当申报减征、免征消费税的应税消费品销售金额,适用不同税率的应税消费品,其减(免)金额应区分不同税率分栏填写。

(5)第6栏"减(免)税销售数量":填写本期应当申报减征、免征消费税的应税消费品销售数量,适用不同税率的应税消费品,其减(免)数量应区分不同税率分栏填写。计量单位应与主表一致。

(6)第5、7栏"适用税率"栏:填写按照税法规定的减征、免征应税消费品的适用税率。

(7)第8栏"减(免)税额"栏:填写本期按适用税率计算的减征、免征消费税额。同一税款所属期内同一应税消费品适用多档税率的,应分别按照适用税率计算减(免)税额。

(8)第8栏"减(免)税额"的"合计"栏:填写本期减征、免征消费税额的合计数。该栏数值应与当期主表"本期减(免)税额"栏数值一致。

(9)"出口免税"栏:填写纳税人本期按照税法规定的出口免征消费税的销售额、销售数量,不填写减(免)性质代码。

(10)本表为A4竖式,一式二份,一份纳税人留存,一份税务机关留存。

**4. 本期委托加工收回情况报告表(表3-7)**

本表由委托方填写,第一部分填报委托加工收回的应税消费品在委托加工环节由受托方代收代缴税款情况;第二部分填报委托加工收回应税消费品领用存情况。

本表第一部分第1栏"应税消费品名称"、第5栏"定额税率"和第6栏"比例税率"的填写同主表。第一部分第2栏"商品和服务税收分类编码":仅成品油消费税纳税人填报,按所开具增值税发票对应的税收分类编码填写,填列方法如下:

**表 3 - 7　本期委托加工收回情况报告表**

金额单位：元（列至角分）

**一、委托加工收回应税消费品代收代缴税款情况**

| 应税消费品名称 | 商品和服务税收分类编码 | 委托加工收回应税消费品数量 | 委托加工收回应税消费品计税价格 | 适用税率 | | 受托方已代收代缴的税款 | 受托方（扣缴义务人）名称 | 受托方（扣缴义务人）识别号 | 税收缴款书（代扣代收）专用号码 | 税收缴款书（代扣代收专用）开具日期 |
|---|---|---|---|---|---|---|---|---|---|---|
| | | | | 定额税率 | 比例税率 | 7=3×5+4×6 | | | | |
| 1 | 2 | 3 | 4 | 5 | 6 | | 8 | 9 | 10 | 11 |
| | | | | | | | | | | |
| | | | | | | | | | | |

**二、委托加工收回应税消费品领用存情况**

| 应税消费品名称 | 商品和服务税收分类编码 | 上期库存数量 | 本期委托加工收回入库数量 | 本期委托加工收回直接销售数量 | 本期委托加工收回用于连续生产数量 | 本期结存数量 |
|---|---|---|---|---|---|---|
| 1 | 2 | 3 | 4 | 5 | 6 | 7=3+4-5-6 |
| | | | | | | |
| | | | | | | |

(1)第一部分 4 栏"委托加工收回应税消费品计税价格"：填写委托加工收回的应税消费品在委托加工环节，由受托方代收代缴消费税时的计税价格。

(2)第一部分第 7 栏"受托方已代收代缴的税款"：填写受托方代收代缴的税款，计算公式如下：

实行从量定额计税：受托方已代收代缴的税款＝委托加工收回应税消费品数量×定额税率

实行从价定率计税：受托方已代收代缴的税款＝委托加工收回应税消费品计税价格×比例税率

实行复合计税：受托方已代收代缴的税款＝委托加工收回应税消费品数量×定额税率＋委托加工收回应税消费品计税价格×比例税率

(3)第一部分第 8 栏"受托方(扣缴义务人)名称"、第 9 栏"受托方(扣缴义务人)识别号"：填写受托方信息。

(4)第一部分第 10 栏"税收缴款书(代扣代收专用)号码"、第 11 栏"税收缴款书(代扣代收专用)开具日期"栏：填写受托加工方代扣代缴 税款凭证上注明的信息。

(5)第二部分第 1 栏"应税消费品名称"的填写同主表。

(6)第二部分第 2 栏"商品和服务税收分类编码"：仅成品油消费税纳税人填报，按所开具增值税发票对应的税收分类编码填写。

(7)第二部分第 3 栏"上期库存数量"：填写上期本表第二部分第 7 栏"本期结存数量"数值。

(8)第二部分第 4 栏"本期委托加工收回入库数量"：填写委托加工收回应税消费品数量，与本表第一部分第 3 栏"委托加工收回应税消费品数量"数值相等。

(9)第二部分第 5 栏"本期委托加工收回直接销售数量"：填写纳税人将委托加工收回的应税消费品直接销售的数量。

(10)第二部分第 6 栏"本期委托加工收回用于连续生产数量"：填写纳税人将委托加工收回的应税消费品用于连续生产应税消费品的数量。

成品油消费税纳税人填写本表第二部分第 6 栏"本期委托加工收回用于连续生产数量"的数值应等于附表《本期准予扣除税额计算表(成品油纳税人适用)》第一部分第 4 栏"委托加工收回连续生产数量"数值。

(11)第二部分第 7 栏"本期结存数量"：填写期末留存的委托加工收回应税消费品库存数量，计算公式为：

本期结存数量＝上期库存数量＋本期委托加工收回入库数量－本期委托加工收回直接销售数量－本期委托加工收回用于连续生产数量，且本期结存数 量≥0。

(12)本表为 A4 横式，所有数字小数点后保留两位。一式二份，一份纳税人留存，一份税务机关留存。

📖 章节小结

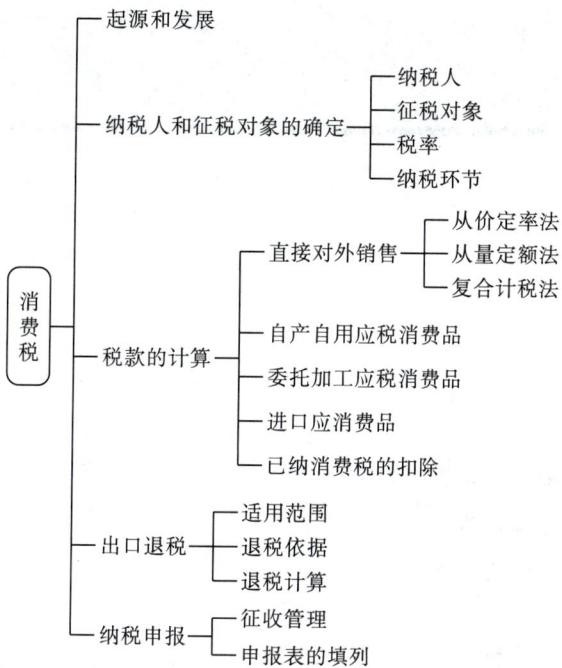

# 第四章

# 关　税

## 学习目标

◈ **知识目标**

(1)掌握关税的构成要素。

(2)掌握关税的计税价格。

(3)了解关税的税收优惠政策。

◈ **能力目标**

(1)能计算进出口关税的应纳税额。

(2)能处理关税的纳税申报事宜。

◈ **素质目标**

(1)培养学生爱岗敬业、诚实守信的精神。

(2)培养学生遵纪守法、诚信纳税的品质。

(3)培养学生团结协作、互帮互助的意识。

　　关税是国家主权的直接体现，它赋予国家在国际经济交往中制定规则、调控市场的权力。通过征收关税，国家能够自主决定哪些商品可以进入市场、以何种条件进入，从而维护国家经济安全和政治利益。双关税不仅包括对进口商品的征税(进口关税)，还包括对出口商品的征税(出口关税)。这种双向性使得国家能够更全面地调控国内外市场，平衡国内外贸易关系。同时，关税是国家税收体系的重要组成部分，也是国家财政收入的重要来源。通过征收关税，国家能够筹集资金用于公共支出、基础设施建设等，推动经济发展和社会进步。

　　征收关税有利于促进国际贸易，利于国内经济稳定发展。合理的关税政策能够降低贸易壁垒，促进国际贸易的顺利开展。通过调整关税税率，国家可以鼓励或限制特定商品的进出口，从而优化资源配置，提高经济效率。关税可以作为保护国内产业免受外部冲击的有效手段。通过征收高额进口关税，可以降低外国商品在国内市场的竞争力，为国内产业提供发展空间。关税政策能够调节国内外市场的供需关系，防止市场波动对国内经济造成冲击。

因此，关税政策在维护国家主权和经济利益方面具有重要作用，作为国家的公民，有责任和义务学习并支持国家的关税政策，为国家的繁荣富强做出贡献。

### 📜 职场任务

某企业为增值税一般纳税人，2024 年 8 月发生的进出口业务如下：

(1)企业从国外进口一台机器设备，支付境外的买价为 100 万元，运抵我国入关前支付的运费折合人民币 4 万元，保险费折合人民币 5 万元。入关后运抵企业所在地，取得运输公司开具的增值税专用发票注明运费 1 万元、税额 0.09 万元，关税税率为 10%。

(2)该企业出口一批产品，海关审定的离岸价格为 220 万元，关税税率为 10%。

任务：(1)计算出口关税应纳税额。

　　　(2)计算进口关税应纳税额。

### 📖 任务实施

(1)计算进口关税应纳税额。

关税计税价格＝100＋4＋5＝109(万元)

应纳进口关税税额＝109×10%＝10.9(万元)

(2)计算出口关税应纳税额。

关税计税价格＝220/(1＋10%)＝200(万元)

应纳出口关税税额＝200×10%＝20(万元)

## 第一节　关税的基本要素及税收优惠

### 一、关税的征收对象

关税的征税对象是准许进出口(境)的货物和物品。这些货物包括贸易性商品，如各种原材料、制成品、机械设备等；而物品则主要指非贸易性商品，如入境旅客随身携带的行李物品、个人邮递物品、各种运输工具上的服务人员携带进境的自用物品、馈赠物品及其他方式进境的个人物品。关税仅对有形货品征税，对无形货品不征税。

### 二、关税的纳税人

进口货物的收货人、出口货物的发货人、进境物品的携带人或者收件人，是关税的纳税人。

从事跨境电子商务零售进口的电子商务平台经营者、物流企业和报关企业，以及法律、行政法规规定负有代扣代缴、代收代缴关税税款义务的单位和个人，是关税的扣缴义务人。

**学中做**

下列哪一项不属于关税的纳税人？

A. 进口货物的收货人

B. 出口货物的发货人

C. 携带物品进出境的个人

D. 运输进出口货物的承运人

**法规解读：**

在跨境电商行业蓬勃发展的时代背景下，针对该领域内日益复杂的关税征管挑战，《中华人民共和国关税法》正式界定了关税扣缴义务人的范畴。这一法律定义的确立，旨在明确跨境电商领域内的税收征管责任主体，确保关税的准确、及时征收，从而维护国家税收利益，促进跨境电商行业的健康、有序发展。通过明确关税扣缴义务人的角色与职责，可以有效解决跨境电商税收征管中的信息不对称、监管难度大等问题，提升税收征管的效率与透明度。

同时，这也要求相关电子商务平台经营者、物流企业、报关企业等关税扣缴义务人，必须严格遵守《中华人民共和国关税法》及相关法律法规的规定，认真履行代扣代缴、代收代缴关税税款的义务，确保税收的合法性与合规性。对于违法的行为，将依法追究法律责任，以维护税收秩序和公平竞争的市场环境。

## 三、关税的税则和税目

关税税则，又称海关税则，是一国制定和公布的对进出其关境的货物征收关税的条例和税率的分类表。税则中包括根据国家关税政策以及有关国际协定确定的进出口关税税目、税率及归类规则，是海关计征关税的依据。税目是关税分类的基本单位，是对不同商品征收不同税率的依据。关税税目适用规则包括归类规则等。进出口货物的商品归类，应当按照《中华人民共和国进出口税则》（以下简称《税则》）规定的目录条文和归类总规则、类注、章注、子目注释、本国子目注释，以及其他归类注释确定，并归入相应的税则号列。

**法规解读：**

《中华人民共和国进出口税则》为关税征纳双方在进行商品归类时提供了坚实的法律基础，确保了归类过程的统一性和规范性。正确的商品归类不仅关乎关税的精确计算，更与贸易秩序的稳定、进出口管制的执行及原产地规则的遵循息息相关。

## 四、关税的税率

税率是关税制度中的核心要素，它代表了应缴纳关税与征税对象价格之间的比例。关税的税率根据货物的种类、原产国、进口数量及国家的关税政策等因素而有所不同。关税税率分为进口税率和出口税率。进口关税一般采用比例税率，实行从价计征的办法，但对啤酒、原油等少数货物实行从量计征。对广播用录音机、摄像机等实行从价加从量的复合税率。

(1)进口税率。进口关税设置最惠国税率、协定税率、特惠税率、普通税率。对实行关税配额管理的进口货物，设置关税配额税率。对进口货物在一定期限内可以实行暂定税率。

原产于共同适用最惠国待遇条款的世界贸易组织成员的进口货物，原产于与中华人民共和国缔结或者共同参加含有相互给予最惠国待遇条款的国际条约、协定的国家或者地区的进口货物，以及原产于中华人民共和国境内的进口货物，适用最惠国税率。

原产于与中华人民共和国缔结或者共同参加含有关税优惠条款的国际条约、协定的国家或者地区且符合国际条约、协定有关规定的进口货物，适用协定税率。

原产于中华人民共和国给予特殊关税优惠安排的国家或者地区且符合国家原产地管理规定的进口货物，适用特惠税率。

原产于上述三条规定以外的国家或者地区的进口货物，以及原产地不明的进口货物，适用普通税率。

适用最惠国税率的进口货物有暂定税率的，适用暂定税率。

适用协定税率的进口货物有暂定税率的，从低适用税率；其最惠国税率低于协定税率且无暂定税率的，适用最惠国税率。适用特惠税率的进口货物有暂定税率的，从低适用税率。适用普通税率的进口货物，不适用暂定税率。

(2)出口税率。我国对绝大部分出口货物不征收出口关税，只对少数产品征收出口关税。

🔑 **学中做**

适用协定税率、特惠税率的进口货物有暂定税率的，应当(　　　)
A. 适用协定税率　　　B. 适用特惠税率　　　C. 适用暂定税率　　　D. 从低适用税率

## 五、关税的税收优惠

关税的税收优惠是关税制度中的一项重要政策工具，旨在通过减免关税等方式来鼓励或引导特定的进出口活动。根据《中华人民共和国关税法》，对有下述情况的货物，经海关审查无误后可以免税。

(1)国务院规定的免征额度内的一票货物;

(2)无商业价值的广告品和货样;

(3)进出境运输工具装载的途中必需的燃料、物料和饮食用品;

(4)在海关放行前损毁或者灭失的货物、进境物品;

(5)外国政府、国际组织无偿赠送的物资;

(6)中华人民共和国缔结或者共同参加的国际条约、协定规定免征关税的货物、进境物品;

(7)依照有关法律规定免征关税的其他货物、进境物品。

下列进出口货物、进境物品,减征关税:

①在海关放行前遭受损坏的货物、进境物品,应当根据海关认定的受损程度办理;

②中华人民共和国缔结或者共同参加的国际条约、协定规定减征关税的货物、进境物品;

③依照有关法律规定减征关税的其他货物、进境物品。

# 第二节　关税的应纳税额计算

关税的计税依据是关税的计税价格或者货物数量,进出口货物关税实行从价计征、从量计征、复合计征的方式征收。从价计征的计算公式为

$$应纳税额＝计税价格×比例税率$$

从量计价的计算方式为

$$应纳税额＝货物数量×定额税率$$

复合计征的计算公式为

$$应纳税额＝计税价格×比例税率＋货物数量×定额税率$$

## 一、进口关税的计算

### (一)进口货物计税价格的确定

#### 1. 以成交价格为基础的计税价格

进口货物的计税价格以成交价格以及该货物运抵中华人民共和国境内输入地点起卸前的运输及其相关费用、保险费为基础审查确定。

进口货物的成交价格,是指卖方向中华人民共和国境内销售该货物时,买方为进口该货物向卖方实付、应付的,按照关税法调整后的价款总额,包括直接支付的价款和间接支付的价款。

进口货物的下列费用应当计入计税价格:

(1)由买方负担的购货佣金以外的佣金和经纪费;

(2)由买方负担的在审查计税价格时与该货物视为一体的容器的费用;

(3)由买方负担的包装材料费用和包装劳务费用;

(4)与该货物的生产和向中华人民共和国境内销售有关的,由买方以免费或者以低于成本的方式提供并可以按适当比例分摊的料件、工具、模具、消耗材料及类似货物的价款,以及在境外开发、设计等相关服务的费用;

(5)作为该货物向中华人民共和国境内销售的条件,买方必须支付的、与该货物有关的特许权使用费;

(6)卖方直接或者间接从买方获得的该货物进口后转售、处置或者使用的收益。

进口时在货物的价款中列明的下列费用、税收,不计入该货物的计税价格:

(1)厂房、机械、设备等货物进口后进行建设、安装、装配、维修和技术服务的费用,但保修费用除外;

(2)进口货物运抵境内输入地点起卸后的运输及其相关费用、保险费;

(3)进口关税及国内税收。

**2. 进口货物海关估价方法**

进口货物的价格不符合成交价格条件或者成交价格不能确定的,海关应当依次以相同货物成交价格法、类似货物成交价格法、倒扣价格法、计算价格法以及其他合理方法确定的价格为基础,估定计税价格。

**学中做**

纳税人进口大型机械,采用成交价格估价办法的,对于进口后发生的单独列明的下列费用,应计入关税计税价格的是(    )。

A. 保修费用　　　B. 安装费用　　　C. 维修费用　　　D. 装配费用

**(二)进口货物关税计税价格中运输及其相关费用、保险费的计算**

**1. 以一般陆运、海运、空运方式进口的货物**

在进口货物的运输及其相关费用、保险费的计算中,陆运进口货物,应计算至该货物运抵境内的第一口岸,如果运输及其相关费用、保险费支付至目的地口岸,则应计算至目的地口岸。海运进口货物,应计算至该货物运抵境内的卸货口岸;如果该货物的卸货口岸是内河(江)口岸,则应计算至内河(江)口岸。空运进口货物,应计算至该货物运抵境内的第一口岸;如果该货物的目的地为境内的第一口岸外的其他口岸,则应计算至目的地口岸。

陆运、海运和空运进口货物的运费和保险费,应当按照实际支付的费用计算。如果进口货物的运费无法确定或未实际发生,海关应当按照该货物进口同期运输行业公布的运输率(额)计算运费,按照"货价加运费"两者总额的 0.3% 计算保险费。

**2. 以其他方式进口的货物**

邮运进口的货物，应当以邮费作为运输及其相关费用、保险费；以境外边境口岸价格条件成交的铁路或公路运输进口货物，海关应当按照货价的1%计算运输及其相关费用、保险费、作为进口货物的自驾进口的运输工具，海关在审定关税计税价格时，可以不另行计入运费。

### （三）进口货物应纳税额的计算

进口货物的应纳关税税额是由进口货物的计税价格和进口关税税率确定的，其计算公式为

进口货物的应纳关税税额＝进口货物的计税价格×进口关税税率

## 二、出口关税的计算

### （一）出口关税计税价格的确定

出口关税计税价格是出口关税的计税基础。出口货物的计税价格由海关以该货物的成交价格以及该货物运至境内输出地点装载前的运输及其相关费用、保险费为基础审查确定。但出口关税不计入计税价格。其计算公式为

出口货物的计税价格＝离岸价格÷（1＋出口关税税率）

离岸价格不包含离境口岸至境外口岸之间的运输费、保险费。

出口货物的成交价格，是指该货物出口时卖方为出口该货物应当向买方直接收取和间接收取的价款总额。

出口货物海关估价方法。出口货物的成交价格不能确定时，计税价格由海关依次使用下列方法估计。

（1）与该货物同时或者大约同时向同一国家或地区销售出口的相同商品的成交价格。

（2）与该货物同时或者大约同时向同一国家或地区销售出口的类似商品的成交价格。

（3）根据境内生产相同或类似商品的成本、储运和保险费用、利润及其他杂费计算所得的价格。

（4）按照合理方法估定的价格。

### （二）出口货物关税计税价格中运输及其相关费用、保险费的计算

出口货物的销售价格若包含离境口岸至境外口岸之间的运输费、保险费，该运输费、保险费，应当予以扣除。

### （三）出口货物应纳税额的计算

出口货物关税税额是由出口货物的计税价格和出口关税税率确定的，其计算公式为

出口货物的应纳关税税额＝出口货物的计税价格×出口关税税率

## 三、关税征收管理

### (一)纳税义务发生时间

进口货物的收货人、受委托的报关企业应当自运输工具申报进境之日起十四日内向海关申报。

进口转关运输货物的收货人、受委托的报关企业应当自运输工具申报进境之日起十四日内，向进境地海关办理转关运输手续，有关货物应当自运抵指运地之日起十四日内向指运地海关申报。

出口货物发货人、受委托的报关企业应当在货物运抵海关监管区后、装货的二十四小时以前向海关申报。

超过规定时限未向海关申报的，海关按照《中华人民共和国海关征收进口货物滞报金办法》征收滞报金。

### (二)纳税期限

进出口货物的纳税人、扣缴义务人应当自完成申报之日起十五日内缴纳税款；符合海关规定条件并提供担保的，可以于次月第五个工作日结束前汇总缴纳税款。因不可抗力或者国家税收政策调整，不能按期缴纳的，经向海关申请并提供担保，可以延期缴纳，但最长不得超过六个月。

纳税人、扣缴义务人未在前款规定的纳税期限内缴纳税款的，自规定的期限届满之日起，按日加收滞纳税款万分之五的滞纳金。

税款尚未缴纳，纳税人、扣缴义务人依照有关法律、行政法规的规定申请提供担保要求放行货物的，海关应当依法办理担保手续。

**学中做**

下列关于关税征收管理的说法中，错误的是(　　　)。

A. 关税由海关负责征收。

B. 纳税人、扣缴义务人未在前款规定的纳税期限内缴纳税款的，自规定的期限届满之日起，按日加收滞纳税款万分之五的滞纳金。

C. 进出口货物的纳税人、扣缴义务人应当自完成申报之日起十五日内缴纳税款。

D. 纳税人因不可抗力或者在国家税收政策调整的情形下不能按期缴纳税款的，经海关总署批准，可以延期缴纳税款，但最长不得超过 3 个月。

### (三)纳税地点

为方便纳税人，经申请和海关同意，进(出)口货物的纳税人可以在设有海关的指定地办理海关申报、纳税手续。

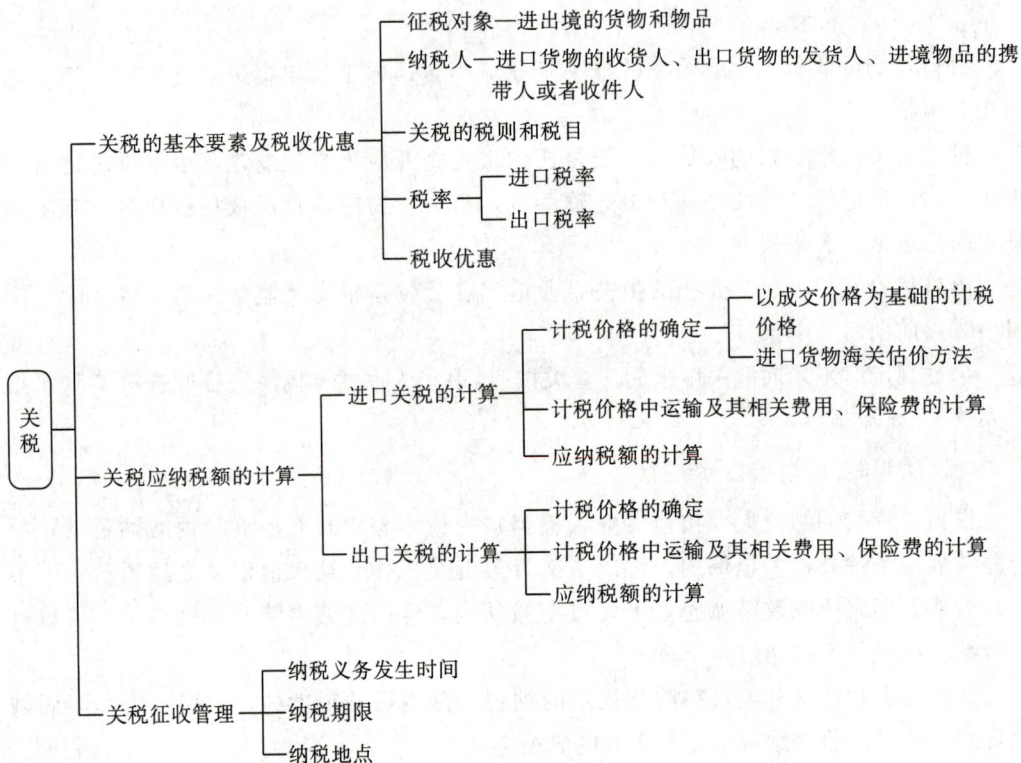

章节小结

关税的基本要素及税收优惠
- 征税对象—进出境的货物和物品
- 纳税人—进口货物的收货人、出口货物的发货人、进境物品的携带人或者收件人
- 关税的税则和税目
- 税率
  - 进口税率
  - 出口税率
- 税收优惠

关税

关税应纳税额的计算
- 进口关税的计算
  - 计税价格的确定
    - 以成交价格为基础的计税价格
    - 进口货物海关估价方法
  - 计税价格中运输及其相关费用、保险费的计算
  - 应纳税额的计算
- 出口关税的计算
  - 计税价格的确定
  - 计税价格中运输及其相关费用、保险费的计算
  - 应纳税额的计算

关税征收管理
- 纳税义务发生时间
- 纳税期限
- 纳税地点

# 第五章

# 个人所得税

## 学习目标

### ◈知识目标

(1)掌握个人所得税的基本法规知识，明确个人所得税的构成要素。

(2)掌握个人所得税各应税项目所得额的确定，了解个人所得税的税收优惠政策。

(3)熟悉代扣代缴和自行申报两种个人所得税的申报方式。

### ◈能力目标

(1)能够判定个人所得税纳税义务人的类型，划分应税所得项目，选择适用税率。

(2)能够准确计算各应税项目应纳个人所得税税额。

(3)能够根据资料填制个人所得税纳税申报表。

### ◈素质目标

(1)培养学生爱岗敬业、诚实守信的精神。

(2)培养学生遵纪守法、诚信纳税的品质。

(3)培养学生团结协作、互帮互助的意识。

2018年12月，国务院印发《个人所得税专项附加扣除暂行办法》，规定子女教育、继续教育、大病医疗、住房贷款利息或者住房租金、赡养老人等6项专项附加扣除，办法自2019年1月1日起施行。2022年3月，《国务院关于设立3岁以下婴幼儿照护个人所得税专项附加扣除的通知》印发，新增了3岁以下婴幼儿照护个人所得税专项附加扣除，政策自2022年1月1日起实施。2023年8月，国务院印发《关于提高个人所得税有关专项附加扣除标准的通知》，决定提高3岁以下婴幼儿照护、子女教育、赡养老人个人所得税专项附加扣除标准，调整后的扣除标准自2023年1月1日起实施。个人所得税专项附加扣除政策通过精准施策，减轻了纳税人的经济负担，增强了税收制度的公平性和合理性。充分考虑了纳税人的实际支出情况，体现了国家对民生问题的深切关怀，进一步实现了幼有所育、学有所教、住有所居、病有所医、老有所养。不仅能够激励个人更积极地参与社会经济发展，提高生活水平，还能够促进社会资源的合理分配，推动社会和谐稳定。同时，专项附加扣除政策也是国家税收制度不断完善的重要标志，展现了国家治理体系和治理能力现代化的进程。

## 职场任务

中国公民王先生是一名大学教师，现每月支付首套住房商业贷款本息 5 000 元；王先生有一小孩在读大学一年级；王先生为独生子女，父母年龄均已过 60 岁。经与妻子约定均由王先生扣除房屋贷款和子女教育专项附加费用。2023 年全年收入情况如下：

(1)每月基本工资的收入为 15 000 元，当地规定的社会保险和住房公积金个人缴付比例为基本养老保险 8%，基本医疗保险 2%，失业保险 0.5%，住房公积金 12%，按规定计算扣除的每月"三险一金"的金额为 3 375 元。

(2)学校按照每位教师教学工作量发放课时薪酬，王先生 2—6 月份每月课时薪酬为 2 200 元；9—12 月份每月课时薪酬为 2 500 元。

(3)2 月份为甲公司提供专业技术培训，获得收入 5 000 元。

(4)4 月份出版教材一部，获得收入 8 000 元。

(5)7 月份担任乙公司财务顾问，取得一次性收入 20 000 元。

(6)9 月份取得丙公司支付的专利技术使用费 6 000 元。

(7)12 月份取得全年一次性奖金收入 20 000 元(王先生选择全年一次性单独计税)。

根据以上信息，请完成下列工作任务：

(1)计算王先生 2023 年平时预扣预缴个人所得税税额。

(2)计算王先生 2023 年应纳个人所得税税额。

(3)填写个人所得税纳税申报表。

## 任务实施

### 1. 计算预扣预缴个人所得税税额

(1)平时工资薪金所得预扣预缴税额的计算

1 月份预缴个人所得税税额

$= (15\ 000 - 5\ 000 - 3\ 375 - 1\ 000 - 2\ 000 - 3\ 000) \times 3\% = 18.75(元)$

2 月份预缴个人所得税税额

$= (15\ 000 \times 2 + 2\ 200 - 5\ 000 \times 2 - 3\ 375 \times 2 - 1\ 000 \times 2 - 2\ 000 \times 2 - 3\ 000 \times 2) \times 3\% - 18.75 = 84.75(元)$

3 月份预缴个人所得税税额

$=(15\,000×3+2\,200×2-5\,000×3-3\,375×3-1\,000×3-2\,000×3-3\,000×3)$
$×3\%-18.75-84.75=84.75(元)$

同理可计算出 4、5、6 月份预缴个人所得税为 84.75 元。

7 月份预缴个人所得税税额

$=(15\,000×7+2\,200×5-5\,000×7-3\,375×7-1\,000×7-2\,000×7-3\,000×7)$
$×3\%-18.75-84.75×5=18.75(元)$

同理可计算出 8 月份预缴个人所得税为 18.75 元。

9 月份预缴个人所得税税额

$=(15\,000×9+2\,200×5+2\,500-5\,000×9-3\,375×9-1\,000×9-2\,000×9-3\,000×9)×3\%-18.75×3-84.75×5=93.75(元)$

同理可计算出 10、11、12 月份预缴个人所得税为 93.75 元。

全年工资薪金所得预缴个人所得税税额合计

$=18.75×3+84.75×5+93.75×4=855(元)$

年终一次性奖金应纳税额$=20\,000×3\%=600(元)$

(2)平时劳务报酬所得预扣预缴税额的计算

提供甲公司专业技术培训预扣预缴税额$=5\,000×(1-20\%)×20\%=800(元)$

担任乙公司财务顾问预扣预缴税额$=20\,000×(1-20\%)×20\%=3\,200(元)$

(3)平时稿酬所得预扣预缴税额的计算

出版教材应纳税所得额$=8\,000×(1-20\%)×70\%=4\,480(元)$

出版教材应预缴个人所得税税额$=4\,480×20\%=896(元)$

(4)平时特许权使用费所得预扣预缴税额的计算

取得丙公司支付的专利技术使用费$=6\,000×(1-20\%)×20\%=960(元)$

平时预扣预缴税额合计$=800+3\,200+4\,480+896+960=10\,336(元)$

### 2. 计算应纳税所得额

全年综合所得应纳税所得额

$=15\,000×12+2\,200×5+2\,500×4+5\,000×(1-20\%)+20\,000×(1-20\%)+8\,000×(1-20\%)×70\%+6\,000×(1-20\%)-5\,000×12-3\,375×12-1\,000×12-2\,000×12-3\,000×12=57\,780(元)$

全年应纳税额$=57\,780×10\%-2\,520=3\,258(元)$

合计应纳税额$=3\,258+600=3\,858(元)$

汇算清缴应退税款$=10\,336-3\,858=6\,478(元)$

汇算清缴后税务机关应退给王爱国先生税款 6 478 元。

### 3. 填写个人所得税纳税申报表

王爱国的个人所得税纳税申报表见表 5-11。

# 第一节 个人所得税的起源和发展

## 一、个人所得税的起源和发展

个人所得税的起源可以追溯到 1799 年的英国，当时个人所得税主要用于筹集资金，实行差别税率征收方式，直到 1874 年，个人所得税才成为英国的一个固定税种。随后，世界各国普遍效仿英国开始征收个人所得税，目前已有 140 多个国家开征个人所得税。

差别税率：指对不同纳税人或不同课税对象分别确定高低不同的税率，是税率的一种类型。差别税率通常在比例税率和定额税率形式下，用于体现不同的税收负担政策。

### 拓展阅读

个人所得税作为全世界大多数国家普遍征收的一种税，最早是由英国设立的。个人所得税开始征收的原因：18 世纪末，欧洲大陆拿破仑战争致使英国的军事支出大幅增加，财政收入不堪重负。为了打败拿破仑，筹集军费，英国率先在国内开征个人所得税，为当时的英国政府提供了大约 20% 的财政收入，为英国打败法国提供了经济基础。

## 二、中国征收个人所得税的历史进程

个人所得税的历史起源与发展可以追溯到清朝末年，并在中华人民共和国成立后逐步发展和完善。在中国，个人所得税的起步相对较晚，直至 1909 年清政府草拟的《所得税章程》才涉及所得税的概念。在民国时期，个人所得税被称为薪给报酬所得税和证券存款利息所得税。直到 1950 年 1 月，政务院发布的《全国税政实施要则》中才正式涉及对个人所得征税，但由于各种原因，一直没有实际开征。直到 1980 年 9 月，中国正式颁布《中华人民共和国个人所得税法》，标志着个人所得税制度的建立。

1980 年 9 月 10 日全国人大颁布了《中华人民共和国个人所得税法》，征税范围是月工资 800 元以上。1986 年 9 月，国内个人收入发生了很大的变化，国务院颁布了《中华人民共和国个人收入调节税暂行条例》和《中华人民共和国城乡个体工商户所得税暂行条例》，规定对本国公民的个人收入，统一征收个人收入调节税。

在 1993 年、1999 年、2005 年、2007 年、2008 年、2011 年从征税范围、储蓄存款利息、免征额、税率结构等方面进行了个税政策的改革。2018 年 8 月 31 日，修改个人所得税法的决定通过，基本减除费用标准调至每月 5000 元。2018 年 12 月 13 日，国务院印发了《个人所得税专项附加扣除暂行办法》。国务院决定自 2022 年 1 月 1 日起实施3 岁以下婴幼儿照护个人所得税专项附加扣除。2023 年国务院决定，提高 3 岁以下婴幼儿照护等三项个人所得税专项附加扣除标准。财政部、税务总局 2023 年第 30 号公告，居民个人取得全年一次性奖金，可以选择并入或不并入当年综合所得计算纳税。2024 年 2 月，国家税务总局发布《关于办理 2023 年度个人所得税综合所得汇算清缴事项的公告》。

个人所得税的发展历程经历了从无到有、从简单到复杂的过程，随着社会经济的发展和税收制度的完善，个人所得税在调节收入分配和增加财政收入方面发挥着越来越重要的作用。

## 第二节　个人所得税纳税人和征税对象的确定

### 一、个人所得税的概念

个人所得税是以个人（自然人）取得的各项应税所得为征税对象征收的一种税。各个国家对个人所得的来源、性质、类别等要素界定不同，因此具有不同的个人所得税计征方式，现有的征收模式一般分为综合征收制、分类征收制和综合与分类相结合的计征方式，我国现行个人所得税的征收实行综合与分类相结合的计征方式。

### 二、个人所得税的纳税人

个人所得税的纳税人包括中国公民、个体工商户以及在中国境内有所得的外籍人员和中国香港、澳门特别行政区和台湾地区同胞，以及个人独资企业和合伙企业。个人所得税纳税人通过在中国境内是否有住所，以及居住时间两个标准进行判定，分为居民个人和非居民个人，分别承担不同的纳税义务。

### 小贴士

《关于个人独资企业和合伙企业投资者征收个人所得税的规定》的通知（财税〔2000〕91 号）中，自 2000 年 1 月 1 日起，对个人独资企业和合伙企业停止征收企业所得税，其投资者的生产经营所得，比照个体工商户的生产、经营所得征收个人所得税。个人独资企业和合伙企业的投资者对外承担无限责任，企业的财产与出资人的财产密不可分，也意味着企业债务可能直接追溯到投资者个人财产，其经营所得被视为投资者个人所得的一部分，因此需缴纳个人所得税。这种税制安排既体现了对投资者风险承担的认可，也确保了税收的公平性和效率。

### （一）居民个人

《中华人民共和国个人所得税法》第一条规定，在中国境内有住所，或者无住所而在中国境内居住累计满一百八十三天的个人，为居民个人。居民个人从中国境内和境外取得的所得，依照本法规定缴纳个人所得税。

**法规解读：**

《中华人民共和国个人所得税法实施条例》第二条规定，个人所得税法所称在中国境内有住所，是指因户籍、家庭、经济利益关系而在中国境内习惯性居住；所称从中国境内和境外取得的所得，分别是指来源于中国境内的所得和来源于中国境外的所得。

🔑 **学中做**

根据个人所得税法律制度的规定，下列属于居民个人的是（　　　）。

A. 在中国境内有住所的个人

B. 在中国境内无住所而一个纳税年度内在中国境内居住累计满 180 天的个人

C. 在中国境内无住所又不居住的个人

D. 在中国境内无住所而一个纳税年度内在中国境内居住累计不满 183 天的个人

### （二）非居民个人

《中华人民共和国个人所得税法》第一条规定，在中国境内无住所又不居住，或者无住所而一个纳税年度内在中国境内居住不满一百八十三天的个人，为非居民个人。非居民个人从中国境内取得的所得，依照本法规定缴纳个人所得税。

**法规解读：**

《中华人民共和国个人所得税法实施条例》第三条规定，除国务院财政、税务主管部门另有规定外，下列所得，不论支付地点是否在中国境内，均为来源于中国境内的所得：

（1）因任职、受雇、履约等在中国境内提供劳务取得的所得；

（2）将财产出租给承租人在中国境内使用而取得的所得；

（3）许可各种特许权在中国境内使用而取得的所得；

（4）转让中国境内的不动产等财产或者在中国境内转让其他财产取得的所得；

（5）从中国境内企业、事业单位、其他组织以及居民个人取得的利息、股息、红利所得。

## 三、个人所得税的征税对象

《中华人民共和国个人所得税法》第二条规定，下列各项个人所得，应当缴纳个人所得税：（1）工资、薪金所得；（2）劳务报酬所得；（3）稿酬所得；（4）特许权使用费所得；（5）经营所得；（6）利息、股息、红利所得；（7）财产租赁所得；（8）财产转让所得；（9）偶然所得。

### （一）工资、薪金所得

工资、薪金所得，是指个人因任职或者受雇取得的工资、薪金、奖金、年终加薪、劳动分红、津贴、补贴，以及与任职或者受雇有关的其他所得。

**法规解读：**

对于一些不属于工资、薪金性质的补贴、津贴或者不属于纳税人本人工资、薪金所得项目的收入，不征收个人所得税，这些项目包括：①独生子女补贴；②执行公务员工资制度未纳入基本工资总额的补贴、津贴差额和家属成员的副食品补贴；③托儿补助费；④差旅费津贴、误餐补助（按规定不征税的误餐补助，是指按财政部门规定，个人因公在城区、郊区工作，不能在工作单位或返回就餐，确实需要在外就餐的，根据实际误餐顿数，按规定的标准领取的误餐费）。

**小贴士**

加班工资不属于国家统一规定发给的补贴、津贴，应并入工资、薪金所得，依法计征个人所得税。因此个人在休息日取得的加班补助和在过节时取得的加班费都需要缴纳个人所得税。

**学中做**

根据个人所得税法律制度的规定，个人的下列所得中，属于"工资、薪金所得"的是（    ）。

A. 误餐补助　　　　B. 加班费　　　　C. 托儿费　　　　D. 独生子女费

### （二）劳务报酬所得

劳务报酬所得，是指个人从事劳务取得的所得，包括从事设计、装潢、安装、制图、化验、测试、医疗、法律、会计、咨询、讲学、翻译、审稿、书画、雕刻、影视、录音、录像、演出、表演、广告、展览、技术服务、介绍服务、经纪服务、代办服务，以及其他劳务取得的所得。

**法规解读：**

工资、薪金所得是属于非独立个人劳务活动，即在机关、团体、学校、部队、企事业单位及其他组织中任职、受雇而得到的报酬；劳务报酬所得则是个人独立从事各种技艺、提供各项劳务取得的报酬。两者的主要区别在于，前者存在雇佣与被雇佣关系，后者则不存在这种关系。比如，高校教师在本校讲课获取的课酬属于工资、薪金所得，在其他学校兼课获取的课酬属于劳务报酬所得。

### (三)稿酬所得

稿酬所得，是指个人因其作品以图书、报刊等形式出版、发表而取得的所得。

**法规解读：**

作者去世后，对取得其遗作稿酬的个人，按稿酬所得征收个人所得税，并入综合所得进行年度汇算。

### (四)特许权使用费所得

特许权使用费所得，是指个人提供专利权、商标权、著作权、非专利技术，以及其他特许权的使用权取得的所得；提供著作权的使用权取得的所得，不包括稿酬所得。

**法规解读：**

(1)作者将自己的文字作品手稿原件或复印件拍卖取得的所得，按照"特许权使用费"所得项目缴纳个人所得税，并入综合所得进行年度汇算。这条政策有两个需要满足的条件，一是拍卖的物件，强调拍卖的是文字作品；二是文字作品的创作，强调是自己创作的。比如"王羲之卖字"与"卖王羲之的字"取得的所得应如何确定呢？"王羲之卖字"，首先卖的是文字作品，其次卖的是自己创作的文字作品，符合两个条件，因此当"王羲之卖字"时取得的所得属于"特许权使用费所得"；而"卖王羲之的字"，虽然卖的是文字作品，但是该文字作品是由王羲之创作的，而不是由收藏家本人创作的，所以"卖王羲之的字"取得的所得属于"财产转让所得"。

(2)个人取得特许权的经济赔偿收入，应按"特许权使用费所得"应税项目缴纳个人所得税。

(3)对于剧本作者从电影、电视剧的制作单位取得的剧本使用费，不再区分剧本的使用方是否为其任职单位，统一按"特许权使用费所得"项目计征个人所得税。电视剧播映权转让需按"特许权使用费所得"项目计征个人所得税。

### (五)经营所得

经营所得，是指：

(1)个体工商户从事生产、经营活动取得的所得，个人独资企业投资人、合伙企业的个人合伙人来源于境内注册的个人独资企业、合伙企业生产、经营的所得；

(2)个人依法从事办学、医疗、咨询，以及其他有偿服务活动取得的所得；

(3)个人对企业、事业单位承包经营、承租经营，以及转包、转租取得的所得；

(4)个人从事其他生产、经营活动取得的所得。

### (六)利息、股息、红利所得

利息、股息、红利所得，是指个人因拥有债权、股权等而取得的利息、股息、红利所得。

> **小贴士**
>
> 　　股息是指股份公司从税后利润中按照股息率派发给股东的收益。股息的利率是固定的，特别是对优先股而言。股息是股东定期按一定的比率从上市公司分取的盈利。
>
> 　　利息一般是指存款利息、贷款利息、各种债券利息，以及垫付款、延期付款等的利息。它涉及存款、贷款、购买各种债券和投资等活动所获得的收益。
>
> 　　红利则是在上市公司分派股息之后，按持股比例向股东分配的剩余利润。红利没有定率，视利润的多少和参与分配的股份多少而定。

### (七)财产租赁所得

财产租赁所得，是指个人出租不动产、机器设备、车船，以及其他财产取得的所得。

**法规解读：**

个人取得的财产转租收入，属于"财产租赁所得"项目。

### (八)财产转让所得

财产转让所得，是指个人转让有价证券、股权、合伙企业中的财产份额、不动产、机器设备、车船，以及其他财产取得的所得。

**法规解读：**

(1)个人转让专利或著作权的所有权，应按照财产转让所得计征个人所得税。

(2)对于员工转让股票等有价证券取得的所得，应按现行税法和政策规定征免个人所得税，即：个人将行权后的境内上市公司股票再行转让而取得的所得，暂不征收个人所得税；个人转让境外上市公司的股票而取得的所得，应按税法的规定计算应纳税所得额和应纳税额，依法缴纳税款。

### (九)偶然所得

偶然所得，是指个人得奖、中奖、中彩以及其他偶然性质的所得。

**法规解读：**

(1)中奖、中彩收入：

①个人取得单张有奖发票奖金所得不超过800元(含800元)的，暂免征收个人所得税；个人取得单张有奖发票奖金所得超过800元的，应按照个人所得税法规定的"偶然所得"税目征收个人所得税。

②对于个人购买福利彩票、体育彩票，一次性中奖收入在1万元以下的(含1万元)，暂免征收个人所得税；超过1万元的，按全额计算征收个人所得税。

③企业对累积消费达到一定额度的顾客，给予额外抽奖机会，个人的获奖所得，按照偶然所得项目，全额缴纳个人所得税。

(2)得奖收入：个人因在各行各业做出突出贡献而从省级以下人民政府及其所属部门取得的一次性奖励收入，以及参加特定活动获得的奖金收入。

(3)受赠收入：房屋产权所有人无偿赠与他人的房屋产权，以及企业在业务宣传、广告等活动中随机向本单位以外的个人赠送的礼品收入。

(4)其他偶然性质的所得：个人为单位或他人提供担保获得的收入，以及资产出售方企业自然人股东取得的资产购买方企业向其支付的不竞争款项等。

**学中做**

根据个人所得税法律制度的规定，个人的下列所得中，属于"劳务报酬所得"的有（　　）。

A. 从事设计取得的所得　　　　　　B. 从事讲学取得的所得

C. 出租房产取得的所得　　　　　　D. 从事咨询业务取得的所得

# 四、个人所得税的税率

我国现行个人所得税的征收实行综合与分类相结合的计征方式，不同的所得项目适用不同的税率形式，我国个人所得税采用的税率形式有超额累进税率和比例税率，具体规定如下。

## (一)综合所得

### 1. 居民个人综合所得汇算清缴适用税率

《中华人民共和国个人所得税法》第三条规定，综合所得，适用3%～45%的超额累进税率，如表5-1所示。

表5-1　个人所得税税率表一

(综合所得适用)

| 级数 | 全年应纳税所得额 | 税率(%) | 速算扣除数 |
|---|---|---|---|
| 1 | 不超过 36 000 元的 | 3 | 0 |
| 2 | 超过 36 000 元至 144 000 元的部分 | 10 | 2 520 |
| 3 | 超过 144 000 元至 300 000 元的部分 | 20 | 16 920 |
| 4 | 超过 300 000 元至 420 000 元的部分 | 25 | 31 920 |
| 5 | 超过 420 000 元至 660 000 元的部分 | 30 | 52 920 |
| 6 | 超过 660 000 元至 960 000 元的部分 | 35 | 85 920 |
| 7 | 超过 960 000 元的部分 | 45 | 181 920 |

注：本表所称全年应纳税所得额是指依照个人所得税法第六条的规定，居民个人取得综合所得以每一纳税年度收入额减除费用六万元以及专项扣除、专项附加扣除和依法确定的其他扣除后的余额。

### 2. 居民个人工资、薪金所得预扣预缴适用税率

居民个人工资、薪金所得预扣预缴时适用 3％～45％ 的超额累进税率，如表 5－2 所示。

表 5－2　个人所得税预扣率表一

（居民个人工资、薪金所得预扣预缴适用）

| 级数 | 全年应纳税所得额 | 税率（％） | 速算扣除数 |
| --- | --- | --- | --- |
| 1 | 不超过 36 000 元的 | 3 | 0 |
| 2 | 超过 36 000 元至 144 000 元的部分 | 10 | 2 520 |
| 3 | 超过 144 000 元至 300 000 元的部分 | 20 | 16 920 |
| 4 | 超过 300 000 元至 420 000 元的部分 | 25 | 31 920 |
| 5 | 超过 420 000 元至 660 000 元的部分 | 30 | 52 920 |
| 6 | 超过 660 000 元至 960 000 元的部分 | 35 | 85 920 |
| 7 | 超过 960 000 元的部分 | 45 | 181 920 |

### 3. 居民个人劳务报酬所得预扣预缴适用税率

居民个人劳务报酬所得预扣预缴时适用 20％、30％、40％ 三级超额累进税率，如表 5－3 所示。

表 5－3　个人所得税预扣率表二

（居民个人劳务报酬所得预扣预缴适用）

| 级数 | 预扣预缴应纳税所得额 | 预扣率（％） | 速算扣除数 |
| --- | --- | --- | --- |
| 1 | 不超过 20 000 元的 | 20 | 0 |
| 2 | 超过 20 000 元至 50 000 元的部分 | 30 | 2 000 |
| 3 | 超过 50 000 元的部分 | 40 | 7 000 |

注：按月或按次申报纳税

### 4. 居民个人稿酬所得、特许权使用费所得预扣预缴适用税率

居民个人稿酬所得、特许权使用费所得预扣预缴时适用税率为 20％。在计算稿酬所得预扣预缴税额时，按应纳税额减征 30％，故其实际税率为 14％。

### 5. 非居民个人取得工资、薪金所得，劳务报酬所得，稿酬所得和特许权使用费所得适用税率

非居民个人取得工资、薪金所得，劳务报酬所得，稿酬所得和特许权使用费所得，依照表 5－1 按月换算后计算应纳税额，换算后如表 5－4 所示。

表5-4 个人所得税税率表二

(非居民个人工资、薪金所得，劳务报酬所得，稿酬所得，特许权使用费所得适用)

| 级数 | 全年应纳税所得额 | 税率(%) | 速算扣除数 |
|---|---|---|---|
| 1 | 不超过3 000元的 | 3 | 0 |
| 2 | 超过3 000元至12 000元的部分 | 10 | 210 |
| 3 | 超过12 000元至25 000元的部分 | 20 | 1 410 |
| 4 | 超过25 000元至35 000元的部分 | 25 | 2 660 |
| 5 | 超过35 000元至55 000元的部分 | 30 | 4 410 |
| 6 | 超过55 000元至80 000元的部分 | 35 | 7 160 |
| 7 | 超过80 000元的部分 | 45 | 15 160 |

## (二)经营所得

经营所得适用5%～35%的超额累进税率，如表5-5所示。

表5-5 个人所得税税率表三

(经营所得适用)

| 级数 | 全年应纳税所得额 | 税率(%) | 速算扣除数 |
|---|---|---|---|
| 1 | 不超过30 000元的 | 5 | 0 |
| 2 | 超过30 000元至90 000元的部分 | 10 | 1 500 |
| 3 | 超过90 000元至300 000元的部分 | 20 | 10 500 |
| 4 | 超过300 000元至500 000元的部分 | 30 | 40 500 |
| 5 | 超过500 000元的部分 | 35 | 65 500 |

## (三)利息、股息、红利所得，财产租赁所得，财产转让所得和偶然所得

利息、股息、红利所得，财产租赁所得，财产转让所得和偶然所得，适用比例税率，税率为20%。从2008年10月9日起，储蓄存款利息所得暂免征收个人所得税。从2001年1月1日起，对个人出租住房取得的所得暂减按10%的税率征收个人所得税。

### 学中做

个人取得的下列所得中，计缴个人所得税时适用超额累进税率的有(　　　)。

1. 综合所得　　B. 经营所得　　　C. 偶然所得　　　D. 财产转让所得

## 五、个人所得税的优惠政策

### （一）免税项目

《中华人民共和国个人所得税法》第四条规定，下列各项个人所得，免征个人所得税：

（1）省级人民政府、国务院部委和中国人民解放军军以上单位，以及外国组织、国际组织颁发的科学、教育、技术、文化、卫生、体育、环境保护等方面的奖金；

（2）国债和国家发行的金融债券利息；

（3）按照国家统一规定发给的补贴、津贴；

（4）福利费、抚恤金、救济金；

（5）保险赔款；

（6）军人的转业费、复员费、退役金；

（7）按照国家统一规定发给干部、职工的安家费、退职费、基本养老金或者退休费、离休费、离休生活补助费；

（8）依照有关法律规定应予免税的各国驻华使馆、领事馆的外交代表、领事官员和其他人员的所得；

（9）中国政府参加的国际公约、签订的协议中规定免税的所得；

（10）国务院规定的其他免税所得。

**法规解读：**

《中华人民共和国个人所得税法实施条例》第九条规定，个人所得税法第四条第一款第二项所称国债利息，是指个人持有中华人民共和国财政部发行的债券而取得的利息；所称国家发行的金融债券利息，是指个人持有经国务院批准发行的金融债券而取得的利息。

《中华人民共和国个人所得税法实施条例》第十条规定，个人所得税法第四条第一款第三项所称按照国家统一规定发给的补贴、津贴，是指按照国务院规定发给的政府特殊津贴、院士津贴，以及国务院规定免予缴纳个人所得税的其他补贴、津贴。

《中华人民共和国个人所得税法实施条例》第十条规定，个人所得税法第四条第一款第四项所称福利费，是指根据国家有关规定，从企业、事业单位、国家机关、社会组织提留的福利费或者工会经费中支付给个人的生活补助费；所称救济金，是指各级人民政府民政部门支付给个人的生活困难补助费。

《中华人民共和国个人所得税法实施条例》第十条规定，个人所得税法第四条第一款第八项所称依照有关法律规定应予免税的各国驻华使馆、领事馆的外交代表、领事官员和其他人员的所得，是指依照《中华人民共和国外交特权与豁免条例》和《中华人民共和国领事特权与豁免条例》规定免税的所得。

### (二)减税项目

《中华人民共和国个人所得税法》第五条规定，有下列情形之一的，可以减征个人所得税，具体幅度和期限，由省、自治区、直辖市人民政府规定，并报同级人民代表大会常务委员会备案。

(1)残疾、孤老人员和烈属的所得。

(2)因自然灾害遭受重大损失的。

(3)其他经国务院财政部门批准减税的。

### (三)暂免征税项目

下列所得，暂免征收个人所得税。

(1)外籍个人以非现金形式或实报实销形式取得的住房补贴、伙食补贴、搬迁费、洗衣费。

(2)外籍个人按合理标准取得的境内、外出差补贴。

(3)外籍个人取得的探亲费、语言训练费、子女教育费等，经当地税务机关审核批准为合理的部分。

(4)个人举报、协查各种违法、犯罪行为而获得的奖金。

(5)个人办理代扣代缴税款手续，按规定取得的扣缴手续费。

(6)个人转让自用达五年以上、并且是唯一的家庭生活用房取得的所得。

(7)对按国发〔1983〕141号《国务院关于高级专家离休退休若干问题的暂行规定》和国办发〔1991〕40号《国务院办公厅关于杰出高级专家暂缓离退休审批问题的通知》精神，达到离休、退休年龄，但确因工作需要，适当延长离休退休年龄的高级专家(指享受国家发放的政府特殊津贴的专家、学者)，其在延长离休退休期间的工资、薪金所得，视同退休金、离休工资免征个人所得税。

(8)外籍个人从外商投资企业取得的股息、红利所得。

(9)凡符合下列条件之一的外籍专家取得的工资、薪金所得可免征个人所得税：

①根据世界银行专项贷款协议由世界银行直接派往我国工作的外国专家；

②联合国组织直接派往我国工作的专家；

③为联合国援助项目来华工作的专家；

④援助国派往我国专为该国无偿援助项目工作的专家；

⑤根据两国政府签订文化交流项目来华工作两年以内的文教专家，其工资、薪金所得由该国负担的；

⑥根据我国大专院校国际交流项目来华工作两年以内的文教专家，其工资、薪金所得由该国负担的；

⑦通过民间科研协定来华工作的专家，其工资、薪金所得由该国政府机构负担的。

🔑 **学中做**

根据个人所得税法律制度的规定，下列各项中，不属于个人所得税免税项目的是（    ）。

A. 个人举报违法行为获得的奖金

B. 外籍个人按合理标准取得的出差补贴

C. 个人取得的储蓄存款利息收入

D. 个人独资企业投资者从事生产、经营取得的收入

### (四)其他减免税优惠政策

(1)企事业单位按照国家或省(自治区、直辖市)人民政府规定的缴费比例或办法实际缴付的基本养老保险费、基本医疗保险费和失业保险费，免征个人所得税；个人按照国家或省(自治区、直辖市)人民政府规定的缴费比例或办法实际缴付的基本养老保险费、基本医疗保险费和失业保险费，允许在个人应纳税所得额中扣除。企事业单位和个人超过规定的比例和标准缴付的基本养老保险费、基本医疗保险费和失业保险费，应将超过部分并入个人当期的工资、薪金收入，计征个人所得税。

(2)个人实际领(支)取原提存的基本养老保险金、基本医疗保险金、失业保险金和住房公积金时，免征个人所得税。

(3)在中国境内无住所的个人，在中国境内居住累计满183天的年度连续不满六年的，经向主管税务机关备案，其来源于中国境外且由境外单位或者个人支付的所得，免予缴纳个人所得税；在中国境内居住累计满183天的任一年度中有一次离境超过30天的，其在中国境内居住累计满183天的年度的连续年限重新起算。

(4)在中国境内无住所的个人，在一个纳税年度内在中国境内居住累计不超过90天的，其来源于中国境内的所得，由境外雇主支付并且不由该雇主在中国境内的机构、场所负担的部分，免予缴纳个人所得税。

## 第三节　个人所得税税款的计算

我国现行个人所得税的征收实行综合与分类相结合的计征方式，按照所得类型不同具有不同的费用扣除标准、税率、计税方法。

### 一、居民个人综合所得预扣预缴应纳税额的计算

综合所得包括工资、薪金所得，劳务报酬所得，稿酬所得，特许权使用费所得，在实际工作中，扣缴义务人向居民个人支付综合所得时，按月或次预扣预缴个人所得税，次年办理汇算清缴。

### （一）居民个人预扣预缴工资、薪金所得应纳税额的计算

《个人所得税扣缴申报管理办法（试行）》第六条规定，扣缴义务人向居民个人支付工资、薪金所得时，应当按照累计预扣法计算预扣税款，并按月办理扣缴申报。

累计预扣法，是指扣缴义务人在一个纳税年度内预扣预缴税款时，以纳税人在本单位截至当前月份工资、薪金所得累计收入减除累计免税收入、累计减除费用、累计专项扣除、累计专项附加扣除和累计依法确定的其他扣除后的余额为累计预扣预缴应纳税所得额，适用个人所得税预扣率表一（见表5-2），计算累计应预扣预缴税额，再减除累计减免税额和累计已预扣预缴税额，其余额为本期应预扣预缴税额。具体计算步骤如下：

累计预扣预缴应纳税所得额

＝累计收入－累计免税收入－累计减除费用－累计专项扣除

－累计专项附加扣除－累计依法确定的其他扣除

其中，累计减除费用，按照5 000元/月乘以纳税人当年截至本月在本单位的任职受雇月份数计算。

#### 1. 专项扣除

专项扣除，包括居民个人按照国家规定的范围和标准缴纳的基本养老保险、基本医疗保险、失业保险等社会保险费和住房公积金等。

#### 2. 专项附加扣除

专项附加扣除，包括3岁以下婴幼儿照护、子女教育、继续教育、大病医疗、住房贷款利息、住房租金、赡养老人等。专项附加扣除政策在减轻群众税收负担、增强消费能力、体现税收公平性、促进社会和谐稳定以及推动国家治理现代化等方面具有重要意义。其不仅有利于激发市场活力、促进经济增长，还有助于构建更加公平、和谐、稳定的社会环境。

（1）3岁以下婴幼儿照护专项附加扣除。

婴幼儿从出生的当月至年满3周岁的前一个月享受3岁以下婴幼儿照护政策。纳税人照护3岁以下婴幼儿子女的相关支出，按照每个婴幼儿每月2 000元的标准定额扣除。父母可以选择由其中一方按扣除标准的100%扣除，也可以选择由双方分别按扣除标准的50%扣除，具体扣除方式在一个纳税年度内不能变更。

（2）子女教育专项附加扣除。

纳税人的子女接受全日制学历教育的相关支出，包括学前教育支出和学后教育的支出。纳税人可以按照每个子女每月2 000元的标准定额扣除。父母可以选择由其中一方按扣除标准的100%扣除，也可以选择由双方分别按扣除标准的50%扣除，具体扣除方式在一个纳税年度内不能变更。

学前教育阶段，为子女年满3周岁当月至小学入学前一月。

学历教育，为子女接受全日制学历教育入学的当月至全日制学历教育结束的当月。包括义务教育（小学、初中教育）、高中阶段教育（普通高中、中等职业、技工教育）、高等教育（大学专科、大学本科、硕士研究生、博士研究生教育）。

纳税人子女在中国境外接受教育的，纳税人应当留存境外学校录取通知书、留学签证等相关教育的证明资料备查。

（3）继续教育专项附加扣除。

纳税人在中国境内接受学历（学位）继续教育的支出，在学历（学位）教育期间按照每月 400 元定额扣除。同一学历（学位）继续教育的扣除期限不能超过 48 个月。纳税人接受技能人员职业资格继续教育、专业技术人员职业资格继续教育的支出，在取得相关证书的当年，按照 3 600 元定额扣除。

个人接受本科及以下学历（学位）继续教育，符合本办法规定扣除条件的，可以选择由其父母扣除，也可以选择由本人扣除。纳税人接受技能人员职业资格继续教育、专业技术人员职业资格继续教育的，应当留存相关证书等资料备查。

（4）大病医疗专项附加扣除。

在一个纳税年度内，纳税人发生的与基本医保相关的医药费用支出，扣除医保报销后个人负担（指医保目录范围内的自付部分）累计超过 15 000 元的部分，由纳税人在办理年度汇算清缴时，在 80 000 元限额内据实扣除。大病医疗专项附加扣除计算时间为医疗保障信息系统记录的医药费用实际支出的当年。

纳税人发生的医药费用支出可以选择由本人或者其配偶扣除；未成年子女发生的医药费用支出可以选择由其父母一方扣除。纳税人及其配偶、未成年子女发生的医药费用支出，按上述规定分别计算扣除额。纳税人应当留存医药服务收费及医保报销相关票据原件（或者复印件）等资料备查。

（5）住房贷款利息专项附加扣除。

纳税人本人或者配偶单独或者共同使用商业银行或者住房公积金个人住房贷款为本人或者其配偶购买中国境内住房，发生的首套住房贷款利息支出，在实际发生贷款利息的年度，按照每月 1 000 元的标准定额扣除，扣除期限最长不超过 240 个月。纳税人只能享受一次首套住房贷款的利息扣除。

首套住房贷款是指购买住房享受首套住房贷款利率的住房贷款。经夫妻双方约定，可以选择由其中一方扣除，具体扣除方式在一个纳税年度内不能变更。

夫妻双方婚前分别购买住房发生的首套住房贷款，其贷款利息支出，婚后可以选择其中一套购买的住房，由购买方按扣除标准的 100% 扣除，也可以由夫妻双方对各自购买的住房分别按扣除标准的 50% 扣除，具体扣除方式在一个纳税年度内不能变更。纳税人应当留存住房贷款合同、贷款还款支出凭证备查。

（6）住房租金专项附加扣除。

纳税人在主要工作城市没有自有住房而发生的住房租金支出，可以按照以下标准定额扣除：

①承租的住房位于直辖市、省会（首府）城市、计划单列市以及国务院确定的其他城市，扣除标准为每月 1 500 元；

②除第一项所列城市以外，市辖区户籍人口超过 100 万的城市，扣除标准为每月 1 100 元；

③除第一项所列城市以外，市辖区户籍人口不超过 100 万的城市，扣除标准为每月 800 元。

市辖区户籍人口，以国家统计局公布的数据为准。

纳税人的配偶在纳税人的主要工作城市有自有住房的，视同纳税人在主要工作城市有自有住房。主要工作城市是指纳税人任职受雇的直辖市、计划单列市、副省级城市、地级市（地区、州、盟）全部行政区域范围；纳税人无任职受雇单位的，为受理其综合所得汇算清缴的税务机关所在城市。夫妻双方主要工作城市相同的，只能由一方扣除住房租金支出。

住房租金支出由签订租赁住房合同的承租人扣除。纳税人及其配偶在一个纳税年度内不能同时分别享受住房贷款利息和住房租金专项附加扣除。纳税人应当留存住房租赁合同、协议等有关资料备查。

(7) 赡养老人专项附加扣除。

纳税人赡养一位及以上被赡养人的赡养支出，2023 年 1 月 1 日起统一按照以下标准定额扣除：

①纳税人为独生子女的，按照每月 3 000 元的标准定额扣除；

②纳税人为非独生子女的，由其与兄弟姐妹分摊每月 3 000 元的扣除额度，每人分摊的额度不能超过每月 1 500 元。可以由赡养人均摊或者约定分摊，也可以由被赡养人指定分摊。约定或者指定分摊的须签订书面分摊协议，指定分摊优先于约定分摊。具体分摊方式和额度在一个纳税年度内不能变更。

赡养老人专项附加扣除的计算时间为被赡养人年满 60 周岁的当月至赡养义务终止的年末。纳税人需要留存备查资料包括约定或指定分摊的书面分摊协议等资料。

**学中做**

子女教育专项附加扣除是指纳税人的子女接受学前教育和学历教育的相关支出，按照每个子女每月（　　）元的标准定额扣除。

A. 1 000　　　　B. 2 000　　　　C. 1 200　　　　D. 1 500

**3. 依法确定的其他扣除**

依法确定的其他扣除，包括个人缴付符合国家规定的企业年金、职业年金，个人购买符合国家规定的商业健康保险、税收递延型商业养老保险、个人养老金的支出，以及国务院规定可以扣除的其他项目。其他项目包括保险营销员、证券经纪人佣金收入的展业成本。

本期应预扣预缴税额

＝（累计预扣预缴应纳税所得额×预扣率－速算扣除数）

－累计减免税额－累计已预扣预缴税额

余额为负值时，暂不退税。纳税年度终了后余额仍为负值时，由纳税人通过办理综合所得年度汇算清缴，税款多退少补。

### 做中学

王先生在中国境内某高校任职，2024年1～3月份工资如下：每月发放的基本工资为10 000元，3月份的课酬为5 000元。当地规定的社会保险和住房公积金个人缴付比例：基本养老保险8％，基本医疗保险2％，失业保险0.5％，住房公积金12％。王先生的女儿正在上小学一年级，与妻子约定由王先生扣除子女教育专项附加费用。王先生为独生子女，父亲年龄59岁，母亲年龄57岁。请计算该高校为王教授预扣预缴的个人所得税税额。

1月预扣预缴个人所得税税额

＝[10 000－5 000－10 000×（8％＋2％＋0.5％＋12％）－2 000]×3％＝22.5（元）

2月预扣预缴个人所得税税额

＝[10 000×2－5 000×2－10 000×（8％＋2％＋0.5％＋12％）×2

－2 000×2]×3％－22.5＝22.5（元）

3月预扣预缴个人所得税税额

＝[10 000×3＋5 000－5 000×3－10 000×（8％＋2％＋0.5％＋12％）×3

－2 000×3]×3％－22.5×2＝172.5（元）

## （二）居民个人预扣预缴劳务报酬所得应纳税额的计算

扣缴义务人向居民个人支付劳务报酬所得时，应当按次或者按月预扣预缴税款。劳务报酬所得以收入减除费用后的余额为收入额；预扣预缴税款时，劳务报酬所得每次收入不超过4 000元的，减除费用按800元计算；每次收入4 000元以上的，减除费用按收入的20％计算。

劳务报酬所得应纳税所得额的计算应以每次收入额为预扣预缴应纳税所得额，计算应预扣预缴税额，适用于个人所得税预扣率表二（见表5-3）。

劳务报酬所得应预扣预缴税额＝预扣预缴应纳税所得额×预扣率－速算扣除数

### 做中学

王先生在中国境内某高校任职，5月份为甲企业员工进行技术培训，取得培训收入

8 000 元。请计算甲企业为王先生预扣预缴的个人所得税。

预扣预缴个人所得税额＝(8 000－8 000×20％)×20％＝1 280(元)

### (三)居民个人预扣预缴稿酬所得额应纳税额的计算

扣缴义务人向居民个人支付稿酬所得时，应当按次或者按月预扣预缴税款。稿酬所得以收入减除费用后的余额减按70％计算为收入额。

预扣预缴税款时，稿酬所得每次收入不超过4 000元的，减除费用按800元计算，预扣预缴应纳税所得额＝(收入额－800)×30％；

预扣预缴税款时，稿酬所得每次收入4 000元以上的，减除费用按收入的20％计算，预扣预缴应纳税所得额＝收入额×(1－20％)×70％＝收入额×56％。

稿酬所得适用20％的比例预扣率。

稿酬所得应预扣预缴税额＝预扣预缴应纳税所得额×20％

### 做中学

王先生在中国境内某高校任职，7月份出版教材一部，取得出版社稿酬收入9 000元。请计算出版社为王先生预扣预缴的个人所得税。

预扣预缴个人所得税额＝9 000×(1－20％)×70％×20％＝1 008(元)

### (四)居民个人预扣预缴特许权使用费所得应纳税额的计算

扣缴义务人向居民个人支付特许权使用费所得时，应当按次或者按月预扣预缴税款。特许权使用费所得以收入减除费用后的余额为收入额；预扣预缴税款时，劳务报酬所得每次收入不超过4 000元的，减除费用按800元计算；每次收入4 000元以上的，减除费用按收入的20％计算。

特许权使用费所得适用20％的比例预扣率。

特许权使用费所得应预扣预缴税额＝预扣预缴应纳税所得额×20％

### 做中学

王先生在中国境内某高校任职，9月份为乙公司提供一项专利技术使用权，为王先生发放特许权使用费3 000元。请计算乙公司为王先生预扣预缴的个人所得税。

预扣预缴个人所得税额＝(3 000－800)×20％＝440(元)

## 二、居民个人综合所得汇算清缴应纳税额的计算

《中华人民共和国个人所得税法》第十一条规定，居民个人取得综合所得，按年计算个人所得税；有扣缴义务人的，由扣缴义务人按月或者按次预扣预缴税款；需要办理汇算清缴的，应当在取得所得的次年三月一日至六月三十日内办理汇算清缴。

### （一）应纳税所得额的确定

《中华人民共和国个人所得税法》第六条规定，居民个人的综合所得，以每一纳税年度的收入额减除费用六万元以及专项扣除、专项附加扣除和依法确定的其他扣除后的余额，为应纳税所得额。

应纳税所得额＝每一纳税年度的收入总额－减除费用 60 000 元－专项扣除

－专项附加扣除－依法确定的其他扣除

年度收入总额包括工资、薪金所得，劳务报酬所得，稿酬所得，特许权使用费所得等 4 项综合所得的收入。其中劳务报酬所得，特许权使用费所得以收入减除 20％的费用后的余额为收入额。稿酬所得的收入减除 20％的费用后，再减按 70％进行计算。

专项扣除、专项附加扣除和依法确定的其他扣除，以居民个人一个纳税年度的应纳税所得额为限；一个纳税年度扣除不完的，不结转以后年度扣除。

### （二）应纳税额的计算

居民个人综合所得应纳税额的计算适用于七级超额累进税率(见表 5－1)。

应纳税额＝应纳税所得额×适用税率－速算扣除数

应退或应补税额＝应纳税额－已预缴税额

若应纳税额大于已预交税额，需按其差额补交个人所得税；若应纳税额小于已预缴税额，可申请退税。

---

### 🐟 小贴士

纳税人在 2023 年已依法预缴个人所得税且符合下列情形之一的，无需办理汇算：

(1)汇算需补税但综合所得收入全年不超过 12 万元的；

(2)汇算需补税金额不超过 400 元的；

(3)已预缴税额与汇算应纳税额一致的；

(4)符合汇算退税条件但不申请退税的。

---

### 🔑 做中学

王先生在中国境内某高校任职，2023 年全年取得工资 15 万元，每月缴付"三险一金"2 812.5 元。5 月份王先生为甲企业员工进行技术培训，取得培训收入为 8 000 元。7 月份出版教材一部，取得出版社稿酬收入 9 000 元。9 月份为乙公司提供一项专利技术使用权，乙公司为王先生发放特许权使用费 5 000 元。王先生的女儿正在上小学一年级，与妻子约定由王先生扣除子女教育专项附加费用。王先生为独生子女，父亲年龄 61 岁，母亲年龄 57 岁。请计算王先生 2023 年度应缴纳的个人所得税税额。

全年收入总额

＝[150 000＋(8 000＋9 000×70％＋5 000)×(1－20％)]＝165 440(元)

全年减除费用＝60 000(元)

专项扣除＝2 812.5×12＝33 750(元)

专项附加扣除＝2 000×12＋3 000×12＝60 000(元)

应纳税所得额＝165 440－60 000－33 750－60 000＝11 690(元)

应纳个人所得税税额＝11 690×3％＝350.7(元)

# 三、非居民个人工资、薪金所得，劳务报酬所得，稿酬所得和特许权使用费应纳税额的计算

## (一)应纳税所得额的确定

扣缴义务人向非居民个人支付工资、薪金所得，劳务报酬所得，稿酬所得和特许权使用费所得时，应当按月或者按次代扣代缴个人所得税。

《中华人民共和国个人所得税法》第六条规定，非居民个人的工资、薪金所得，以每月收入额减除费用五千元后的余额为应纳税所得额；劳务报酬所得、稿酬所得、特许权使用费所得，以每次收入额为应纳税所得额。劳务报酬所得、稿酬所得、特许权使用费所得以收入减除百分之二十的费用后的余额为收入额；稿酬所得的收入额减按百分之七十计算。

劳务报酬所得、稿酬所得、特许权使用费所得，属于一次性收入的，以取得该项收入为一次；属于同一项目连续性收入的，以一个月内取得的收入为一次。

## (二)应纳税额的计算

非居民个人工资、薪金所得，劳务报酬所得，稿酬所得和特许权使用费所得适用按月换算后的非居民个人月度税率表计算应纳税额(见表5-4)。

应纳税额＝应纳税所得额×税率－速算扣除数

### 🔑 做中学

外籍设计师杰瑞是在中国境内丙公司工作的非居民纳税人，2024年1月杰瑞的工资为20 000元，并且杰瑞受邀为境内丁公司进行学术讲座，取得的收入为6 000元。请计算杰瑞1月应纳的个人所得税税额。

工资、薪金所得应纳个人所得税税额＝(20 000－5 000)×20％－1 410＝1 590(元)

劳务报酬所得应纳个人所得税税额＝6 000×(1－20％)×10％－210＝750(元)

非居民个人在一个纳税年度内税款扣缴方法保持不变，达到居民个人条件时，应当告知扣缴义务人基础信息变化情况，年度终了后按照居民个人有关规定办理汇算清缴。

# 四、个体工商户生产、经营所得应纳税额的计算

## （一）查账征收的个体工商户应纳税所得额的确定

《个体工商户个人所得税计税办法》第七条规定，个体工商户的生产、经营所得，以每一纳税年度的收入总额，减除成本、费用、税金、损失、其他支出以及允许弥补的以前年度亏损后的余额，为应纳税所得额。

收入总额是指个体工商户从事生产经营以及与生产经营有关的活动（以下简称生产经营）取得的货币形式和非货币形式的各项收入，包括销售货物收入、提供劳务收入、转让财产收入、利息收入、租金收入、接受捐赠收入、其他收入。

成本是指个体工商户在生产经营活动中发生的销售成本、销货成本、业务支出以及其他耗费。

费用是指个体工商户在生产经营活动中发生的销售费用、管理费用和财务费用，已经计入成本的有关费用除外。

税金是指个体工商户在生产经营活动中发生的除个人所得税和允许抵扣的增值税以外的各项税金及其附加。

损失是指个体工商户在生产经营活动中发生的固定资产和存货的盘亏、毁损、报废损失，转让财产损失，坏账损失，自然灾害等不可抗力因素造成的损失以及其他损失。

个体工商户发生的损失，依照企业资产损失税前扣除的规定，减除责任人赔偿和保险赔款后的余额。个体工商户已经作为损失处理的资产，在以后纳税年度又全部收回或者部分收回时，应当计入收回当期的收入。

其他支出是指除成本、费用、税金、损失外，个体工商户在生产经营活动中发生的与生产经营活动有关的、合理的支出，即与取得收入直接相关的支出。

个体工商户发生的支出应当区分收益性支出和资本性支出。收益性支出在发生当期直接扣除；资本性支出应当分期扣除或者计入有关资产成本，不得在发生当期直接扣除。

取得经营所得的个人，没有综合所得的，计算其每一纳税年度的应纳税所得额时，应当减除费用6万元、专项扣除、专项附加扣除以及依法确定的其他扣除。专项附加扣除在办理汇算清缴时减除。

### 1. 个体工商户不得扣除的支出

（1）个人所得税税款；

（2）税收滞纳金；

（3）罚金、罚款和被没收财物的损失；

（4）不符合扣除规定的捐赠支出；

（5）赞助支出；

（6）用于个人和家庭的支出；

（7）与取得生产经营收入无关的其他支出；

（8）国家税务总局规定不准扣除的支出。

**2. 个体工商户扣除项目及标准**

（1）个体工商户实际支付给从业人员的、合理的工资薪金支出，准予扣除。

个体工商户业主的费用扣除标准，依照相关法律、法规和政策规定执行。

个体工商户业主的工资薪金支出不得税前扣除。

（2）个体工商户按照国务院有关主管部门或者省级人民政府规定的范围和标准为其业主和从业人员缴纳的基本养老保险费、基本医疗保险费、失业保险费、生育保险费、工伤保险费和住房公积金，准予扣除。

个体工商户为从业人员缴纳的补充养老保险费、补充医疗保险费，分别在不超过从业人员工资总额5%标准内的部分据实扣除；超过部分，不得扣除。

个体工商户业主本人缴纳的补充养老保险费、补充医疗保险费，以当地（地级市）上年度社会平均工资的3倍为计算基数，分别在不超过该计算基数5%标准内的部分据实扣除；超过部分，不得扣除。

（3）除个体工商户依照国家有关规定为特殊工种从业人员支付的人身安全保险费和财政部、国家税务总局规定可以扣除的其他商业保险费外，个体工商户业主本人或者为从业人员支付的商业保险费，不得扣除。

（4）个体工商户在生产经营活动中发生的合理的不需要资本化的借款费用，准予扣除。

个体工商户为购置、建造固定资产、无形资产和经过12个月以上的建造才能达到预定可销售状态的存货发生借款的，在有关资产购置、建造期间发生的合理的借款费用，应当作为资本性支出计入有关资产的成本，依照法律的规定扣除。

（5）个体工商户在生产经营活动中发生的下列利息支出，准予扣除：

①向金融企业借款的利息支出；

②向非金融企业和个人借款的利息支出，不超过按照金融企业同期同类贷款利率计算的数额的部分。

（6）个体工商户在货币交易中，以及纳税年度终了时将人民币以外的货币性资产、负债按照期末即期人民币汇率中间价折算为人民币时产生的汇兑损失，除已经计入有关资产成本部分外，准予扣除。

（7）个体工商户向当地工会组织拨缴的工会经费、实际发生的职工福利费支出、职工教育经费支出分别在工资薪金总额的2%、14%、2.5%的标准内据实扣除。

工资薪金总额是指允许在当期税前扣除的工资薪金支出数额。

职工教育经费的实际发生数额超出规定比例当期不能扣除的数额，准予在以后纳税年度结转扣除。

（8）个体工商户发生的与生产经营活动有关的业务招待费，按照实际发生额的60％扣除，但最高不得超过当年销售（营业）收入的5‰。

业主自申请营业执照之日起至开始生产经营之日止所发生的业务招待费，按照实际发生额的60％计入个体工商户的开办费。

（9）个体工商户每一纳税年度发生的与其生产经营活动直接相关的广告费和业务宣传费不超过当年销售（营业）收入15％的部分，可以据实扣除；超过部分，准予在以后纳税年度结转扣除。

（10）个体工商户代其从业人员或者他人负担的税款，不得税前扣除。

（11）个体工商户按照规定缴纳的摊位费、行政性收费、协会会费等，按实际发生数额扣除。

（12）个体工商户参加财产保险，按照规定缴纳的保险费，准予扣除。

（13）个体工商户发生的合理的劳动保护支出，准予扣除。

（14）个体工商户通过公益性社会团体或者县级以上人民政府及其部门，用于《中华人民共和国公益事业捐赠法》规定的公益事业的捐赠，捐赠额不超过其应纳税所得额30％的部分可以据实扣除。财政部、国家税务总局规定可以全额在税前扣除的捐赠支出项目，按有关规定执行。个体工商户直接对受益人的捐赠不得扣除。

（15）个体工商户研究开发新产品、新技术、新工艺所发生的开发费用，以及研究开发新产品、新技术而购置单台价值在10万元以下的测试仪器和试验性装置的购置费准予直接扣除；单台价值在10万元以上（含10万元）的测试仪器和试验性装置，按固定资产管理，不得在当期直接扣除。

### （二）查账征收的个体工商户应纳税额的计算

个体工商户生产、经营所得的应纳税额实行按年计算，分月或分季预缴，年度汇算清缴多退少补的方法，因此需分别计算按月（季）预缴税款和年度汇算清缴税款。

本月应预缴税额＝本月累计应纳税所得额×适用税率

－速算扣除数－上月累计已预缴税额

个体工商户生产、经营所得适用五级超额累进税率（见表5-5），适用税率是指与计算应纳税额的月份累计应纳税所得额对应的税率。

全年应纳税额＝应纳税所得额×适用税率－速算扣除数

应补（退）税额＝全年应纳税额－全年累计已预缴税额

**做中学**

某餐饮行业个体工商户，2023年取得销售额400 000元，购进米、面、油、菜、肉等食材130 000元，缴纳水电费、房租、煤气费等33 000元，除增值税和个人所得税以外的其他税费合计20 000元，原材料损失6 000元，该个体工商户无专项扣除、专项附加扣除以及依法确定的其他扣除项目。要求计算该个体工商户2023年度应缴纳的个人所得税税额。

应纳税所得额＝400 000－130 000－33 000－20 000－6 000－5 000×12＝205 000(元)

应纳个人所得税税额＝205 000×20％－10 500＝30 500(元)

从事生产、经营活动，未提供完整、准确的纳税资料，不能正确计算应纳税所得额的，由主管税务机关核定应纳税所得额或者应纳税额。

### (三)核定征收的个体工商户应纳税额的计算

核定征收个人所得税方式包括定期定额征收、核定应税所得率征收。

**1. 采用定期定额征收方式**

经主管税务机关认定和县以上税务机关(含县级，下同)批准的生产、经营规模小，达不到《个体工商户建账管理暂行办法》规定设置账簿标准的个体工商户，可以采用定期定额征收方式。

(1)实行定期定额征收方式的，其应纳税额的计算公式如下：

应纳税额＝核定收入总额×核定征收率

核定收入总额为不含增值税收入额。

(2)核定征收率标准见表5－6。

表5－6　个人所得税核定征收率表(按月)

| 序号 | 月度经营收入 | 个人所得税征收率 |
|------|------------|----------------|
| 1 | 收入在3万元(含)以下的部分 | 核定征收率为0％ |
| 2 | 收入在3万元至5万元(含)之间 | 超过3万元以上的部分，按0.5％的核定征收率征收个人所得税 |
| 3 | 收入在5万元至10万元(含)之间 | 超过3万元以上的部分，按0.8％的核定征收率征收个人所得税 |
| 4 | 收入在10万元以上 | 超过3万元以上的部分，按1.4％的核定征收率征收个人所得税 |

注：按季申报的纳税人按照月度征收率表换算为季度征收率表

**2. 采用核定应税所得率征收方式**

不符合查账征收个人所得税条件，且不符合上述定期定额征收条件的纳税人，可采用应税所得率方式。

(1)实行核定应税所得率征收个人所得税的，应纳税额的计算公式如下：

应纳税所得额＝收入总额×应税所得率

应纳税额＝应纳税所得额×个人所得税税率－速算扣除数

(2)核定应税所得率标准见表5－7。

表 5-7　个人所得税核定应税所得率表

| 序号 | 行业 | 应税所得率 |
|---|---|---|
| 1 | 工业、交通运输业、商业 | 5% |
| 2 | 建筑业、房地产业 | 7% |
| 3 | 饮食业 | 7% |
| 4 | 娱乐业 | 20% |
| 5 | 其他行业 | 10%～30% |

注：其他行业涉及范围较大，由各主管税务机关根据征管实际选择确定应税所得率。

（3）经营多业的，无论其经营项目是否单独核算，均应根据其主营项目确定其适用的应税所得率。

（4）个体工商户个人所得税优惠政策。

自 2023 年 1 月 1 日至 2027 年 12 月 31 日，对个体工商户年应纳税所得额不超过 200 万元的部分，减半征收个人所得税。个体工商户不区分征收方式，均可享受。

个体工商户在预缴税款时即可享受，其年应纳税所得额暂按截至本期申报所属期末的情况进行判断，并在年度汇算清缴时按年计算、多退少补。若个体工商户从两处以上取得经营所得，需在办理年度汇总纳税申报时，合并个体工商户经营所得年应纳税所得额，重新计算减免税额，多退少补。

个体工商户按照以下方法计算减免税额：

减免税额＝（经营所得应纳税所得额不超过 200 万元部分的应纳税额－其他政策减免税额×经营所得应纳税所得额不超过 200 万元部分÷经营所得应纳税所得额）×50%。

## 五、财产租赁所得应纳税额的计算

《中华人民共和国个人所得税法》第六条规定，财产租赁所得，每次收入不超过四千元的，减除费用八百元；四千元以上的，减除百分之二十的费用，其余额为应纳税所得额。

### (一)应纳税所得额的确定

财产租赁所得按次计税，以一个月内取得的收入为一次。财产租赁所得以每次取得的收入扣除相关费用后的余额为应纳税所得额。财产租赁所得个人所得税前可以扣除费用的次序：

（1）财产租赁过程中缴纳的税费。纳税义务人在出租财产过程中缴纳的税金和国家能源交通重点建设基金、国家预算调节基金、教育费附加，可持完税（缴款）凭证，从其财产租赁收入中扣除。

(2)向出租方支付的租金。

(3)由纳税人负担的租赁财产实际开支的修缮费用。允许扣除的修缮费用，以每次800元为限，一次扣除不完的，准予在下一次继续扣除，直至扣完为止。

(4)税法规定的费用扣除标准。

在计算应纳税所得额时，应按上述顺序依次扣除。

### (二)应纳税额的计算

按税法规定，确定计算公式如下：

(1)每次(月)收入不超过4 000元的：

$$应纳税额=[每次(月)收入额-允许扣除项目-修缮费用(800元为限)$$
$$-800元]×适用税率$$

(2)每次(月)收入超过4000元的：

$$应纳税额=[每次(月)收入额-允许扣除项目-修缮费用(800元为限)]$$
$$×(1-20\%)×适用税率$$

财产租赁所得适用于20%的比例税率。但对个人出租房屋取得的所得，自2001年1月1日起暂减按10%的税率征收个人所得税。

$$应纳税额=应纳税所得额×适用税率$$

### 做中学

中国居民王某2024年5月1日起将自有的一套闲置住房出租，每月收取租金3 800元。5月房屋维修发生修缮费用1 000元，已取得合法有效的支出凭证，不考虑其他税费。请计算王某5—6月出租房屋应缴纳的个人所得税税额。

个人出租住房的月租金收入不超过30 000元，可享受小微企业免征增值税优惠政策，因而租金收入也不扣减增值税。

$$应纳税额=(3\,800-800-800)×10\%+(3\,800-200-800)×10\%=500(元)$$

## 六、财产转让所得应纳税额的计算

### (一)应纳税所得额的确定

《中华人民共和国个人所得税法》第六条中规定，财产转让所得，以转让财产的收入额减除财产原值和合理费用后的余额，为应纳税所得额。

$$应纳税所得额=每次收入额-财产原值-合理费用$$

财产原值，按照下列方法确定：

(1)有价证券，为买入价及买入时按照规定缴纳的有关费用；

(2)建筑物，为建造费或者购进价格以及其他有关费用；

(3)土地使用权，为取得土地使用权所支付的金额、开发土地的费用以及其他有关费用；

(4)机器设备、车船，为购进价格、运输费、安装费以及其他有关费用。

(5)其他财产，参照上述规定的方法确定财产原值。

纳税人未提供完整、准确的财产原值凭证，不能按照上述规定的方法确定财产原值的，由主管税务机关核定财产原值。

合理费用，是指卖出财产时按照规定支付的有关税费。

财产转让所得，按照一次转让财产的收入额减除财产原值和合理费用后的余额计算纳税。

个人将其所得对教育、扶贫、济困等公益慈善事业进行捐赠，捐赠额未超过纳税人申报的应纳税所得额30%的部分，可以从其应纳税所得额中扣除；国务院规定对公益慈善事业捐赠实行全额税前扣除的，从其规定。

### (二)应纳税额的计算

财产转让所得适用于20%的比例税率。

$$应纳税额＝应纳税所得额×适用税率$$

#### 🔑 做中学

中国居民王某2024年4月1日将一套居住了1年的普通住房出售，该住房原值为150万元，售价为170万元，发生售房相关费用5万元。请计算王某出售房屋应缴纳的个人所得税。

$$应纳税额＝(170－150－5)×20\%＝3(万元)$$

## 七、利息、股息、红利所得和偶然所得应纳税额的计算

《中华人民共和国个人所得税法》第六条规定，利息、股息、红利所得和偶然所得，以每次收入额为应纳税所得额。利息、股息、红利所得，以支付利息、股息、红利时取得的收入为一次。偶然所得，以每次取得该项收入为一次。均适用于20%的比例税率。

$$应纳税额＝每次收入额×适用税率$$

#### 🔑 做中学

2024年王某购买体育彩票中奖8 000元；参加商场举办的销售活动中奖30 000元现金；兑现8月8日到期的二年期银行储蓄存款利息所得3 100元。请计算王某应纳的个人所得税税额。

王某购买体育彩票中奖所得不超过10 000元，暂免征收个人所得税；参加商场销售活动所得30 000元应按"偶然所得"项目计征个人所得税；储蓄存款利息暂免征收个

人所得税。

应纳税额＝30 000×20％＝6 000(元)

## 八、居民个人全年一次性奖金应纳税额的计算

全年一次性奖金是指行政机关、企事业单位等扣缴义务人根据其全年经济效益和对雇员全年工作业绩的综合考核情况，向雇员发放的一次性奖金，包括年终加薪、实行年薪制和绩效工资办法的单位根据考核情况兑现的年薪和绩效工资。

居民个人取得全年一次性奖金，在2027年12月31日前，符合税法规定的，不并入当年综合所得，以全年一次性奖金收入除以12个月得到的数额，按照按月换算后的综合所得税率表(见表5-8)，确定适用税率和速算扣除数，单独计算纳税。计算公式为

$$应纳税额＝全年一次性奖金收入×适用税率－速算扣除数$$

表5-8　按月换算后的综合所得税率表

| 级数 | 全年应纳税所得额 | 税率(％) | 速算扣除数 |
| --- | --- | --- | --- |
| 1 | 不超过3 000元的 | 3 | 0 |
| 2 | 超过3 000元至12 000元的部分 | 10 | 210 |
| 3 | 超过12 000元至25 000元的部分 | 20 | 1 410 |
| 4 | 超过25 000元至35 000元的部分 | 25 | 2 660 |
| 5 | 超过35 000元至55 000元的部分 | 30 | 4 410 |
| 6 | 超过55 000元至80 000元的部分 | 35 | 7 160 |
| 7 | 超过80 000元的部分 | 45 | 15 160 |

居民个人取得全年一次性奖金，也可以选择并入当年综合所得计算纳税。

### 做中学

王先生在中国境内某高校任职，2023年度收支情况如下：全年取得工资150 000

元，12 月取得全年一次性奖金 30 000 元。全年"三险一金"专项扣除合计 33 750 元，专项附加扣除合计 60 000 元。为甲公司进行业务培训，取得劳务报酬所得 10 000 元，出版著作一部，取得稿酬所得 16 000 元。请计算王先生 2024 年应缴纳个人所得税税额。

（1）全年一次性奖金单独计税时：

收入额＝150 000＋10 000×（1－20％）＋16 000×（1－20％）×70％＝166 960（元）

扣除项合计＝60 000＋33 750＋60 000＝153 750（元）

应纳税所得额＝166 960－153 750＝13 210（元）

综合所得应纳个人所得税税额＝13 210×3％＝396.3（元）（适用表 5-1）

全年一次性奖金应纳税额＝30 000×3％＝900（元）（全年一次性奖金 30 000，均摊到月为 2 500 元，符合表 5-8 中的第 1 级数，确定税率为 3％，速算扣除数为 0。）

合计应纳税额＝396.3＋900＝1 296.3（元）

（2）全年一次性奖金合并到综合所得计税时：

收入额＝150 000＋10 000×（1－20％）＋16 000×（1－20％）×70％＋30 000＝196 960（元）

扣除项合计＝60 000＋33 750＋60 000＝153 750（元）

应纳税所得额＝196 960－153 750＝43 210（元）

综合所得应纳个人所得税税额＝43 210×10％－2 520＝1 801（元）（适用表 5-1）

# 第四节　个人所得税的纳税申报

## 一、个人所得税的征收管理

### （一）扣缴义务人

《中华人民共和国个人所得税法》第九条规定，个人所得税以所得人为纳税人，以支付所得的单位或者个人为扣缴义务人。

**政策解读：**

扣缴义务人向个人支付应税款项时，应当依照个人所得税法规定预扣或者代扣税款，按时缴库，并专项记载备查。支付，包括现金支付、汇拨支付、转账支付和以有价证券、实物以及其他形式的支付。

纳税人有中国公民身份证号码的，以中国公民身份证号码为纳税人识别号；纳税人没有中国公民身份证号码的，由税务机关赋予其纳税人识别号。扣缴义务人扣缴税款时，纳税人应当向扣缴义务人提供纳税人识别号。

### （二）办理纳税申报的情形

《中华人民共和国个人所得税法》第十条规定，有下列情形之一的，纳税人应当依法办理纳税申报：

(1)取得综合所得需要办理汇算清缴；

(2)取得应税所得没有扣缴义务人；

(3)取得应税所得，扣缴义务人未扣缴税款；

(4)取得境外所得；

(5)因移居境外注销中国户籍；

(6)非居民个人在中国境内从两处以上取得工资、薪金所得；

(7)国务院规定的其他情形。

扣缴义务人应当按照国家规定办理全员全额扣缴申报，并向纳税人提供其个人所得和已扣缴税款等信息。

**政策解读：**

(1)取得综合所得需要办理汇算清缴的情形包括：

①从两处以上取得综合所得，且综合所得年收入额减除专项扣除的余额超过6万元；

②取得劳务报酬所得、稿酬所得、特许权使用费所得中一项或者多项所得，且综合所得年收入额减除专项扣除的余额超过6万元；

③纳税年度内预缴税额低于应纳税额；

④纳税人申请退税。

纳税人申请退税，应当提供其在中国境内开设的银行账户，并在汇算清缴地就地办理税款退库。

(2)全员全额扣缴申报，是指扣缴义务人在代扣税款的次月十五日内，向主管税务机关报送其支付所得的所有个人的有关信息、支付所得数额、扣除事项和数额、扣缴税款的具体数额和总额以及其他相关涉税信息资料。

### (三)纳税申报信息提供要求

居民个人取得工资、薪金所得时，可以向扣缴义务人提供专项附加扣除有关信息，由扣缴义务人扣缴税款时减除专项附加扣除。纳税人同时从两处以上取得工资、薪金所得，并由扣缴义务人减除专项附加扣除的，对同一专项附加扣除项目，在一个纳税年度内只能选择从一处取得的所得中减除。

居民个人取得劳务报酬所得、稿酬所得、特许权使用费所得，应当在汇算清缴时向税务机关提供有关信息，减除专项附加扣除。

居民个人向扣缴义务人提供专项附加扣除信息的，扣缴义务人按月预扣预缴税款时应当按照规定予以扣除，不得拒绝。

### (四)纳税期限

《中华人民共和国个人所得税法》第十一条规定，居民个人取得综合所得，按年计算个人所得税；有扣缴义务人的，由扣缴义务人按月或者按次预扣预缴税款；需要办理汇算清缴的，应当在取得所得的次年三月一日至六月三十日内办理汇算清缴。预扣预缴办法由国务院税务主管部门制定。

居民个人向扣缴义务人提供专项附加扣除信息的，扣缴义务人按月预扣预缴税款时应当按照规定予以扣除，不得拒绝。

非居民个人取得工资、薪金所得，劳务报酬所得，稿酬所得和特许权使用费所得，有扣缴义务人的，由扣缴义务人按月或者按次代扣代缴税款，不办理汇算清缴。

《中华人民共和国个人所得税法》第十二条规定，纳税人取得经营所得，按年计算个人所得税，由纳税人在月度或者季度终了后十五日内向税务机关报送纳税申报表，并预缴税款；在取得所得的次年三月三十一日前办理汇算清缴。

纳税人取得利息、股息、红利所得，财产租赁所得，财产转让所得和偶然所得，按月或者按次计算个人所得税，有扣缴义务人的，由扣缴义务人按月或者按次代扣代缴税款。

《中华人民共和国个人所得税法》第十三条规定，纳税人取得应税所得没有扣缴义务人的，应当在取得所得的次月十五日内向税务机关报送纳税申报表，并缴纳税款。

纳税人取得应税所得，扣缴义务人未扣缴税款的，纳税人应当在取得所得的次年六月三十日前，缴纳税款；税务机关通知限期缴纳的，纳税人应当按照期限缴纳税款。

居民个人从中国境外取得所得的，应当在取得所得的次年三月一日至六月三十日内申报纳税。

非居民个人在中国境内从两处以上取得工资、薪金所得的，应当在取得所得的次月十五日内申报纳税。

纳税人因移居境外注销中国户籍的，应当在注销中国户籍前办理税款清算。

《中华人民共和国个人所得税法》第十四条规定，扣缴义务人每月或者每次预扣、代扣的税款，应当在次月十五日内缴入国库，并向税务机关报送扣缴个人所得税申报表。

纳税人办理汇算清缴退税或者扣缴义务人为纳税人办理汇算清缴退税的，税务机关审核后，按照国库管理的有关规定办理退税。

《中华人民共和国个人所得税法》第十六条规定，各项所得的计算，以人民币为单位。所得为人民币以外的货币的，按照人民币汇率中间价折合成人民币缴纳税款。

**政策解读：**

所得为人民币以外货币的，按照办理纳税申报或者扣缴申报的上一月最后一日人民币汇率中间价，折合成人民币计算应纳税所得额。年度终了后办理汇算清缴的，对已经按月、按季或者按次预缴税款的人民币以外货币所得，不再重新折算；对应当补缴税款的所得部分，按照上一纳税年度最后一日人民币汇率中间价，折合成人民币计算应纳税所得额。

《中华人民共和国个人所得税法》第十七条规定，对扣缴义务人按照所扣缴的税款，付给百分之二的手续费。

## （五）纳税地点

受理申报的税务机关按照方便就近原则，纳税人自行办理或受托人为纳税人代为办理的，向纳税人任职受雇单位的主管税务机关申报；有两处及以上任职受雇单位的，可自主选择向其中一处申报。纳税人没有任职受雇单位的，向其户籍所在地、经常居住地或者主要收入来源地的主管税务机关申报。主要收入来源地，是指向纳税人累计发放劳务报酬、稿酬及特许权使用费金额最大的扣缴义务人所在地。单位为纳税人代办汇算的，向单位的主管税务机关申报。为方便纳税服务和征收管理，汇算期结束后，税务部门将为尚未办理汇算申报、多次股权激励合并申报的纳税人确定其主管税务机关。

# 二、个人所得税专项附加扣除信息表的填列

在进行个人所得税纳税申报前，纳税人需通过远程办税端、电子或者纸质报表等方式，填写"个人所得税专项附加扣除信息表"，见表 5 - 9。

## （一）填表须知

（1）纳税人按享受的专项附加扣除情况填报对应栏次；纳税人不享受的项目，无需填报。纳税人未填报的项目，默认为不享受。

（2）较上次报送信息是否发生变化：纳税人填报本表时，对各专项附加扣除，首次报送的，在"首次报送"前的框内划"√"。继续报送本表且无变化的，在"无变化"前的框内划"√"；发生变化的，在"有变化"前的框内划"√"，并填写发生变化的扣除项目信息。

（3）身份证件号码应从左向右顶格填写，位数不满 18 位的，需在空白格处划"/"。

（4）如各类扣除项目的表格篇幅不够，可另附多张"个人所得税专项附加扣除信息表"。

## （二）适用范围

（1）本表适用于享受子女教育、继续教育、大病医疗、住房贷款利息或住房租金、赡养老人、3 岁以下婴幼儿照护七项专项附加扣除的自然人纳税人填写。

选择在工资、薪金所得预扣预缴个人所得税时享受的，纳税人填写后报送至扣缴义务人；选择在年度汇算清缴申报时享受专项附加扣除的，纳税人填写后报送至税务机关。

（2）纳税人首次填报专项附加扣除信息时，应将本人所涉及的专项附加扣除信息表内各信息项填写完整。纳税人相关信息发生变化的，应及时更新此表相关信息项，并报送至扣缴义务人或税务机关。

纳税人在以后纳税年度继续申报扣除的，应对扣除事项有无变化进行确认。

## （三）表单栏次填写说明

### 1. 表头项目

填报日期：纳税人填写本表时的日期。

扣除年度：填写纳税人享受专项附加扣除的所属年度。

纳税人姓名：填写自然人纳税人姓名。

纳税人识别号：纳税人有中国居民身份证的，填写公民身份证号码；没有公民身份证号码的，填写税务机关赋予的纳税人识别号。

### 2. 表内基础信息栏

纳税人信息：填写纳税人有效的手机号码、电子邮箱、联系地址。其中，手机号码为必填项。

纳税人配偶信息：纳税人有配偶的填写本栏，没有配偶的则不填。具体填写纳税人配偶的姓名、有效身份证件名称及号码。

### 3. 表内各栏

(1)子女教育。

子女姓名、身份证件类型及号码：填写纳税人子女的姓名、有效身份证名称及号码。

出生日期：填写纳税人子女的出生日期，具体到年月日。

当前受教育阶段：选择纳税人子女当前的受教育阶段。区分"学前教育阶段、义务教育、高中阶段教育、高等教育"四种情形，在对应框内打"√"。

当前受教育阶段起始时间：填写纳税人子女处于当前受教育阶段的起始时间，具体到年月。

当前受教育阶段结束时间：纳税人子女当前受教育阶段的结束时间或预计结束的时间，具体到年月。

子女教育终止时间：填写纳税人子女不再接受符合子女教育扣除条件的学历教育的时间，具体到年月。

就读国家(或地区)、就读学校：填写纳税人子女就读的国家或地区名称、学校名称。

本人扣除比例：选择可扣除额度的分摊比例，由本人全额扣除的，选择"100%"，分摊扣除的，选"50%"，在对应框内打"√"。

(2)继续教育。

当前继续教育起始时间：填写接受当前学历(学位)继续教育的起始时间，具体到年月。

当前继续教育结束时间：填写接受当前学历(学位)继续教育的结束时间，或预计结束的时间，具体到年月。

学历(学位)继续教育阶段：区分"专科、本科、硕士研究生、博士研究生、其他"五种情形，在对应框内打"√"。

职业资格继续教育类型：区分"技能人员、专业技术人员"两种类型，在对应框内打"√"。

证书名称、证书编号、发证机关、发证(批准)日期：填写纳税人取得的继续教育职业资格证书上注明的证书名称、证书编号、发证机关及发证(批准)日期。

(3)住房贷款利息。

住房坐落地址：填写首套贷款房屋的详细地址，具体到楼门号。

产权证号/不动产登记号/商品房买卖合同/预售合同号：填写首套贷款房屋的产权证、不动产登记证、商品房买卖合同或预售合同中的相应号码。如所购买住房已取得房屋产权证的，填写产权证号或不动产登记号；所购住房尚未取得房屋产权证的，填写商品房买卖合同号或预售合同号。

本人是否借款人：按实际情况选择"是"或"否"，并在对应框内打"√"。本人是借款人的情形，包括本人独立贷款、与配偶共同贷款的情形。如果选择"否"，则表头位置须填写配偶信息。是否婚前各自首套贷款，且婚后分别扣除50%：按实际情况选择"是"或"否"，并在对应框内打"√"。该情形是指夫妻双方在婚前各有一套首套贷款住房，婚后选择按夫妻双方各50%份额扣除的情况。不填默认为"否"。

公积金贷款｜贷款合同编号：填写公积金贷款的贷款合同编号。

商业贷款｜贷款合同编号：填写与金融机构签订的住房商业贷款合同编号。

贷款期限(月)：填写住房贷款合同上注明的贷款期限，按月填写。

首次还款日期：填写住房贷款合同上注明的首次还款日期。

贷款银行：填写商业贷款的银行总行名称。

(4)住房租金。

住房坐落地址：填写纳税人租赁房屋的详细地址，具体到楼门号。

出租方(个人)姓名、身份证件类型及号码：租赁房屋为个人的，填写本栏。

具体填写住房租赁合同中的出租方姓名、有效身份证件名称及号码。

出租方(单位)名称、纳税人识别号(统一社会信用代码)：租赁房屋为单位所有的，填写单位法定名称全称及纳税人识别号(统一社会信用代码)。

主要工作城市：填写纳税人任职受雇的直辖市、计划单列市、副省级城市、地级市(地区、州、盟)。无任职受雇单位的，填写其办理汇算清缴地所在城市。

住房租赁合同编号(非必填)：填写签订的住房租赁合同编号。

租赁期起、租赁期止：填写纳税人住房租赁合同上注明的租赁起、止日期，具体到年月。提前终止合同(协议)的，以实际租赁期限为准。

(5)赡养老人。

纳税人身份：区分"独生子女、非独生子女"两种情形，并在对应框内打"√"。

被赡养人姓名、身份证件类型及号码：填写被赡养人的姓名、有效证件名称及号码。

被赡养人出生日期：填写被赡养人的出生日期，具体到年月。

与纳税人关系：按被赡养人与纳税人的关系填报，区分"父亲、母亲、其他"三种情形，在对应框内打"√"。

共同赡养人：纳税人为非独生子女时填写本栏，独生子女无须填写。填写与纳税人实际承担共同赡养义务的人员信息，包括姓名、身份证件类型及号码。

分摊方式：纳税人为非独生子女时填写本栏，独生子女无须填写。区分"平均分摊、赡养人约定分摊、被赡养人指定分摊"三种情形，并在对应框内打"√"。

本年度月扣除金额：填写扣除年度内，按政策规定计算的纳税人每月可以享受的赡养老人专项附加扣除的金额。

(6)大病医疗。

患者姓名、身份证件类型及号码：填写享受大病医疗专项附加扣除的患者姓名、有效证件名称及号码。

医药费用总金额：填写社会医疗保险管理信息系统记录的与基本医保相关的医药费用总金额。

个人负担金额：填写社会医疗保险管理信息系统记录的基本医保目录范围内扣除医保报销后的个人自付部分。

与纳税人关系：按患者与纳税人的关系填报，区分"本人、配偶或未成年子女"三种情形，在对应框内打"√"。

(7)3岁以下婴幼儿照护。

子女姓名、身份证件类型及号码：填写纳税人子女的姓名、有效身份证件名称(如居民身份证、出生医学证明等)及号码。

出生日期：填写纳税人子女的出生日期，具体到年月日。

本人扣除比例：选择可扣除额度的分摊比例，由本人全额扣除的，选择"100％"，分摊扣除的，选"50％"，在对应框内打"√"。

(8)扣缴义务人信息。

纳税人选择由任职受雇单位办理专项附加扣除的填写本栏。

扣缴义务人名称、纳税人识别号(统一社会信用代码)：纳税人由扣缴义务人在工资、薪金所得预扣预缴个人所得税时办理专项附加扣除的，填写扣缴义务人名称全称及纳税人识别号或统一社会信用代码。

### 4. 签字(章)栏次

"声明"栏：需由纳税人签字。

"扣缴义务人签章"栏：扣缴单位向税务机关申报的，应由扣缴单位签章，办理申报的经办人签字，并填写接收专项附加扣除信息的日期。

"代理机构签章"栏：代理机构代为办理纳税申报的，应填写代理机构统一社会信用代码，加盖代理机构印章，代理申报的经办人签字，并填写经办人身份证件号码。纳税人或扣缴义务人委托专业机构代为办理专项附加扣除的，需代理机构签章。

"受理机关"栏：由受理机关填写。

## 表5-9 个人所得税专项附加扣除信息表

填报日期：　年　月　日　　　　　　　　　　扣除年度：
纳税人姓名：　　　　　　　　　　　　　　　纳税人识别号：□□□□□□□□□□□□□□□□□□

| 纳税人信息 | 手机号码 | | | 电子邮箱 | |
|---|---|---|---|---|---|
| | 联系地址 | | | 配偶情况 | □有配偶　□无配偶 |
| 纳税人配偶信息 | 姓名 | | 身份证件类型 | 身份证件号码 | □□□□□□□□□□□□□□□□□□ |

**一、子女教育**

较上次报送信息是否发生变化：□首次报送（请填写全部信息）　□无变化（不需重新填写）　□有变化（请填写发生变化项目的信息）

| 子女一 | 姓名 | | 身份证件类型 | 身份证件号码 | □□□□□□□□□□□□□□□□□□ |
|---|---|---|---|---|---|
| | 出生日期 | | 当前受教育阶段 | □学前教育阶段　□义务教育　□高中阶段教育　□高等教育 | |
| | 当前受教育阶段起始时间 | 年　月 | 当前受教育阶段结束时间 | 年　月 | 子女教育终止时间　*若同期终止填写 | 年　月 |
| | 就读国家（或地区） | | 就读学校 | 本人扣除比例 | □100%（全额扣除）　□50%（平均扣除） |
| 子女二 | 姓名 | | 身份证件类型 | 身份证件号码 | □□□□□□□□□□□□□□□□□□ |
| | 出生日期 | | 当前受教育阶段 | □学前教育阶段　□义务教育　□高中阶段教育　□高等教育 | |
| | 当前受教育阶段起始时间 | 年　月 | 当前受教育阶段结束时间 | 年　月 | 子女教育终止时间　*若同期终止填写 | 年　月 |
| | 就读国家（或地区） | | 就读学校 | 本人扣除比例 | □100%（全额扣除）　□50%（平均扣除） |
| 子女三 | 姓名 | | 身份证件类型 | 身份证件号码 | □□□□□□□□□□□□□□□□□□ |
| | 出生日期 | | 当前受教育阶段 | □学前教育阶段　□义务教育　□高中阶段教育　□高等教育 | |
| | 当前受教育阶段起始时间 | 年　月 | 当前受教育阶段结束时间 | 年　月 | 子女教育终止时间　*若同期终止填写 | 年　月 |
| | 就读国家（或地区） | | 就读学校 | 本人扣除比例 | □100%（全额扣除）　□50%（平均扣除） |

**二、继续教育**

较上次报送信息是否发生变化：□首次报送（请填写全部信息）　□无变化（不需重新填写）　□有变化（请填写发生变化项目的信息）

| 学历（学位）继续教育 | 当前继续教育起始时间 | 年　月 | 当前继续教育结束时间 | 年　月 | 学历（学位）继续教育阶段 | □专科　□本科　□硕士研究生　□博士研究生　□其他 |
|---|---|---|---|---|---|---|
| 职业资格继续教育 | 职业资格继续教育类型 | | □技能人员　□专业技术人员 | 证书名称 | | |
| | 证书编号 | | 发证机关 | 发证（批准）日期 | | |

**三、住房贷款利息**

较上次报送信息是否发生变化：□首次报送（请填写全部信息）　□无变化（不需重新填写）　□有变化（请填写发生变化项目的信息）

| 房屋信息 | 住房坐落地址 | | | 省（区、市）　　市　　县（区）　　街道（乡、镇） | |
|---|---|---|---|---|---|
| | 产权证号/不动产登记号/商品房买卖合同号/预售合同号 | | | | |
| 房贷信息 | 本人是否借款人 | | □是　□否 | 是否婚前各自首套贷款，且婚后分别扣除50% | □是　□否 |
| | 公积金贷款｜贷款合同编号 | | 贷款期限（月） | | 首次还款日期 |
| | 贷款期限（月） | | 商业贷款｜贷款合同编号 | | 贷款银行 |
| | | | 贷款期限（月） | | 首次还款日期 |

**四、住房租金**

较上次报送信息是否发生变化：□首次报送（请填写全部信息）　□无变化（不需重新填写）　□有变化（请填写发生变化项目的信息）

| 房屋信息 | 住房坐落地址 | | | 省（区、市）　　市　　县（区）　　街道（乡、镇） | |
|---|---|---|---|---|---|
| 租赁情况 | 出租方（个人）姓名 | | 身份证件类型 | 身份证件号码 | □□□□□□□□□□□□□□□□□□ |
| | 出租方（单位）名称 | | | 纳税人识别号（统一社会信用代码） | |
| | 主要工作城市　*填写到一级市 | | | 住房租赁合同编号（非必填） | |
| | 租赁期起 | | | 租赁期止 | |

**五、赡养老人**

较上次报送信息是否发生变化：□首次报送（请填写全部信息）　□无变化（不需重新填写）　□有变化（请填写发生变化项目的信息）

| 纳税人身份 | | | | □独生子女　□非独生子女 | |
|---|---|---|---|---|---|
| 被赡养人一 | 姓名 | | 身份证件类型 | 身份证件号码 | □□□□□□□□□□□□□□□□□□ |
| | 出生日期 | | 与纳税人关系 | □父亲　□母亲　□其他 | |
| 被赡养人二 | 姓名 | | 身份证件类型 | 身份证件号码 | □□□□□□□□□□□□□□□□□□ |
| | 出生日期 | | 与纳税人关系 | □父亲　□母亲　□其他 | |
| 共同赡养人信息 | 姓名 | | 身份证件类型 | 身份证件号码 | □□□□□□□□□□□□□□□□□□ |
| | 姓名 | | 身份证件类型 | 身份证件号码 | □□□□□□□□□□□□□□□□□□ |
| | 姓名 | | 身份证件类型 | 身份证件号码 | □□□□□□□□□□□□□□□□□□ |
| 分摊方式 | □平均分摊　□赡养人约定分摊　□被赡养人指定分摊 | *独生子女不需填写 | | 本年度月扣除金额 | |

**六、大病医疗**（仅限综合所得年度汇算清缴申报时填写）

较上次报送信息是否发生变化：□首次报送（请填写全部信息）　□无变化（不需重新填写）　□有变化（请填写发生变化项目的信息）

| 患者一 | 姓名 | | 身份证件类型 | 身份证件号码 | □□□□□□□□□□□□□□□□□□ |
|---|---|---|---|---|---|
| | 医药费用总金额 | | 个人负担金额 | 与纳税人关系 | □本人　□配偶　□未成年子女 |
| 患者二 | 姓名 | | 身份证件类型 | 身份证件号码 | □□□□□□□□□□□□□□□□□□ |
| | 医药费用总金额 | | 个人负担金额 | 与纳税人关系 | □本人　□配偶　□未成年子女 |
| 患者三 | 姓名 | | 身份证件类型 | 身份证件号码 | □□□□□□□□□□□□□□□□□□ |
| | 医药费用总金额 | | 个人负担金额 | 与纳税人关系 | □本人　□配偶　□未成年子女 |

**七、3岁以下婴幼儿照护**

较上次报送信息是否发生变化：□首次报送（请填写全部信息）　□无变化（不需重新填写）　□有变化（请填写发生变化项目的信息）

| 子女一 | 姓名 | | 身份证件类型 | 身份证件号码 | □□□□□□□□□□□□□□□□□□ |
|---|---|---|---|---|---|
| | 出生日期 | | 本人扣除比例 | | □100%（全额扣除）　□50%（平均扣除） |
| 子女二 | 姓名 | | 身份证件类型 | 身份证件号码 | □□□□□□□□□□□□□□□□□□ |
| | 出生日期 | | 本人扣除比例 | | □100%（全额扣除）　□50%（平均扣除） |
| 子女三 | 姓名 | | 身份证件类型 | 身份证件号码 | □□□□□□□□□□□□□□□□□□ |
| | 出生日期 | | 本人扣除比例 | | □100%（全额扣除）　□50%（平均扣除） |

**需要在任职受雇单位预扣预缴工资、薪金所得个人所得税时享受专项附加扣除的，填写本栏**

**重要提示：**当您填写本栏，表示您已同意该任职受雇单位使用本表信息为您办理专项附加扣除。

| 扣缴义务人名称 | | | 扣缴义务人纳税人识别号（统一社会信用代码） | |
|---|---|---|---|---|

**本人承诺：**我已仔细阅读填表说明，并根据《中华人民共和国个人所得税法》及其实施条例、《个人所得税专项附加扣除暂行办法》《个人所得税专项附加扣除操作办法（试行）》等相关法律法规规定填写本表，本人已就所填报信息进行了核对，并对所填内容的真实性、准确性、完整性负责。

纳税人签字：　　　　　　　年　月　日

| 扣缴义务人签章： | 代理机构签章： | 受理人： |
|---|---|---|
| 经办人签字： | 代理机构统一社会信用代码： 经办人签字： | 受理税务机关（章）： |
| 接收日期：　年　月　日 | 经办人身份证件号码： | 受理日期：　年　月　日 |

国家税务总局监制

## 三、个人所得税扣缴申报表的填列

### (一)适用范围

"个人所得税扣缴申报表"(表 5-10)适用于扣缴义务人向居民个人支付工资、薪金所得,劳务报酬所得,稿酬所得和特许权使用费所得的个人所得税全员全额预扣预缴申报;向非居民个人支付工资、薪金所得,劳务报酬所得,稿酬所得和特许权使用费所得的个人所得税全员全额扣缴申报;以及向纳税人(居民个人和非居民个人)支付利息、股息、红利所得,财产租赁所得,财产转让所得和偶然所得的个人所得税全员全额扣缴申报。

### (二)申报期限

扣缴义务人应当在每月或者每次预扣、代扣税款的次月 15 日内,将已扣税款缴入国库,并向税务机关报送本表。

### (三)表单栏次填写说明

#### 1. 表头项目

税款所属期:填写扣缴义务人预扣、代扣税款当月的第 1 日至最后 1 日。如:2024 年 3 月 20 日发放工资时代扣的税款,税款所属期填写"2024 年 3 月 1 日至 2024 年 3 月 31 日"。

扣缴义务人名称:填写扣缴义务人的法定名称全称。

扣缴义务人纳税人识别号(统一社会信用代码):填写扣缴义务人的纳税人识别号或者统一社会信用代码。

#### 2. 表内各栏

(1)第 2 列"姓名":填写纳税人姓名。

(2)第 3 列"身份证件类型":填写纳税人有效的身份证件名称。中国公民有中华人民共和国居民身份证的,填写居民身份证;没有居民身份证的,填写中华人民共和国护照、港澳居民来往内地通行证或者港澳居民居住证、台湾居民通行证或者台湾居民居住证、外国人永久居留身份证、外国人工作许可证或者护照等。

(3)第 4 列"身份证件号码":填写纳税人有效身份证件上载明的证件号码。

(4)第 5 列"纳税人识别号":有中国公民身份号码的,填写中华人民共和国居民身份证上载明的"公民身份号码";没有中国公民身份号码的,填写税务机关赋予的纳税人识别号。

(5)第 6 列"是否为非居民个人":纳税人为居民个人的填"否"。为非居民个人的,根据合同、任职期限、预期工作时间等不同情况,填写"是,且不超过 90 天"或者"是,且超过 90 天不超过 183 天"。不填默认为"否"。

其中,纳税人为非居民个人的,填写"是,且不超过 90 天"的,当年在境内实际居住超过 90 天的次月 15 日内,填写"是,且超过 90 天不超过 183 天"。

(6)第 7 列"所得项目":填写纳税人取得的《中华人民共和国个人所得税法》第二条规定的应税所得项目名称。同一纳税人取得多项或者多次所得的,应分行填写。

(7)第8~21列"本月(次)情况":填写扣缴义务人当月(次)支付给纳税人的所得,以及按规定各所得项目当月(次)可扣除的减除费用、专项扣除、其他扣除等。其中,工资、薪金所得预扣预缴个人所得税时扣除的专项附加扣除,按照纳税年度内纳税人在该任职受雇单位截至当月可享受的各专项附加扣除项目的扣除总额,填写至"累计情况"中第25~30列相应栏,本月情况中则无须填写。

①"收入额计算":包含"收入""费用""免税收入"。收入额=第8列-第9列-第10列。

a. 第8列"收入":填写当月(次)扣缴义务人支付给纳税人所得的总额。

b. 第9列"费用":取得劳务报酬所得、稿酬所得、特许权使用费所得时填写,取得其他各项所得时无须填写本列。居民个人取得上述所得,每次收入不超过4 000元的,费用填写"800"元;每次收入4 000元以上的,费用按收入的20%填写。非居民个人取得劳务报酬所得、稿酬所得、特许权使用费所得,费用按收入的20%填写。

c. 第10列"免税收入":填写纳税人各所得项目收入总额中,包含的税法规定的免税收入金额。其中,税法规定"稿酬所得的收入额减按70%计算",对稿酬所得的收入额减计的30%部分,填入本列。

②第11列"减除费用":按税法规定的减除费用标准填写。如2024年纳税人取得工资、薪金所得按月申报时,填写5 000元。纳税人取得财产租赁所得,每次收入不超过4 000元的,填写800元;每次收入4 000元以上的,按收入的20%填写。

③第12~15列"专项扣除":分别填写按规定允许扣除的基本养老保险费、基本医疗保险费、失业保险费、住房公积金(以下简称"三险一金")的金额。

④第16~21列"其他扣除":分别填写按规定允许扣除的项目金额。

(8)第22~31列"累计情况":本栏适用于居民个人取得工资、薪金所得,保险营销员、证券经纪人取得佣金收入等按规定采取累计预扣法预扣预缴税款时填报。

①第22列"累计收入额":填写本纳税年度截至当前月份,扣缴义务人支付给纳税人的工资、薪金所得,或者支付给保险营销员、证券经纪人的劳务报酬所得的累计收入额。

②第23列"累计减除费用":按照5 000元/月乘以纳税人当年在本单位的任职受雇或者从业的月份数计算。

③第24列"累计专项扣除":填写本年度截至当前月份,按规定允许扣除的"三险一金"的累计金额。

④第25~30列"累计专项附加扣除":分别填写截至当前月份,纳税人按规定可享受的子女教育、继续教育、住房贷款利息或者住房租金、赡养老人、3岁以下婴幼儿照护扣除的累计金额。大病医疗扣除由纳税人在年度汇算清缴时办理,此处无须填报。

⑤第31列"累计其他扣除":填写本年度截至当前月份,按规定允许扣除的年金(包括企业年金、职业年金)、商业健康保险、税延养老保险及其他扣除项目的累计金额。

(9)第32列"减按计税比例":填写按规定实行应纳税所得额减计税收优惠的减计比例。无减计规定的,可不填,系统默认为100%。如,某项税收政策实行减按60%

计入应纳税所得额，则本列填 60％。

(10)第 33 列"准予扣除的捐赠额"：是指按照税法及相关法规、政策规定，可以在税前扣除的捐赠额。

(11)第 34～40 列"税款计算"：填写扣缴义务人当月扣缴个人所得税款的计算情况。

①第 34 列"应纳税所得额"：根据相关列次计算填报。

a. 居民个人取得工资、薪金所得，填写累计收入额减除累计减除费用、累计专项扣除、累计专项附加扣除、累计其他扣除后的余额。

b. 非居民个人取得工资、薪金所得，填写收入额减去减除费用后的余额。

c. 居民个人或者非居民个人取得劳务报酬所得、稿酬所得、特许权使用费所得，填写本月(次)收入额减除其他扣除后的余额。

保险营销员、证券经纪人取得的佣金收入，填写累计收入额减除累计减除费用、累计其他扣除后的余额。

d. 居民个人或者非居民个人取得利息、股息、红利所得和偶然所得，填写本月(次)收入额。

e. 居民个人或者非居民个人取得财产租赁所得，填写本月(次)收入额减去减除费用、其他扣除后的余额。

f. 居民个人或者非居民个人取得财产转让所得，填写本月(次)收入额减除财产原值、允许扣除的税费后的余额。

其中，适用"减按计税比例"的所得项目，其应纳税所得额按上述方法计算后乘以减按计税比例的金额填报。

按照税法及相关法规、政策规定，可以在税前扣除的捐赠额，可以按上述方法计算后从应纳税所得额中扣除。

②第 35～36 列"税率/预扣率""速算扣除数"：填写各所得项目按规定适用的税率(或预扣率)和速算扣除数。没有速算扣除数的，则不填。

③第 37 列"应纳税额"：根据相关列次计算填报。

第 37 列＝第 34 列×第 35 列－第 36 列。

④第 38 列"减免税额"：填写符合税法规定可减免的税额，并附报《个人所得税减免税事项报告表》。居民个人工资、薪金所得，以及保险营销员、证券经纪人取得佣金收入，填写本年度累计减免税额；居民个人取得工资、薪金以外的所得或非居民个人取得各项所得，填写本月(次)减免税额。

⑤第 39 列"已缴税额"：填写本年或本月(次)纳税人同一所得项目，已由扣缴义务人实际扣缴的税款金额。

⑥第 40 列"应补/退税额"：根据相关列次计算填报。

第 40 列＝第 37 列－第 38 列－第 39 列。

### (四)其他事项说明

以纸质方式报送本表的，应当一式两份，扣缴义务人、税务机关各留存一份。

## 表5-10 个人所得税扣缴申报表

税款所属期: 年 月 日 至 年 月 日

扣缴义务人名称:

扣缴义务人纳税人识别号(统一社会信用代码): □□□□□□□□□□□□□□□□□

金额单位:人民币元(列至角分)

| 序号 | 姓名 | 身份证件类型 | 身份证件号码 | 纳税人识别号 | 是否为非居民个人 | 所得项目 | 本月(次)情况 收入额计算 收入 | 费用 | 免税收入 | 减除费用 | 专项扣除 基本养老保险费 | 基本医疗保险费 | 失业保险费 | 住房公积金 | 其他扣除 年金 | 商业健康保险 | 税延养老保险 | 财产原值 | 允许扣除的税费 | 其他 | 累计情况 累计收入额 | 累计减除费用 | 累计专项扣除 | 累计专项附加扣除 子女教育 | 继续教育 | 住房贷款利息 | 住房租金 | 赡养老人 | 3岁以下婴幼儿照护 | 累计其他扣除 | 减按计税比例 | 准予扣除的捐赠额 | 应纳税所得额 | 税款计算 税率/预扣率 | 速算扣除数 | 应纳税额 | 减免税额 | 已缴税额 | 应补/退税额 | 备注 |
|---|---|---|---|---|---|---|---|---|---|---|---|---|---|---|---|---|---|---|---|---|---|---|---|---|---|---|---|---|---|---|---|---|---|---|---|---|---|---|---|---|
| 1 | 2 | 3 | 4 | 5 | 6 | 7 | 8 | 9 | 10 | 11 | 12 | 13 | 14 | 15 | 16 | 17 | 18 | 19 | 20 | 21 | 22 | 23 | 24 | 25 | 26 | 27 | 28 | 29 | 30 | 31 | 32 | 33 | 34 | 35 | 36 | 37 | 38 | 39 | 40 | 41 |
| 合计 | | | | | | | | | | | | | | | | | | | | | | | | | | | | | | | | | | | | | | | | |

谨声明:本表是根据国家税收法律法规及相关规定填报的,是真实的、可靠的、完整的。

经办人签字:

经办人身份证件号码:

代理机构签章:

代理机构统一社会信用代码:

扣缴义务人(签章):

年 月 日

受理人:

受理税务机关(章):

受理日期: 年 月 日

## 四、个人所得税年度自行纳税申报表的填列

### (一)适用范围

《个人所得税年度自行纳税申报表》(A 表)(表 5−11)适用于居民个人纳税年度内仅从中国境内取得工资薪金所得、劳务报酬所得、稿酬所得、特许权使用费所得(以下称"综合所得"),按照税法规定进行个人所得税综合所得汇算清缴。居民个人纳税年度内取得境外所得的,不适用本表。

### (二)报送期限

居民个人取得综合所得需要办理汇算清缴的,应当在取得所得的次年 3 月 1 日至 6 月 30 日内,向主管税务机关办理个人所得税综合所得汇算清缴申报,并报送本表。

### (三)表单栏次填写说明

#### 1. 表头项目

税款所属期:填写居民个人取得综合所得当年的第 1 日至最后 1 日。如:2024 年 1 月 1 日至 2024 年 12 月 31 日。

纳税人姓名:填写居民个人姓名。

纳税人识别号:有中国公民身份证号码的,填写中华人民共和国居民身份证上载明的"公民身份证号码";没有中国公民身份证号码的,填写税务机关赋予的纳税人识别号。

#### 2. 基本情况

手机号码:填写居民个人在中国境内的有效手机号码。

电子邮箱:填写居民个人有效电子邮箱地址。

联系地址:填写居民个人能够接收信件的有效地址。

邮政编码:填写居民个人"联系地址"对应的邮政编码。

#### 3. 纳税地点

居民个人根据任职受雇情况,在选项 1 和选项 2 之间选择其一,并填写相应信息。若居民个人逾期办理汇算清缴申报被指定主管税务机关的,无需填写本部分。

(1)任职受雇单位信息:勾选"任职受雇单位所在地"并填写相关信息。

名称:填写任职受雇单位的法定名称全称。

纳税人识别号:填写任职受雇单位的纳税人识别号或者统一社会信用代码。

(2)户籍所在地/经常居住地:勾选"户籍所在地"的,填写居民户口簿中登记的住址。勾选"经常居住地"的,填写居民个人申领居住证上登载的居住地址;没有申领居住证的,填写居民个人实际居住地;实际居住地不在中国境内的,填写支付或者实际负担综合所得的境内单位或个人所在地。

**4. 申报类型**

未曾办理过年度汇算申报，勾选"首次申报"；已办理过年度汇算申报，但有误需要更正的，勾选"更正申报"。

**5. 综合所得个人所得税计算**

(1)第1行"收入合计"：填写居民个人取得的综合所得收入合计金额。

第1行＝第2行＋第3行＋第4行＋第5行。

(2)第2～5行"工资、薪金""劳务报酬""稿酬""特许权使用费"：填写居民个人取得的需要并入综合所得计税的"工资、薪金""劳务报酬""稿酬""特许权使用费"所得收入金额。

(3)第6行"费用合计"：根据相关行次计算填报。

第6行＝(第3行＋第4行＋第5行)×20％。

(4)第7行"免税收入合计"：填写居民个人取得的符合税法规定的免税收入合计金额。

第7行＝第8行＋第9行。

(5)第8行"稿酬所得免税部分"：根据相关行次计算填报。

第8行＝第4行×(1－20％)×30％。

(6)第9行"其他免税收入"：填写居民个人取得的除第8行以外的符合税法规定的免税收入合计，并按规定附报"个人所得税减免税事项报告表"。

(7)第10行"减除费用"：填写税法规定的减除费用。

(8)第11行"专项扣除合计"：根据相关行次计算填报。

第11行＝第12行＋第13行＋第14行＋第15行。

(9)第12～15行"基本养老保险费""基本医疗保险费""失业保险费""住房公积金"：填写居民个人按规定可以在税前扣除的基本养老保险费、基本医疗保险费、失业保险费、住房公积金金额。

(10)第16行"专项附加扣除合计"：根据相关行次计算填报，并按规定附报《个人所得税专项附加扣除信息表》。

第16行＝第17行＋第18行＋第19行＋第20行＋第21行＋第22行。

(11)第17～22行"子女教育""继续教育""大病医疗""住房贷款利息""住房租金""赡养老人"：填写居民个人按规定可以在税前扣除的子女教育、继续教育、大病医疗、住房贷款利息、住房租金、赡养老人等专项附加扣除的金额。

(12)第23行"其他扣除合计"：根据相关行次计算填报。

第23行＝第24行＋第25行＋第26行＋第27行＋第28行。

(13)第24～28行"年金""商业健康保险""税延养老保险""允许扣除的税费""其

他"：填写居民个人按规定可在税前扣除的年金、商业健康保险、税延养老保险、允许扣除的税费和其他扣除项目的金额。其中，填写商业健康保险的，应当按规定附报"商业健康保险税前扣除情况明细表"；填写税延养老保险的，应当按规定附报"个人税收递延型商业养老保险税前扣除情况明细表"。

（14）第29行"准予扣除的捐赠额"：填写居民个人按规定准予在税前扣除的公益慈善事业捐赠金额，并按规定附报"个人所得税公益慈善事业捐赠扣除明细表"。

（15）第30行"应纳税所得额"：根据相关行次计算填报。

第30行＝第1行－第6行－第7行－第10行－第11行－第16行－第23行－第29行。

（16）第31、32行"税率""速算扣除数"：填写按规定适用的税率和速算扣除数。

（17）第33行"应纳税额"：按照相关行次计算填报。

第33行＝第30行×第31行－第32行。

### 6. 全年一次性奖金个人所得税计算

无住所居民个人预缴时因预判为非居民个人而按取得数月奖金计算缴税的，汇缴时可以根据自身情况，将一笔数月奖金按照全年一次性奖金单独计算。

（1）第34行"全年一次性奖金收入"：填写无住所的居民个人纳税年度内预判为非居民个人时取得的一笔数月奖金收入金额。

（2）第35行"准予扣除的捐赠额"：填写无住所的居民个人按规定准予在税前扣除的公益慈善事业捐赠金额，并按规定附报"个人所得税公益慈善事业捐赠扣除明细表"。

（3）第36、37行"税率""速算扣除数"：填写按照全年一次性奖金政策规定适用的税率和速算扣除数。

（4）第38行"应纳税额"：按照相关行次计算填报。

第38行＝（第34行－第35行）×第36行－第37行。

### 7. 税额调整

（1）第39行"综合所得收入调整额"：填写居民个人按照税法规定可以办理的除第39行之前所填报内容之外的其他可以进行调整的综合所得收入的调整金额，并在"备注"栏说明调整的具体原因、计算方式等信息。

（2）第40行"应纳税额调整额"：填写居民个人按照税法规定调整综合所得收入后所应调整的应纳税额。

### 8. 应补/退个人所得税计算

（1）第41行"应纳税额合计"：根据相关行次计算填报。

第41行 ＝ 第33行＋第38行＋第40行。

（2）第42行"减免税额"：填写符合税法规定的可以减免的税额，并按规定附报"个人所得税减免税事项报告表"。

(3)第43行"已缴税额"：填写居民个人取得在本表中已填报的收入对应的已经缴纳或者被扣缴的个人所得税。

(5)第44行"应补/退税额"：根据相关行次计算填报。

第44行＝第41行－第42行－第43行。

### 9. 无住所个人附报信息

本部分由无住所居民个人填写。不是，则不填。

(1)纳税年度内在中国境内居住天数：填写纳税年度内，无住所居民个人在中国境内居住的天数。

(2)已在中国境内居住年数：填写无住所居民个人已在中国境内连续居住的年份数。其中，年份数自2023年(含)开始计算且不包含本纳税年度。

### 10. 退税申请

本部分由应补/退税额小于0且勾选"申请退税"的居民个人填写。

(1)"开户银行名称"：填写居民个人在中国境内开立银行账户的银行名称。

(2)"开户银行省份"：填写居民个人在中国境内开立的银行账户的开户银行所在省、自治区、直辖市或者计划单列市。

(3)"银行账号"：填写居民个人在中国境内开立的银行账户的银行账号。

### 11. 备注

填写居民个人认为需要特别说明的或者按照有关规定需要说明的事项。

### (四)其他事项说明

以纸质方式报送本表的，建议通过计算机填写打印，一式两份，纳税人、税务机关各留存一份。

### 表5-11　个人所得税年度自行纳税申报表（A表）

#### （仅取得境内综合所得年度汇算适用）

税款所属期：2023 年 1 月 1 日至 2023 年 1 月 1 日

纳税人姓名：王爱国

纳税人识别号：220103********2161　　　　　　　　　金额单位：人民币元（列至角分）

| 基本情况 | | | | | |
|---|---|---|---|---|---|
| 手机号码 | 155****6666 | 电子邮箱 | Lvyi***@162.com | 邮政编码 | 130000 |
| 联系地址 | 吉林 省（区、市）长春 市 __区（县）__ 街道（乡、镇）___ | | | | |

| 纳税地点（单选） | | | |
|---|---|---|---|
| 1. 有任职受雇单位的，需选本项并填写"任职受雇单位信息"： | | □ 任职受雇单位所在地：长春** | |
| 任职受雇单位信息 | 名称 | **学校 | |
| | 纳税人识别号 | 123654852987****56 | |
| 2. 没有任职受雇单位的，可以从本栏次选择一地： | | □ 户籍所在地　　□经常居住地 | |
| 户籍所在地/经常居住地 | ___省（区、市）___市___区（县）___街道（乡、镇）___ | | |

| 申报类型（单选） | |
|---|---|
| 首次申报 | □ 更正申报 |

| 综合所得个人所得税计算 | | |
|---|---|---|
| 项目 | 行次 | 金额 |
| 一、收入合计（第1行=第2行+第3行+第4行+第5行） | 1 | 240 000.00 |
| （一）工资、薪金 | 2 | 201 000.00 |
| （二）劳务报酬 | 3 | 25 000.00 |
| （三）稿酬 | 4 | 8 000.00 |
| （四）特许权使用费 | 5 | 6 000.00 |
| 二、费用合计 [第6行=(第3行+第4行+第5行)×20%] | 6 | 7 800.00 |
| 三、免税收入合计（第7行=第8行+第9行） | 7 | 1 920.00 |
| （一）稿酬所得免税部分[第8行=第4行×(1-20%)×30%] | 8 | 1 920.00 |
| （二）其他免税收入（附报《个人所得税减免税事项报告表》） | 9 | |
| 四、减除费用 | 10 | 60 000.00 |
| 五、专项扣除合计（第11行=第12行+第13行+第14行+第15行） | 11 | 40 500.00 |
| （一）基本养老保险费 | 12 | 14 400.00 |
| （二）基本医疗保险费 | 13 | 3 600.00 |
| （三）失业保险费 | 14 | 900.00 |
| （四）住房公积金 | 15 | 21 600.00 |
| 六、专项附加扣除合计（附报《个人所得税专项附加扣除信息表》）<br>（第16行=第17行+第18行+第19行+第20行+第21行+第22行） | 16 | 72 000.00 |
| （一）子女教育 | 17 | 24 000.00 |
| （二）继续教育 | 18 | |
| （三）大病医疗 | 19 | |
| （四）住房贷款利息 | 20 | 12 000.00 |
| （五）住房租金 | 21 | |
| （六）赡养老人 | 22 | 36 000.00 |
| 七、其他扣除合计（第23行=第24行+第25行+第26行+第27行+第28行） | 23 | |

| | | |
|---|---|---|
| （一）年金 | 24 | |
| （二）商业健康保险（附报《商业健康保险税前扣除情况明细表》） | 25 | |
| （三）税延养老保险（附报《个人税收递延型商业养老保险税前扣除情况明细表》） | 26 | |
| （四）允许扣除的税费 | 27 | |
| （五）其他 | 28 | |
| 八、准予扣除的捐赠额 （附报《个人所得税公益慈善事业捐赠扣除明细表》） | 29 | |
| 九、应纳税所得额<br>（第30行=第1行−第6行−第7行−第10行−第11行−第16行−第23行−第29行） | 30 | 57 780.00 |
| 十、税率（%） | 31 | 10% |
| 十一、速算扣除数 | 32 | 2 520.00 |
| 十二、应纳税额（第33行=第30行×第31行−第32行） | 33 | 3 258.00 |
| 全年一次性奖金个人所得税计算<br>（无住所居民个人预判为非居民个人取得的数月奖金，选择按全年一次性奖金计税的填写本部分） | | |
| 一、全年一次性奖金收入 | 34 | 20 000.00 |
| 二、准予扣除的捐赠额 （附报《个人所得税公益慈善事业捐赠扣除明细表》） | 35 | |
| 三、税率（%） | 36 | 3% |
| 四、速算扣除数 | 37 | 0.00 |
| 五、应纳税额[第38行=（第34行−第35行）×第36行−第37行] | 38 | 600.00 |
| 税额调整 | | |
| 一、综合所得收入调整额（需在"备注"栏说明调整具体原因、计算方式等） | 39 | |
| 二、应纳税额调整额 | 40 | |
| 应补/退个人所得税计算 | | |
| 一、应纳税额合计（第41行=第33行+第38行+第40行） | 41 | 3 858.00 |
| 二、减免税额（附报《个人所得税减免税事项报告表》） | 42 | |
| 三、已缴税额 | 43 | 10 336.00 |
| 四、应补/退税额（第44行=第41行−第42行−第43行） | 44 | −6 478.00 |

| 无住所个人附报信息 | | | |
|---|---|---|---|
| 纳税年度内在中国境内居住天数 | | 已在中国境内居住年数 | |

| 退税申请<br>（应补/退税额小于0的填写本部分） | | | |
|---|---|---|---|
| 申请退税（需填写"开户银行名称""开户银行省份""银行账号"） | | □ 放弃退税 | |
| 开户银行名称 | 吉林银行长春支行 | 开户银行省份 | 吉林省 |
| 银行账号 | 6231****5688 | | |

| 备注 |
|---|
| |

谨声明：本表是根据国家税收法律法规及相关规定填报的，本人对填报内容（附带资料）的真实性、可靠性、完整性负责。

纳税人签字： 王爱国　 2023 年 3 月 15 日

| | |
|---|---|
| 经办人签字：<br>经办人身份证件类型：<br>经办人身份证件号码：<br>代理机构签章：<br>代理机构统一社会信用代码： | 受理人：<br><br>受理税务机关（章）：<br><br>受理日期：　　年　月　日 |

国家税务总局监制

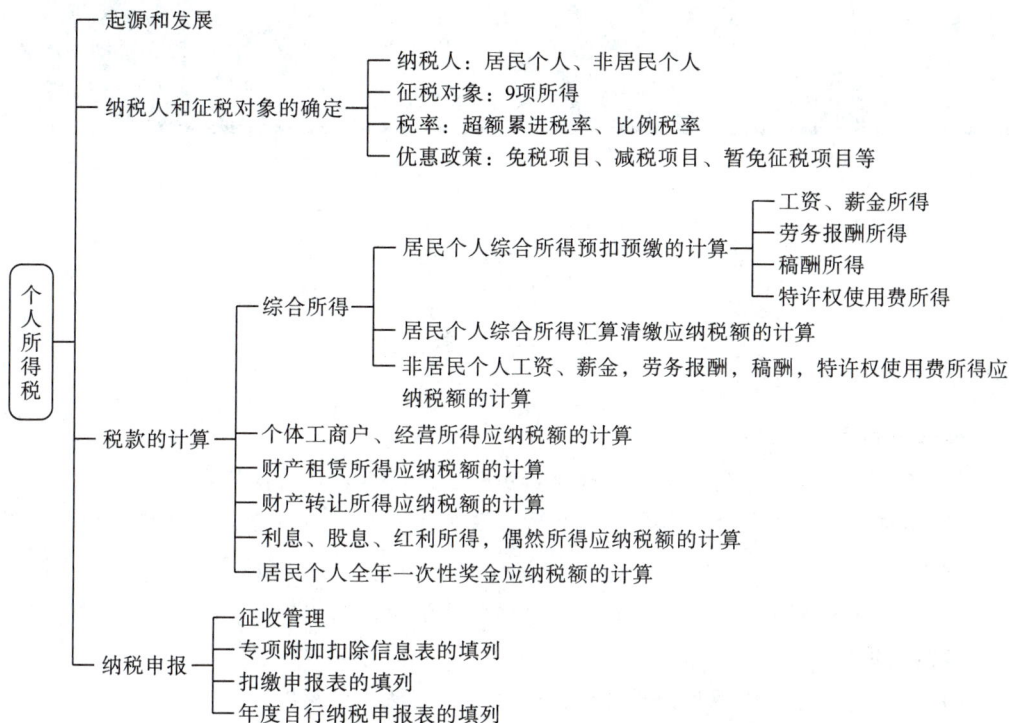

### 章节小结

个人所得税
- 起源和发展
- 纳税人和征税对象的确定
  - 纳税人：居民个人、非居民个人
  - 征税对象：9项所得
  - 税率：超额累进税率、比例税率
  - 优惠政策：免税项目、减税项目、暂免征税项目等
- 税款的计算
  - 综合所得
    - 居民个人综合所得预扣预缴的计算
      - 工资、薪金所得
      - 劳务报酬所得
      - 稿酬所得
      - 特许权使用费所得
    - 居民个人综合所得汇算清缴应纳税额的计算
    - 非居民个人工资、薪金，劳务报酬，稿酬，特许权使用费所得应纳税额的计算
  - 个体工商户、经营所得应纳税额的计算
  - 财产租赁所得应纳税额的计算
  - 财产转让所得应纳税额的计算
  - 利息、股息、红利所得，偶然所得应纳税额的计算
  - 居民个人全年一次性奖金应纳税额的计算
- 纳税申报
  - 征收管理
  - 专项附加扣除信息表的填列
  - 扣缴申报表的填列
  - 年度自行纳税申报表的填列

# 第六章

# 企业所得税

◈**知识目标**

(1)了解企业所得税的基本法规知识,明确企业所得税的构成要素。

(2)掌握企业所得税的纳税调整项目和应税所得额的计算,了解企业所得税的税收优惠政策。

(3)熟悉企业所得税月(季)度预缴和年终汇算清缴的征收方式。

◈**能力目标**

(1)能够判定企业所得税纳税义务人的类型,选择适用税率。

(2)能够准确计算年度的纳税调整额和应纳税额。

(3)能够根据资料填制企业所得税纳税申报表。

◈**素质目标**

(1)培养学生爱岗敬业、诚实守信的精神。

(2)培养学生遵纪守法、诚信纳税的品质。

(3)培养学生团结协作、互帮互助的意识。

2018 年,国家税务总局发布了《关于进一步落实好简政减税降负措施更好服务经济社会发展有关工作的通知》,进一步明确了减税降费的具体措施。近年来,从延续小型微利企业所得税优惠,提高研发费用加计扣除比例,到降低高新技术企业、技术先进型服务企业、海南自由贸易港企业、西部地区鼓励类产业企业等企业的税率,再到减计综合利用资源、提供社区养老、托育、家政服务等企业的计税收入,减税政策红利充分释放,企业创新活力得到有效激发。企业所得税优惠政策不仅减轻了企业负担,鼓励了企业创新,增强了企业竞争力,刺激企业的投资和生产积极性,从而创造更多的就业机会和经济价值,同时也推动了区域协调发展,提高了我国在国际上的投资吸引力,吸引更多的外资企业进入我国市场,促进国内投资的增长,为经济发展提供更多的资金和动力。进而提高社会的整体福利水平，促进产业结构的优化升级，推动经济向绿色、低碳方向发展。

## 职场任务

A 公司为化妆品销售企业，依法在中国境内成立，2023 年有关经营情况如下：

(1)全年取得产品销售收入 3 600 万元，取得购买国债的利息收入 50 万元；

(2)发生产品销售成本 2 200 万元；

(3)发生销售费用 870 万元(其中广告费 550 万元)，管理费用 380 万元(其中业务招待费 40 万元)，财务费用 50 万元，销售税金 260 万元(其中增值税 220 万元)；

(4)营业外收入 100 万元(处置非流动资产)，营业外支出 70 万元(含通过公益性社会团体向贫困山区捐赠 50 万元，支付税收滞纳金 10 万元)；

(5)发生合理的工资、薪金支出 260 万元，发生职工福利费支出 47 万元、职工教育经费支出 15 万元，拨缴工会经费 7 万元。

根据以上信息，请完成下列工作任务：

(1)计算甲企业 2023 年企业所得税应纳税所得额；

(2)计算甲企业 2023 年应纳企业所得税税额；

(3)填写企业所得税纳税申报表。

## 任务实施

### 1. 计算甲企业 2023 年企业所得税应纳税所得额

第一步：计算会计利润总额。

会计利润总额＝3 600＋50－2 200－870－380－50－(260－220)＋100－70＝140(万元)

第二步：计算纳税调整金额。

(1)国债利息收入为免税收入，因此需要纳税调减 50 万元；

(2)广告费当年扣除限额＝3 600×30％＝1 080(万元)大于实际发生额 550 万元，无需进行纳税调整；

(3)业务招待费扣除限额 1＝40×60％＝24(万元)，业务招待费扣除限额 2＝3 600×5‰＝18(万元)，扣除限额 2 小于扣除限额 1，所以当年业务招待费可以扣除的金额为 18 万元，实际发生额 40 万元大于扣除限额 18 万元，因此需要纳税调增 22(40－18)万元；

(4)公益性捐赠支出当年扣除限额＝150×12％＝18(万元)，小于实际发生额 50 万元，所以当年可以扣除的公益性捐赠支出为 18 万元，剩余的结转以后 3 年内进行扣除，因此需要纳税调增 32 万元；

（5）支付的税收滞纳金不得在税前扣除，因此需要纳税调增 10 万元；

（6）职工福利费扣除限额＝260×14％＝36.4（万元），小于实际发生额 47 万元，因此需要纳税调增 10.6（47－36.4）万元；

（7）职工教育经费扣除限额＝260×8％＝20.8（万元），大于实际发生额 15 万元，无需进行纳税调整；

（8）工会经费扣除限额＝260×2％＝5.2（万元），小于实际发生额 7 万元，因此需要纳税调增 1.8（7－5.2）万元；

纳税调整金额合计＝22＋32＋10＋10.6＋1.8－50＝26.4（万元）

第三步：计算应纳税所得额

应纳税所得额＝140＋26.4＝166.4（万元）

**2. 计算甲企业 2023 年应纳企业所得税税额**

第四步：计算应纳税额

应纳税额＝166.4×25％＝41.6（万元）

**3. 填写企业所得税纳税申报表**

甲企业 2023 年企业所得税纳税申报表填制见表 6-4 至表 6-9。

# 第一节　企业所得税的起源和发展

## 一、企业所得税的起源和发展

企业所得税又称公司所得税或法人所得税，产生的时间相对较晚。最早征收法人所得税的国家是日本，于 1894 年开征。而后，美国于 1909 年开征了具有公司所得税性质的特许税，在 1916—1920 年，加拿大、荷兰、德国分别开征了公司所得税。但在公司所得税产生后的 20 多年里，并没有引起各国的广泛重视。直至第二次世界大战后，各国才开始重视公司所得税，随后，世界各国开始引入或考虑引入公司所得税。依据美国税收基金会发布的《2023 年全球企业所得税税率》研究报告显示，在接受调查的 225 个司法管辖区中，有 210 个司法管辖区征收公司所得税，有 15 个司法管辖区如巴哈马、英属维京群岛、开曼群岛和百慕大等小岛国，不征收公司所得税。

公司所得税是指以公司、企业法人取得的生产经营所得和其他所得为征税对象而征收的一种所得税。我国实行的是企业所得税，纳税人范围比公司所得税大。

司法管辖区是指一个具有独立司法权的特定区域范围，既可以是一个国家整体，也可以是国家内部的特定区域。

## 二、中国征收企业所得税的历史进程

中国所得税制度起源于 20 世纪初，清末宣统年间，政府曾草拟出《所得税章程》，其中包含对企业所得征税的内容，但因社会动荡等原因未能公布施行。直至1949年新中国成立，为了满足国家建设和国民经济恢复的需要，中国开始了新的税收制度建设。由此，中国企业所得税的改革征程正式开启。

初步萌芽(1949年—1979年)：1949年首届全国税务会议通过了统一全国税收政策的基本方案，其中包括对企业所得征税的办法，为企业所得税制度奠定了基础。1950年，政务院发布的《全国税政实施要则》中规定了全国设置14种税收，其中便有工商业税(所得税部分)，这标志着中国新的企业所得税体系初步建立。1958年，国务院公布了《工商统一税条例(草案)》，正式将所得税从工商业税中分离出来并定名为工商所得税，主要针对集体企业征收，国营企业只征工商税，不征所得税。1973年至1979年间中国进行了几次重大的税制改革，企业所得税制度逐步建立。

改革发展(1980年—2007年)：1980年9月10日，第五届全国人民代表大会第三次会议通过了《中华人民共和国中外合资经营企业所得税法》，这是新中国成立以后制定的第一部企业所得税法。1983年至1984年的两步"利改税"将国营企业上缴利润的制度改为缴纳企业所得税的制度，对国营大中型企业实行55％的税率，对小型企业实行10％～55％的八级超额累进税率。1991年至1993年间，中国企业所得税分为内资企业、外资企业(包括外商投资企业和外国企业)两套税制。直至2007年，中国正式颁布《中华人民共和国企业所得税法》和《中华人民共和国企业所得税法实施条例》，并于2008年1月1日施行，从此内、外资企业实行统一的企业所得税法，中国也逐步建立与世界接轨的税收制度。

走入新时代(2008年至今)：《中华人民共和国企业所得税法》自2008年实施以来，分别于2017年和2018年针对公益性捐赠支出的扣除规定进行过修订。而后，为鼓励创新、刺激消费、扩大就业、服务实体经济发展，中国于2019年对《中华人民共和国企业所得税法实施条例》进行了修订，主要涉及小型微利企业的税收优惠政策和非居民企业所得税申报表单等两个方面。此后，一系列税收优惠政策陆续出台，进一步推动了企业所得税制度的发展和经济的转型升级，增强了我国财税体制的法制化和规范化，营造了更为公平的税收环境。

## 第二节　企业所得税纳税人和征税对象的确定

### 一、企业所得税的概念

企业所得税是以企业和其他取得收入的组织的生产经营所得和其他所得为征税对象征收的一种所得税。

## 二、企业所得税的纳税人

《中华人民共和国企业所得税法》第一条规定，在中华人民共和国境内，企业和其他取得收入的组织（以下统称企业）为企业所得税的纳税人。但个人独资企业、合伙企业不适用该法。企业所得税采取收入来源地管辖权和居民管辖权相结合的双管辖权，把企业分为居民企业和非居民企业，分别确定不同纳税义务。

### (一)居民企业

《中华人民共和国企业所得税法》第二条规定，本法所称居民企业，是指依法在中国境内成立，或者依照外国(地区)法律成立但实际管理机构在中国境内的企业。

**法规解读：**

《中华人民共和国企业所得税法实施条例》第三条规定，企业所得税法第二条所称依法在中国境内成立的企业，包括依照中国法律、行政法规在中国境内成立的企业、事业单位、社会团体以及其他取得收入的组织。依照外国(地区)法律成立的企业，包括依照外国(地区)法律成立的企业和其他取得收入的组织。

《中华人民共和国企业所得税法实施条例》第四条规定，企业所得税法第二条所称实际管理机构，是指对企业的生产经营、人员、账务、财产等实施实质性全面管理和控制的机构。

### (二)非居民企业

《中华人民共和国企业所得税法》第二条规定，本法所称非居民企业，是指依照外国(地区)法律成立且实际管理机构不在中国境内，但在中国境内设立机构、场所的，或者在中国境内未设立机构、场所，但有来源于中国境内所得的企业。

**法规解读：**

《中华人民共和国企业所得税法实施条例》第五条规定，企业所得税法第二条第三款所称机构、场所，是指在中国境内从事生产经营活动的机构、场所，包括：①管理机构、营业机构、办事机构；②工厂、农场、开采自然资源的场所；③提供劳务的场所；④从事建筑、安装、装配、修理、勘探等工程作业的场所；⑤其他从事生产经营活动的机构、场所。非居民企业委托营业代理人在中国境内从事生产经营活动的，包括委托单位或者个人经常代其签订合同，或者储存、交付货物等，该营业代理人视为非居民企业在中国境内设立的机构、场所。

### 学中做

根据企业所得税法律制度的规定，下列关于企业所得税纳税人的表述中正确的是（　　）。

A. 依照外国法律成立，但实际管理机构在中国境内的企业均属于居民企业

B. 依照外国法律成立且在中国境内未设立机构、场所的企业均属于非居民企业

C. 依照外国法律成立，但在中国境内设立机构、场所的企业均属于非居民企业

D. 依法在中国境内成立，但实际管理机构在境外的企业均属于非居民企业

### 学中做

根据企业所得税法律制度的规定，下列各项中，属于企业所得税纳税人的有(　　)。

A. 合伙企业　　　B. 股份有限公司　　　C. 个体工商户　　　D. 事业单位

## 三、企业所得税的征税对象

企业所得税的征税对象是企业取得的生产经营所得、其他所得和清算所得。

《中华人民共和国企业所得税法》第三条规定，居民企业应当就其来源于中国境内、境外的所得缴纳企业所得税。

非居民企业在中国境内设立机构、场所的，应当就其所设机构、场所取得的来源于中国境内的所得，以及发生在中国境外但与其所设机构、场所有实际联系的所得，缴纳企业所得税。

非居民企业在中国境内未设立机构、场所的，或者虽设立机构、场所但取得的所得与其所设机构、场所没有实际联系的，应当就其来源于中国境内的所得缴纳企业所得税。

**法规解读：**

《中华人民共和国企业所得税法实施条例》第六条规定，企业所得税法第三条所称所得，包括销售货物所得、提供劳务所得、转让财产所得、股息红利等权益性投资所得、利息所得、租金所得、特许权使用费所得、接受捐赠所得和其他所得。

《中华人民共和国企业所得税法实施条例》第七条规定，企业所得税法第三条所称来源于中国境内、境外的所得，按照以下原则确定：

(1)销售货物所得，按照交易活动发生地确定；

(2)提供劳务所得，按照劳务发生地确定；

(3)转让财产所得，不动产转让所得按照不动产所在地确定，动产转让所得按照转让动产的企业或者机构、场所所在地确定，权益性投资资产转让所得按照被投资企业所在地确定；

(4)股息、红利等权益性投资所得，按照分配所得的企业所在地确定；

(5)利息所得、租金所得、特许权使用费所得，按照负担、支付所得的企业或者机构、场所所在地确定，或者按照负担、支付所得的个人的住所地确定；

(6)其他所得，由国务院财政、税务主管部门确定。

《中华人民共和国企业所得税法实施条例》第八条规定，企业所得税法第三条所称

实际联系，是指非居民企业在中国境内设立的机构、场所拥有据以取得所得的股权、债权，以及拥有、管理、控制据以取得所得的财产等。

**学中做**

根据企业所得税法律制度的规定，下列关于企业所得税征税对象的表述中，正确的有（      ）。

A. 在中国境内设立机构、场所的非居民企业，其机构、场所来源于中国境内的所得

B. 居民企业来源于中国境外的所得

C. 在中国境内未设立机构、场所的非居民企业来源于中国境外的所得

D. 居民企业来源于中国境内的所得

## 四、企业所得税的税率

### （一）基本税率

我国企业所得税实行比例税率，《中华人民共和国企业所得税法》第四条规定，企业所得税的税率为 25%。

### （二）优惠税率

某些特殊企业可以享受税收优惠政策，适用税率有所不同，具体规定如下：

（1）《中华人民共和国企业所得税法实施条例》第九十一条规定，在中国境内未设立机构、场所的，或者虽设立机构、场所但取得的所得与其所设机构、场所没有实际联系的非居民企业，在中国境内取得的所得，适用税率为 20%。但实际征收时，减按 10% 的税率征收企业所得税。

**学中做**

判断：在中国境内设立机构、场所且取得的所得与其所设机构、场所有实际联系的非居民企业，适用的企业所得税税率为 20%。（      ）

（2）《中华人民共和国企业所得税法》第二十八条规定，符合条件的小型微利企业，减按 20% 的税率征收企业所得税。国家需要重点扶持的高新技术企业，减按 15% 的税率征收企业所得税。

### 小贴士

《财政部 税务总局关于进一步支持小微企业和个体工商户发展有关税费政策的公告》（财政部 税务总局公告 2023 年第 12 号）第五条规定，本公告所称小型微利企业，是指从事国家非限制和禁止行业，且同时符合年度应纳税所得额不超过 300 万元、从业人数不超过 300 人、资产总额不超过 5 000 万元等三个条件的企业。第三条规定对小型微利企业减按 25% 计算应纳税所得额，按 20% 的税率缴纳企业所得税政策，延续执行至 2027 年 12 月 31 日。

《高新技术企业认定管理办法》第二条规定，本办法所称的高新技术企业是指：在《国家重点支持的高新技术领域》内，持续进行研究开发与技术成果转化，形成企业核心自主知识产权，并以此为基础开展经营活动，在中国境内（不包括港、澳、台地区）注册的居民企业。

### 学中做

甲公司 2023 年度为符合条件的小型微利企业，当年企业所得税应纳税所得额为 150 万元，甲公司 2023 年度应缴纳企业所得税税额为（    ）。

A. 5 万元          B. 7.5 万元          C. 10 万元          D. 12.5 万元

（3）《财政部 税务总局 国家发展改革委关于延续西部大开发企业所得税政策的公告》（财政部 税务总局 国家发展改革委公告 2020 年第 23 号）第一条规定，自 2021 年 1 月 1 日至 2030 年 12 月 31 日，对设在西部地区的鼓励类产业企业减按 15% 的税率征收企业所得税。本条所称鼓励类产业企业是指以《西部地区鼓励类产业目录》中规定的产业项目为主营业务，且其主营业务收入占企业收入总额 60% 以上的企业。

## 五、企业所得税的优惠政策

### （一）免税收入

《中华人民共和国企业所得税法》第二十六条规定，企业的下列收入为免税收入：

#### 1. 国债利息收入

《中华人民共和国企业所得税法实施条例》第八十二条规定，国债利息收入，是指企业持有国务院财政部门发行的国债取得的利息收入。

**小贴士**

《财政部 国家税务总局关于地方政府债券利息免征所得税问题的通知》(财税〔2013〕5号)规定,对企业和个人取得的 2012 年及以后年度发行的地方政府债券利息收入,免征企业所得税和个人所得税。地方政府债券是指经国务院批准同意,以省、自治区、直辖市和计划单列市政府为发行和偿还主体的债券。

**2. 符合条件的居民企业之间的股息、红利等权益性投资收益**

《中华人民共和国企业所得税法实施条例》第八十三条规定,符合条件的居民企业之间的股息、红利等权益性投资收益,是指居民企业直接投资于其他居民企业取得的投资收益。

**3. 在中国境内设立机构、场所的非居民企业从居民企业取得与该机构、场所有实际联系的股息、红利等权益性投资收益**

《中华人民共和国企业所得税法实施条例》第八十三条规定,股息、红利等权益性投资收益,不包括连续持有居民企业公开发行并上市流通的股票不足 12 个月取得的投资收益。

**4. 符合条件的非营利组织的收入**

《中华人民共和国企业所得税法实施条例》第八十四条规定,符合条件的非营利组织,是指同时符合下列条件的组织:

(1)依法履行非营利组织登记手续;

(2)从事公益性或者非营利性活动;

(3)取得的收入除用于与该组织有关的、合理的支出外,全部用于登记核定或者章程规定的公益性或者非营利性事业;

(4)财产及其孳息不用于分配;

(5)按照登记核定或者章程规定,该组织注销后的剩余财产用于公益性或者非营利性目的,或者由登记管理机关转赠给与该组织性质、宗旨相同的组织,并向社会公告;

(6)投入人对投入该组织的财产不保留或者享有任何财产权利;

(7)工作人员工资福利开支控制在规定的比例内,不变相分配该组织的财产。

《中华人民共和国企业所得税法实施条例》第八十五条规定,符合条件的非营利组织的收入,不包括非营利组织从事营利性活动取得的收入,但国务院财政、税务主管部门另有规定的除外。

**学中做**

根据企业所得税法律制度的规定,下列收入中,属于免税收入的是(　　　)。

A. 地方政府债券利息收入　B. 国债利息收入　C. 财政拨款　D. 政府性基金

### （二）减计收入

**1. 生产符合国家产业政策规定的产品**

《中华人民共和国企业所得税法》第三十三条规定，企业综合利用资源，生产符合国家产业政策规定的产品所取得的收入，可以在计算应纳税所得额时减计收入。

《中华人民共和国企业所得税法实施条例》第九十九条规定，减计收入是指企业以《资源综合利用企业所得税优惠目录》规定的资源作为主要原材料，生产国家非限制和禁止并符合国家和行业相关标准的产品取得的收入，减按90％计入收入总额。

前款所称原材料占生产产品材料的比例不得低于《资源综合利用企业所得税优惠目录》规定的标准。

**2. 提供社区养老、托育、家政服务取得的收入**

《关于养老、托育、家政等社区家庭服务业税费优惠政策的公告》（财政部公告2019年第76号）规定，自2019年6月1日至2025年12月31日，提供社区养老、托育、家政服务取得的收入，在计算应纳税所得额时，减按90％计入收入总额。本公告所称社区是指聚居在一定地域范围内的人们所组成的社会生活共同体，包括城市社区和农村社区。

**3. 企业可减、免、抵税的所得**

《中华人民共和国企业所得税法》第二十七条规定，企业的下列所得，可以免征、减征企业所得税：

1）从事农、林、牧、渔业项目的所得

《中华人民共和国企业所得税法实施条例》第八十六条规定，企业从事农、林、牧、渔业可以免征、减征企业所得税。

免征企业所得税的项目有：①蔬菜、谷物、薯类、油料、豆类、棉花、麻类、糖料、水果、坚果的种植；②农作物新品种的选育；③中药材的种植；④林木的培育和种植；⑤牲畜、家禽的饲养；⑥林产品的采集；⑦灌溉、农产品初加工、兽医、农技推广、农机作业和维修等农、林、牧、渔服务业项目；⑧远洋捕捞。

可以减半征收企业所得税的项目有：①花卉、茶以及其他饮料作物和香料作物的种植；②海水养殖、内陆养殖。

企业从事国家限制和禁止发展的项目，不得享受本条规定的企业所得税优惠。

2）从事国家重点扶持的公共基础设施项目投资经营的所得

《中华人民共和国企业所得税法实施条例》第八十七条规定，国家重点扶持的公共基础设施项目，是指《公共基础设施项目企业所得税优惠目录》规定的港口码头、机场、铁路、公路、城市公共交通、电力、水利等项目。

企业从事前款规定的国家重点扶持的公共基础设施项目的投资经营的所得，自项目取得第一笔生产经营收入所属纳税年度起，第一年至第三年免征企业所得税，第四年至第六年减半征收企业所得税。

企业承包经营、承包建设和内部自建自用本条规定的项目，不得享受本条规定的企业所得税优惠。

享受上述规定的减免税优惠项目，在减免税期限内转让的，受让方自受让之日起，可以在剩余期限内享受规定的减免税优惠；减免税期限届满后转让的，受让方不得就该项目重复享受减免税优惠。

3）从事符合条件的环境保护、节能节水、安全生产等项目的所得

（1）《中华人民共和国企业所得税法实施条例》第八十八条规定，符合条件的环境保护、节能节水项目，包括公共污水处理、公共垃圾处理、沼气综合开发利用、节能减排技术改造、海水淡化等。项目的具体条件和范围由国务院财政、税务主管部门商国务院有关部门制订，报国务院批准后公布施行。

企业从事前款规定的符合条件的环境保护、节能节水项目的所得，自项目取得第1笔生产经营收入所属纳税年度起，第1年至第3年免征企业所得税，第4年至第6年减半征收企业所得税。

享受上述规定的减免税优惠项目，在减免税期限内转让的，受让方自受让之日起，可以在剩余期限内享受规定的减免税优惠；减免税期限届满后转让的，受让方不得就该项目重复享受减免税优惠。

（2）《中华人民共和国企业所得税法实施条例》第一百条规定，税额抵免，是指企业购置并实际使用《环境保护专用设备企业所得税优惠目录》、《节能节水专用设备企业所得税优惠目录》和《安全生产专用设备企业所得税优惠目录》规定的环境保护、节能节水、安全生产等专用设备的，该专用设备的投资额的10％可以从企业当年的应纳税额中抵免；当年不足抵免的，可以在以后5个纳税年度结转抵免。

享受前款规定的企业所得税优惠的企业，应当实际购置并自身实际投入使用前款规定的专用设备；企业购置上述专用设备在5年内转让、出租的，应当停止享受企业所得税优惠，并补缴已经抵免的企业所得税税款。

4）符合条件的技术转让所得

《中华人民共和国企业所得税法实施条例》第九十条规定，符合条件的技术转让所得免征、减征企业所得税，是指一个纳税年度内，居民企业技术转让所得不超过500万元的部分，免征企业所得税；超过500万元的部分，减半征收企业所得税。

5）非居民企业所得

《中华人民共和国企业所得税法实施条例》第九十一条规定，在中国境内未设立机构、场所的，或者虽设立机构、场所但取得的所得与其所设机构、场所没有实际联系的非居民企业，在中国境内取得的所得，减按10％的税率征收企业所得税。下列所得可以免征企业所得税：

（1）外国政府向中国政府提供贷款取得的利息所得；

（2）国际金融组织向中国政府和居民企业提供优惠贷款取得的利息所得；

(3)经国务院批准的其他所得。

6)民族自治地方分享的企业所得

《中华人民共和国企业所得税法》第二十九条规定，民族自治地方的自治机关对本民族自治地方的企业应缴纳的企业所得税中属于地方分享的部分，可以决定减征或者免征。自治州、自治县决定减征或者免征的，须报省、自治区、直辖市人民政府批准。

《中华人民共和国企业所得税法实施条例》第九十四条规定，民族自治地方是指依照《中华人民共和国民族区域自治法》的规定，实行民族区域自治的自治区、自治州、自治县。对民族自治地方内国家限制和禁止行业的企业，不得减征或者免征企业所得税。

### 学中做

根据企业所得税法律制度的规定，在一个纳税年度内，居民企业技术转让所得不超过（　　）万元的部分，免征企业所得税；超过部分，（　　）征收企业所得税。

A.50；全额　　　　　B.500；减半　　　　　C.500；全额　　　　　D.50；减半

## （三）加计扣除

《中华人民共和国企业所得税法》第三十条规定，企业的下列支出，可以在计算应纳税所得额时加计扣除：

### 1. 开发新技术、新产品、新工艺发生的研究开发费用

(1)《关于进一步完善研发费用税前加计扣除政策的公告》（财政部 税务总局公告2023年第7号）第一条规定，企业开展研发活动中实际发生的研发费用，未形成无形资产计入当期损益的，在按规定据实扣除的基础上，自2023年1月1日起，再按照实际发生额的100％在税前加计扣除；形成无形资产的，自2023年1月1日起，按照无形资产成本的200％在税前摊销。

(2)《关于提高集成电路和工业母机企业研发费用加计扣除比例的公告》（财政部 税务总局 国家发展改革委 工业和信息化部公告2023年第44号）第一条规定，集成电路企业和工业母机企业开展研发活动中实际发生的研发费用，未形成无形资产计入当期损益的，在按规定据实扣除的基础上，在2023年1月1日至2027年12月31日期间，再按照实际发生额的120％在税前扣除；形成无形资产的，在上述期间按照无形资产成本的220％在税前摊销。

(3)《关于完善研究开发费用税前加计扣除政策的通知》（财税〔2015〕119号）第二条中规定，企业委托外部机构或个人进行研发活动所发生的费用，按照费用实际发生额的80％计入委托方研发费用并计算加计扣除，受托方不得再进行加计扣除。

《关于完善研究开发费用税前加计扣除政策的通知》（财税〔2015〕119号）第四条规定，不适用税前加计扣除政策的行业：烟草制造业；住宿和餐饮业；批发和零售业；房地产业；租赁和商务服务业；娱乐业；财政部和国家税务总局规定的其他行业。

上述七个行业企业是指以列举行业业务为主营业务，其研发费用发生当年的主营

业务收入占企业按《中华人民共和国企业所得税法》第六条规定计算的收入总额减除不征税收入和投资收益的余额50％（不含）以上的企业。

**2. 安置残疾人员及国家鼓励安置的其他就业人员所支付的工资**

《中华人民共和国企业所得税法实施条例》第九十六条规定，企业安置残疾人员所支付的工资的加计扣除，是指企业安置残疾人员的，在按照支付给残疾职工工资据实扣除的基础上，按照支付给残疾职工工资的100％加计扣除。残疾人员的范围适用《中华人民共和国残疾人保障法》的有关规定。企业安置国家鼓励安置的其他就业人员所支付的工资的加计扣除办法，由国务院另行规定。

### （四）创业投资企业抵扣应纳税所得额

《中华人民共和国企业所得税法》第三十一条规定，创业投资企业从事国家需要重点扶持和鼓励的创业投资，可以按投资额的一定比例抵扣应纳税所得额。

《中华人民共和国企业所得税法实施条例》第九十七条规定，抵扣应纳税所得额，是指创业投资企业采取股权投资方式投资于未上市的中小高新技术企业2年以上的，可以按照其投资额的70％在股权持有满2年的当年抵扣该创业投资企业的应纳税所得额；当年不足抵扣的，可以在以后纳税年度结转抵扣。

### （五）加速折旧

《中华人民共和国企业所得税法》第三十二条规定，企业的固定资产由于技术进步等原因，确需加速折旧的，可以缩短折旧年限或者采取加速折旧的方法。

《中华人民共和国企业所得税法实施条例》第九十八条规定，可以采取缩短折旧年限或者采取加速折旧的方法的固定资产，包括：

(1)由于技术进步，产品更新换代较快的固定资产；

(2)常年处于强震动、高腐蚀状态的固定资产。

采取缩短折旧年限方法的，最低折旧年限不得低于规定折旧年限的60％；采取加速折旧方法的，可以采取双倍余额递减法或者年数总和法。

《关于设备、器具扣除有关企业所得税政策的公告》（财政部 税务总局公告2023年第37号）规定，企业在2024年1月1日至2027年12月31日期间新购进的设备、器具，单位价值不超过500万元的，允许一次性计入当期成本费用在计算应纳税所得额时扣除，不再分年度计算折旧。

---

🔖 **小贴士**

《中华人民共和国企业所得税法实施条例》第一百零二条规定，企业同时从事适用不同企业所得税待遇的项目的，其优惠项目应当单独计算所得，并合理分摊企业的期间费用；没有单独计算的，不得享受企业所得税优惠。

## 第三节　企业所得税税款的计算

### 一、应纳税所得额的计算

《中华人民共和国企业所得税法》第五条规定，企业每一纳税年度的收入总额，减除不征税收入、免税收入、各项扣除以及允许弥补的以前年度亏损后的余额，为应纳税所得额。主要有以下两种计算方法：

第一种，直接计算法。

应纳税所得额＝收入总额－不征税收入－免税收入－准予扣除项目金额

－允许弥补的以前年度亏损

第二种，间接计算法。

应纳税所得额＝利润总额－境外所得＋纳税调整增加额－纳税调整减少额

－免税、减计收入及加计扣除＋境外应税所得抵减境内亏损

－所得减免－抵扣应纳税所得额－允许弥补的以前年度亏损

**法规解读：**

《中华人民共和国企业所得税法实施条例》第九条规定，企业应纳税所得额的计算，以权责发生制为原则，属于当期的收入和费用，不论款项是否收付，均作为当期的收入和费用；不属于当期的收入和费用，即使款项已经在当期收付，均不作为当期的收入和费用。本条例和国务院财政、税务主管部门另有规定的除外。

> **小贴士**
>
> **1. 纳税调整增加额(纳税调增)**
>
> (1)计算会计利润时已扣除，但税法规定不能扣除的项目金额(如罚款)；
>
> (2)计算会计利润时已扣除，但超过税法规定扣除标准部分的金额(如广告费)；
>
> (3)会计上不确认收入，但是税法上视同销售确认收入的金额。
>
> **2. 纳税调整减少额(纳税调减)**
>
> (1)允许加计扣除的费用(如研发支出、残疾人工资等)；
>
> (2)减税或者免税收益(如国债利息)；
>
> (3)弥补以前年度(5 年内)未弥补的亏损额。

### (一)收入总额

《中华人民共和国企业所得税法》第六条规定，企业以货币形式和非货币形式从各种来源取得的收入，为收入总额。包括销售货物收入，提供劳务收入，转让财产收入，

股息、红利等权益性投资收益，利息收入，租金收入，特许权使用费收入，接受捐赠收入，其他收入。

**法规解读：**

《中华人民共和国企业所得税法实施条例》第十二条规定，企业取得收入的货币形式，包括现金、存款、应收账款、应收票据、准备持有至到期的债券投资以及债务的豁免等；企业取得收入的非货币形式，包括固定资产、生物资产、无形资产、股权投资、存货、不准备持有至到期的债券投资、劳务以及有关权益等。

《中华人民共和国企业所得税法实施条例》第十三条规定，企业以非货币形式取得的收入，应当按照公允价值（按照市场价格确定的价值）确定收入额。

## 小贴士

### 1. 收入确认时间

（1）股息、红利等权益性投资收益，除国务院财政、税务主管部门另有规定外，按照被投资方作出利润分配决定的日期确认收入的实现；

（2）利息收入，按照合同约定的债务人应付利息的日期确认收入的实现；

（3）租金收入，按照合同约定的承租人应付租金的日期确认收入的实现；

（4）特许权使用费收入，按照合同约定的特许权使用人应付特许权使用费的日期确认收入的实现；

（5）接受捐赠收入，按照实际收到捐赠资产的日期确认收入的实现；

（6）以分期收款方式销售货物的，按照合同约定的收款日期确认收入的实现；

（7）企业受托加工制造大型机械设备、船舶、飞机，以及从事建筑、安装、装配工程业务或者提供其他劳务等，持续时间超过12个月的，按照纳税年度内完工进度或者完成的工作量确认收入的实现；

（8）采取产品分成方式取得收入的，按照企业分得产品的日期确认收入的实现，其收入额按照产品的公允价值确定。

### 2. 视同销售

《中华人民共和国企业所得税法实施条例》第二十五条规定，企业发生非货币性资产交换，以及将货物、财产、劳务用于捐赠、偿债、赞助、集资、广告、样品、职工福利或者利润分配等用途的，应当视同销售货物、转让财产或者提供劳务，但国务院财政、税务主管部门另有规定的除外。

### （二）不征税收入

《中华人民共和国企业所得税法》第七条规定，收入总额中的下列收入为不征税收入：

**1. 财政拨款**

《中华人民共和国企业所得税法实施条例》第二十六条规定，财政拨款，是指各级人民政府对纳入预算管理的事业单位、社会团体等组织拨付的财政资金，但国务院和国务院财政、税务主管部门另有规定的除外。

**2. 依法收取并纳入财政管理的行政事业性收费、政府性基金**

《中华人民共和国企业所得税法实施条例》第二十六条规定，行政事业性收费，是指依照法律法规等有关规定，按照国务院规定程序批准，在实施社会公共管理，以及在向公民、法人或者其他组织提供特定公共服务过程中，向特定对象收取并纳入财政管理的费用；政府性基金，是指企业依照法律、行政法规等有关规定，代政府收取的具有专项用途的财政资金。

**3. 国务院规定的其他不征税收入**

《中华人民共和国企业所得税法实施条例》第二十六条规定，国务院规定的其他不征税收入，是指企业取得的，由国务院财政、税务主管部门规定专项用途并经国务院批准的财政性资金。

### （三）准予扣除项目的一般规定

《中华人民共和国企业所得税法》第八条规定，企业实际发生的与取得收入有关的、合理的支出，包括成本、费用、税金、损失和其他支出，准予在计算应纳税所得额时扣除。

> **小贴士**
>
> 可以扣除的税金是指各项税金及附加，包括消费税、资源税、土地增值税、关税、城镇土地使用税、房产税、车船税、印花税、城市维护建设税及教育费附加等，但缴纳的企业所得税和增值税不得扣除。

（1）成本，是指企业在生产经营活动中发生的销售成本、销货成本、业务支出以及其他耗费。

（2）费用，是指企业在生产经营活动中发生的销售费用、管理费用和财务费用，已经计入成本的有关费用除外。

（3）税金，是指企业发生的除企业所得税和允许抵扣的增值税以外的各项税金及其附加。

（4）损失，是指企业在生产经营活动中发生的固定资产和存货的盘亏、毁损、报废损失，转让财产损失，呆账损失，坏账损失，自然灾害等不可抗力因素造成的损失以及其他损失。

企业发生的损失，减除责任人赔偿和保险赔款后的余额，依照国务院财政、税务主管部门的规定扣除。企业已经作为损失处理的资产，在以后纳税年度又全部收回或者部分收回时，应当计入当期收入。

（5）其他支出，是指除成本、费用、税金、损失外，企业在生产经营活动中发生的与生产经营活动有关的、合理的支出。

**学中做**

根据企业所得税法律制度的规定，在计算应纳税所得额时，企业缴纳的下列税金中不得扣除的是（　　）。

A. 增值税；消费税

B. 企业所得税；印花税

C. 企业所得税；增值税

D. 资源税；增值税

### （四）准予扣除项目的特殊规定

#### 1. 工资薪金支出

《中华人民共和国企业所得税法实施条例》第三十四条规定，企业发生的合理的工资薪金支出，准予扣除。

工资薪金，是指企业每一纳税年度支付给在本企业任职或者受雇的员工的所有现金形式或者非现金形式的劳动报酬，包括基本工资、奖金、津贴、补贴、年终加薪、加班工资，以及与员工任职或者受雇有关的其他支出。

#### 2. 社会保险费和住房公积金

《中华人民共和国企业所得税法实施条例》第三十五条规定，企业依照国务院有关主管部门或者省级人民政府规定的范围和标准为职工缴纳的基本养老保险费、基本医疗保险费、失业保险费、工伤保险费、生育保险费等基本社会保险费和住房公积金，准予扣除。

《关于补充养老保险费 补充医疗保险费有关企业所得税政策问题的通知》（财税〔2009〕27号）规定，自2008年1月1日起，企业根据国家有关政策规定，为在本企业任职或者受雇的全体员工支付的补充养老保险费、补充医疗保险费，分别在不超过职工工资总额5%标准内的部分，在计算应纳税所得额时准予扣除；超过的部分，不予扣除。

#### 3. 商业保险、财产保险、人身意外保险

《中华人民共和国企业所得税法实施条例》第三十六条规定，除企业依照国家有关规定为特殊工种职工支付的人身安全保险费和国务院财政、税务主管部门规定可以扣除的其他商业保险费外，企业为投资者或者职工支付的商业保险费，不得扣除。

《中华人民共和国企业所得税法实施条例》第四十六条规定，企业参加财产保险，按照规定缴纳的保险费，准予扣除。

《国家税务总局关于企业所得税有关问题的公告》（国家税务总局公告2016年第80号）规定，企业职工因公出差乘坐交通工具发生的人身意外保险费支出，准予企业在计

算应纳税所得额时扣除。

### 4. 职工福利费、工会经费、职工教育经费

《中华人民共和国企业所得税法实施条例》第四十条规定，企业发生的职工福利费支出，不超过工资薪金总额 14％的部分，准予扣除。

《中华人民共和国企业所得税法实施条例》第四十一条规定，企业拨缴的工会经费，不超过工资薪金总额 2％的部分，准予扣除。

《关于企业职工教育经费税前扣除政策的通知》(财税〔2018〕51 号)规定，自 2018 年 1 月 1 日起，企业发生的职工教育经费支出，不超过工资薪金总额 8％的部分，准予在计算企业所得税应纳税所得额时扣除；超过部分，准予在以后纳税年度结转扣除。

---

### 小贴士

《关于进一步鼓励软件产业和集成电路产业发展企业所得税政策的通知》(财税〔2012〕27 号)第六条规定，集成电路设计企业和符合条件软件企业的职工培训费用，应单独进行核算并按实际发生额在计算应纳税所得额时扣除。

---

### 做中学

某企业 2023 年度合理发放工资薪金总额 300 万元，同时发生职工福利费 47 万元、工会经费 5 万元、职工教育经费 26 万元。请问在计算该企业 2023 年度企业所得税应纳税所得额时，以上 3 项经费准予扣除的总额为多少万元？

职工福利费扣除限额：$300 \times 14\% = 42$（万元），实际发生 47 万高于扣除限额，2023 年税前准予扣除职工福利费 42 万元，需要纳税调增 5 万元。

工会经费扣除限额：$300 \times 2\% = 6$（万元），实际发生 5 万低于扣除限额，2023 年税前准予扣除工会经费 5 万元，不需要纳税调整。

职工教育经费扣除限额：$300 \times 8\% = 24$（万元），实际发生 26 万高于扣除限额，2023 年税前准予扣除职工教育经费 24 万元，剩余 2 万元准予结转以后年度扣除，当年需要纳税调增 2 万元。

三项经费准予扣除的总额：$42 + 5 + 24 = 71$（万元），当年需要纳税调增 7 万元。

### 5. 业务招待费

《中华人民共和国企业所得税法实施条例》第四十三条规定，企业发生的与生产经营活动有关的业务招待费支出，按照发生额的 60％扣除，但最高不得超过当年销售(营业)收入的 5‰。

《关于企业所得税应纳税所得额若干税务处理问题的公告》(国家税务总局公告 2012 年第 15 号)第五条规定，企业在筹建期间，发生的与筹办活动有关的业务招待费支出，

可按实际发生额的 60％计入企业筹办费，并按有关规定在税前扣除。

### 做中学

某企业 2023 年度营业收入为 72 384 560 元，当年发生业务招待费 473 200 元（能提供有效证明）。请问在计算该企业 2023 年度企业所得税应纳税所得额时，业务招待费准予扣除的金额为多少元？

扣除限额 1：473 200×60％＝283 920（元）

扣除限额 2：72 384 560×5‰＝361 922.8（元）

扣除限额 1＜扣除限额 2，当年税前准予扣除的业务招待费为 283 920 元，需要纳税调增 189 280 元。

### 6. 广告费和业务宣传费

《中华人民共和国企业所得税法实施条例》第四十四条规定，企业发生的符合条件的广告费和业务宣传费支出，除国务院财政、税务主管部门另有规定外，不超过当年销售（营业）收入 15％的部分，准予扣除；超过部分，准予在以后纳税年度结转扣除。

《关于广告费和业务宣传费支出税前扣除有关事项的公告》（财政部 税务总局公告 2020 年第 43 号）规定，2021 年 1 月 1 日至 2025 年 12 月 31 日，对化妆品制造或销售、医药制造和饮料制造（不含酒类制造）企业发生的广告费和业务宣传费支出，不超过当年销售（营业）收入 30％的部分，准予扣除；超过部分，准予在以后纳税年度结转扣除。烟草企业的烟草广告费和业务宣传费支出，一律不得在计算应纳税所得额时扣除。

### 做中学

某医药制造业企业 2023 年销售收入为 3600 万元，当年发生广告费 1050 万元，企业 2022 年度有 70 万元的广告费结转到今年扣除。请问该企业 2023 年度准予扣除的广告费金额为多少元？

广告费扣除限额：3600×30％＝1080（万元）

实际发生 1050 万元低于扣除限额，2023 年发生的 1050 万元广告费全部都可以在税前扣除。同时，2022 年度结转的广告费可以扣除 30 万元（1080－1050＝30），剩余 40 万元（70－30＝40）结转以后年度继续扣除。

因此，2023 年准予扣除的广告费金额为 1080 万元，需要纳税调减 30 万元。

### 7. 公益性捐赠支出

《中华人民共和国企业所得税法》第九条规定，企业发生的公益性捐赠支出，在年度利润总额 12％以内的部分，准予在计算应纳税所得额时扣除；超过年度利润总额 12％的部分，准予结转以后三年内在计算应纳税所得额时扣除。

《中华人民共和国企业所得税法实施条例》第五十一条规定，公益性捐赠是指企业通过公益性社会组织或者县级以上人民政府及其部门，用于符合法律规定的慈善活动、公益事业的捐赠。

《中华人民共和国企业所得税法实施条例》第五十三条规定，年度利润总额，是指企业依照国家统一会计制度的规定计算的年度会计利润。

### 做中学

某企业 2023 年度营业收入为 72 384 560 元，当年通过公益性社会组织捐款 900 万元。请问该企业的捐赠支出是否属于公益性捐赠支出？当年准予扣除的金额为多少元？

通过公益性社会组织捐款，是公益性捐赠支出。

公益性捐赠支出扣除限额：72 384 560×12％＝8 686 147.2(元)

实际发生额 900 万元高于扣除限额，所以 2023 年税前准予扣除的公益性捐赠支出为 8 686 147.2 元，剩余 313 852.8 元结转以后 3 年内进行扣除，当年需要纳税调增 313 852.8 元。

### 8. 借款费用

《中华人民共和国企业所得税法实施条例》第三十七条规定，企业在生产经营活动中发生的合理的不需要资本化的借款费用，准予扣除。

企业为购置、建造固定资产、无形资产和经过 12 个月以上的建造才能达到预定可销售状态的存货发生借款的，在有关资产购置、建造期间发生的合理的借款费用，应当作为资本性支出计入有关资产的成本，并依照本条例的规定扣除。

### 9. 利息支出

《中华人民共和国企业所得税法实施条例》第三十八条规定，企业在生产经营活动中发生的下列利息支出，准予扣除：

(1)非金融企业向金融企业借款的利息支出、金融企业的各项存款利息支出和同业拆借利息支出、企业经批准发行债券的利息支出；

(2)非金融企业向非金融企业借款的利息支出，不超过按照金融企业同期同类贷款利率计算的数额的部分。

### 做中学

某企业于 2023 年 1 月 1 日借入 1000 万元资金用于生产经营，借款期限为 1 年。其中，700 万元是向 A 银行借入的，支付利息 42 万元；300 万元是向 F 公司借入的，支付利息 27 万元。请问该企业 2023 年度税前准予扣除的借款利息总金额为多少万元？

向金融企业借款的利息支出准予全额扣除，因此支付 A 银行利息的 42 万元可以全额扣除。

A 银行借款年利率＝42÷700×100％＝6％

向非金融企业借款的利息支出扣除限额＝300×6‰＝18(万元)

实际支付额 27 万元高于扣除限额，所以向 F 公司借款利息只能扣除 18 万元

2023 年度税前准予扣除的借款利息总金额：42＋18＝60(万元)，当年需要纳税调增 9 万元。

### 10. 汇兑损失

《中华人民共和国企业所得税法实施条例》第三十九条规定，企业在货币交易中，以及纳税年度终了时将人民币以外的货币性资产、负债按照期末即期人民币汇率中间价折算为人民币时产生的汇兑损失，除已经计入有关资产成本以及与向所有者进行利润分配相关的部分外，准予扣除。

### 11. 环境保护专项资金

《中华人民共和国企业所得税法实施条例》第四十五条规定，企业依照法律、行政法规有关规定提取的用于环境保护、生态恢复等方面的专项资金，准予扣除。上述专项资金提取后改变用途的，不得扣除。

### 12. 固定资产租赁费

《中华人民共和国企业所得税法实施条例》第四十七条规定，企业根据生产经营活动的需要租入固定资产支付的租赁费，按照以下方法扣除：

(1)以经营租赁方式租入固定资产发生的租赁费支出，按照租赁期限均匀扣除；

(2)以融资租赁方式租入固定资产发生的租赁费支出，按照规定构成融资租入固定资产价值的部分应当提取折旧费用，分期扣除。

### 13. 其他项目

(1)《中华人民共和国企业所得税法实施条例》第四十八条规定，企业发生的合理的劳动保护支出，准予扣除。

(2)《中华人民共和国企业所得税法实施条例》第五十条规定，非居民企业在中国境内设立的机构、场所，就其中国境外总机构发生的与该机构、场所生产经营有关的费用，能够提供总机构出具的费用汇集范围、定额、分配依据和方法等证明文件，并合理分摊的，准予扣除。

## (五)不得扣除项目

《中华人民共和国企业所得税法》第十条规定，在计算应纳税所得额时，下列支出不得扣除：

(1)向投资者支付的股息、红利等权益性投资收益款项。

(2)企业所得税税款。

(3)税收滞纳金。

🔖 **小贴士**

《中华人民共和国税收征收管理法》第三十二条规定，纳税人未按照规定期限缴纳税款的，扣缴义务人未按照规定期限解缴税款的，税务机关除责令限期缴纳外，从滞纳税款之日起，按日加收滞纳税款万分之五的滞纳金。

(4)罚金、罚款和被没收财物的损失。

(5)本法第九条规定以外的捐赠支出。

(6)赞助支出。

(7)未经核定的准备金支出。

(8)与取得收入无关的其他支出。

**法规解读：**

《中华人民共和国企业所得税法实施条例》第四十九条规定，企业之间支付的管理费、企业内营业机构之间支付的租金和特许权使用费，以及非银行企业内营业机构之间支付的利息，不得扣除。

### (六)弥补以前年度亏损

《中华人民共和国企业所得税法》第十八条规定，企业纳税年度发生的亏损，准予向以后年度结转，用以后年度的所得弥补，但结转年限最长不得超过五年。

《关于延长高新技术企业和科技型中小企业亏损结转年限的通知》(财税〔2018〕76号)规定，自2018年1月1日起，当年具备高新技术企业或科技型中小企业资格的企业，其具备资格年度之前5个年度发生的尚未弥补完的亏损，准予结转以后年度弥补，最长结转年限由5年延长至10年。

《关于促进集成电路产业和软件产业高质量发展企业所得税政策的公告》(财政部 税务总局 发展改革委 工业和信息化部公告2020年第45号)规定，自2020年1月1日起，国家鼓励的线宽小于130纳米(含)的集成电路生产企业，属于国家鼓励的集成电路生产企业清单年度之前5个纳税年度发生的尚未弥补完的亏损，准予向以后年度结转，总结转年限最长不得超过10年。

**法规解读：**

《中华人民共和国企业所得税法实施条例》第十条规定，亏损是指企业依照企业所得税法和本条例的规定将每一纳税年度的收入总额减除不征税收入、免税收入和各项扣除后小于零的数额。

自亏损年度的下一个年度起连续5年不间断地计算；连续发生年度亏损，也必须从第一个亏损年度算起，先亏先补，按顺序连续计算亏损弥补期，不得将每个亏损年度的连续弥补期相加，更不得断开计算。

### 做中学

M 公司为化妆品制造企业，2015－2023 年度应纳税所得额如表 6－1 所示，请分析 M 公司 2015－2023 年度亏损弥补情况：

表 6－1　M 公司 2015－2023 年度亏损弥补情况

| 年度 | 2015 | 2016 | 2017 | 2018 | 2019 | 2020 | 2021 | 2022 | 2023 |
|---|---|---|---|---|---|---|---|---|---|
| 应纳税所得额/万元 | －1500 | －400 | －200 | 300 | 500 | 600 | 650 | 700 | 750 |

问题 1：M 公司 2015 年的亏损可以弥补到哪一年？是否有未弥补完的亏损？

解析：普通企业的亏损只能结转 5 年内进行弥补，因此只能弥补到 2020 年。

2015 年亏损的弥补期为 2016－2020 年，$-1500+0+0+300+500+600=-100$（万元），因此 2015 年的亏损还剩下 100 没有弥补完。

问题 2：M 公司 2016 年的亏损可以弥补到哪一年？是否有未弥补完的亏损？

解析：普通企业的亏损只能结转 5 年内进行弥补，因此只能弥补到 2021 年。

2016 年亏损的弥补期为 2017－2021 年，$-400+0+0+0+0+650=250$（万元），因此 2016 年的亏损全部弥补完成，2021 年的应纳税所得额还剩下 250 万元，可用于弥补 2017 年发生的亏损。

问题 3：M 公司 2017 年的亏损可以弥补到哪一年？是否有未弥补完的亏损？

解析：普通企业的亏损只能结转 5 年内进行弥补，因此只能弥补到 2022 年。

2017 年亏损的弥补期为 2018－2022 年，$-200+0+0+0+150+700=650$（万元），因此 2017 年的亏损全部弥补完成，2022 年的应纳税所得额还剩下 650 万元。

### （七）非居民企业应纳税所得额的特殊规定

《中华人民共和国企业所得税法》第十九条规定，在中国境内未设立机构、场所的，或者虽设立机构、场所但取得的所得与其所设机构、场所没有实际联系的非居民企业，其来源于中国境内的所得，按照下列方法计算应纳税所得额：

（1）股息、红利等权益性投资收益和利息、租金、特许权使用费所得，以收入全额为应纳税所得额；

（2）转让财产所得，以收入全额减除财产净值后的余额为应纳税所得额；

（3）其他所得，参照前两项规定的方法计算应纳税所得额。

## 二、资产的税务处理

《中华人民共和国企业所得税法》第十六条规定，企业转让资产，该项资产的净值，准予在计算应纳税所得额时扣除。

《中华人民共和国企业所得税法实施条例》第五十六条规定，企业的各项资产，包括固定资产、生物资产、无形资产、长期待摊费用、投资资产、存货等，以历史成本为计税基础。

企业持有各项资产期间资产增值或者减值，除国务院财政、税务主管部门规定可以确认损益外，不得调整该资产的计税基础。

### （一）固定资产的税务处理

《中华人民共和国企业所得税法实施条例》第五十七条规定，固定资产，是指企业为生产产品、提供劳务、出租或者经营管理而持有的、使用时间超过 12 个月的非货币性资产，包括房屋、建筑物、机器、机械、运输工具以及其他与生产经营活动有关的设备、器具、工具等。

**1. 固定资产折旧的范围**

《中华人民共和国企业所得税法》第十一条规定，在计算应纳税所得额时，企业按照规定计算的固定资产折旧，准予扣除。下列固定资产不得计算折旧扣除：

(1)房屋、建筑物以外未投入使用的固定资产；

(2)以经营租赁方式租入的固定资产；

(3)以融资租赁方式租出的固定资产；

(4)已足额提取折旧仍继续使用的固定资产；

(5)与经营活动无关的固定资产；

(6)单独估价作为固定资产入账的土地；

(7)其他不得计算折旧扣除的固定资产。

**2. 固定资产折旧的计提方法**

《中华人民共和国企业所得税法实施条例》第五十九条规定，固定资产按照直线法计算的折旧，准予扣除。

企业应当自固定资产投入使用月份的次月起计算折旧；停止使用的固定资产，应当自停止使用月份的次月起停止计算折旧。

企业应当根据固定资产的性质和使用情况，合理确定固定资产的预计净残值。固定资产的预计净残值一经确定，不得变更。

**3. 固定资产折旧的计提年限**

《中华人民共和国企业所得税法实施条例》第六十条规定，除国务院财政、税务主管部门另有规定外，固定资产计算折旧的最低年限如下：

(1)房屋、建筑物，为 20 年；

(2)飞机、火车、轮船、机器、机械和其他生产设备，为 10 年；

(3)与生产经营活动有关的器具、工具、家具等，为 5 年；

(4)飞机、火车、轮船以外的运输工具，为 4 年；

(5)电子设备，为3年。

### 4. 固定资产的计税基础

(1)外购的固定资产，以购买价款和支付的相关税费以及直接归属于使该资产达到预定用途发生的其他支出为计税基础；

(2)自行建造的固定资产，以竣工结算前发生的支出为计税基础；

(3)融资租入的固定资产，以租赁合同约定的付款总额和承租人在签订租赁合同过程中发生的相关费用为计税基础，租赁合同未约定付款总额的，以该资产的公允价值和承租人在签订租赁合同过程中发生的相关费用为计税基础；

(4)盘盈的固定资产，以同类固定资产的重置完全价值为计税基础；

(5)通过捐赠、投资、非货币性资产交换、债务重组等方式取得的固定资产，以该资产的公允价值和支付的相关税费为计税基础；

(6)改建的固定资产，除已足额提取折旧的固定资产的改建支出和租入固定资产的改建支出外，以改建过程中发生的改建支出增加计税基础。

## (二)无形资产的税务处理

《中华人民共和国企业所得税法实施条例》第六十五条规定，无形资产，是指企业为生产产品、提供劳务、出租或者经营管理而持有的、没有实物形态的非货币性长期资产，包括专利权、商标权、著作权、土地使用权、非专利技术、商誉等。

### 1. 无形资产摊销的范围

《中华人民共和国企业所得税法》第十二条规定，在计算应纳税所得额时，企业按照规定计算的无形资产摊销费用，准予扣除。下列无形资产不得计算摊销费用扣除：

(1)自行开发的支出已在计算应纳税所得额时扣除的无形资产；

(2)自创商誉；

(3)与经营活动无关的无形资产；

(4)其他不得计算摊销费用扣除的无形资产。

### 2. 无形资产摊销的方法和年限

《中华人民共和国企业所得税法实施条例》第六十七条规定，无形资产按照直线法计算的摊销费用，准予扣除。无形资产的摊销年限不得低于10年。作为投资或者受让的无形资产，有关法律规定或者合同约定了使用年限的，可以按照规定或者约定的使用年限分期摊销。外购商誉的支出，在企业整体转让或者清算时，准予扣除。

### 3. 无形资产的计税基础

(1)外购的无形资产，以购买价款和支付的相关税费以及直接归属于使该资产达到预定用途发生的其他支出为计税基础。

(2)自行开发的无形资产，以开发过程中该资产符合资本化条件后至达到预定用途前发生的支出为计税基础。

（3）通过捐赠、投资、非货币性资产交换、债务重组等方式取得的无形资产，以该资产的公允价值和支付的相关税费为计税基础。

### （三）生产性生物资产的税务处理

《中华人民共和国企业所得税法实施条例》第六十二条规定，生产性生物资产，是指企业为生产农产品、提供劳务或者出租等而持有的生物资产，包括经济林、薪炭林、产畜和役畜等。

#### 1. 生产性生物资产的折旧方法和折旧年限

《中华人民共和国企业所得税法实施条例》第六十三条规定，生产性生物资产按照直线法计算的折旧，准予扣除。企业应当自生产性生物资产投入使用月份的次月起计算折旧；停止使用的生产性生物资产，应当自停止使用月份的次月起停止计算折旧。

企业应当根据生产性生物资产的性质和使用情况，合理确定生产性生物资产的预计净残值。生产性生物资产的预计净残值一经确定，不得变更。

《中华人民共和国企业所得税法实施条例》第六十四条规定，生产性生物资产计算折旧的最低年限如下：

（1）林木类生产性生物资产，为 10 年；

（2）畜类生产性生物资产，为 3 年。

#### 2. 生产性生物资产的计税基础

（1）外购的生产性生物资产，以购买价款和支付的相关税费为计税基础；

（2）通过捐赠、投资、非货币性资产交换、债务重组等方式取得的生产性生物资产，以该资产的公允价值和支付的相关税费为计税基础。

### （四）长期待摊费用的税务处理

《中华人民共和国企业所得税法》第十三条规定，在计算应纳税所得额时，企业发生的下列支出作为长期待摊费用，按照规定摊销的，准予扣除：

（1）已足额提取折旧的固定资产的改建支出。

（2）租入固定资产的改建支出。

（3）固定资产的大修理支出。

（4）其他应当作为长期待摊费用的支出。

《中华人民共和国企业所得税法实施条例》第六十八条规定，固定资产的改建支出，是指改变房屋或者建筑物结构、延长使用年限等发生的支出。改建的固定资产延长使用年限的，除 1 和 2 的规定外，应当适当延长折旧年限。

### （五）投资资产的税务处理

投资资产，是指企业对外进行权益性投资和债权性投资形成的资产。《中华人民共和国企业所得税法》第十四条规定，企业对外投资期间，投资资产的成本在计算应纳税所得额时不得扣除。

《中华人民共和国企业所得税法实施条例》第七十一条规定，企业在转让或者处置投资资产时，投资资产的成本，准予扣除。投资资产按照以下方法确定成本：

(1)通过支付现金方式取得的投资资产，以购买价款为成本；

(2)通过支付现金以外的方式取得的投资资产，以该资产的公允价值和支付的相关税费为成本。

### (六)存货的税务处理

《中华人民共和国企业所得税法》第十五条规定，企业使用或者销售存货，按照规定计算的存货成本，准予在计算应纳税所得额时扣除。

《中华人民共和国企业所得税法实施条例》第七十二条规定，存货，是指企业持有以备出售的产品或者商品、处在生产过程中的在产品、在生产或者提供劳务过程中耗用的材料和物料等。存货按照以下方法确定成本：

(1)通过支付现金方式取得的存货，以购买价款和支付的相关税费为成本；

(2)通过支付现金以外的方式取得的存货，以该存货的公允价值和支付的相关税费为成本；

(3)生产性生物资产收获的农产品，以产出或者采收过程中发生的材料费、人工费和分摊的间接费用等必要支出为成本。

《中华人民共和国企业所得税法实施条例》第七十三条规定，企业使用或者销售的存货的成本计算方法，可以在先进先出法、加权平均法、个别计价法中选用一种。计价方法一经选用，不得随意变更。

## 三、应纳税额的计算

企业所得税实行按年计征，分月(季)预缴，年终汇算清缴，多退少补的缴纳办法。

### (一)按月(季)度预缴时应纳税额的计算

#### 1. 按实际利润额预缴

《中华人民共和国企业所得税法实施条例》第一百二十七条规定，企业根据规定分月或者分季预缴企业所得税时，应当按照月度或者季度的实际利润额预缴。

#### 2. 按应纳税所得额的平均额预缴

《中华人民共和国企业所得税法实施条例》第一百二十七条规定，企业按照月度或者季度的实际利润额预缴有困难的，可以按照上一纳税年度应纳税所得额的月度或者季度平均额预缴，或者按照经税务机关认可的其他方法预缴。

预缴方法一经确定，该纳税年度内不得随意变更。

### (二)年终汇算清缴时应纳税额的计算

《中华人民共和国企业所得税法》第二十二条规定，企业的应纳税所得额乘以适用税率，减除依照本法关于税收优惠的规定减免和抵免的税额后的余额，为应纳税额。

$$应纳税额＝应纳税所得额×适用税率－减免税额－抵免税额$$

### (三)核定征收应纳税额的计算

为了加强企业所得税征收管理，规范核定征收企业所得税工作，保障国家税款及时足额入库，维护纳税人合法权益，国家税务总局根据《中华人民共和国企业所得税法》及其实施条例、《中华人民共和国税收征收管理法》及其实施细则的有关规定，制定了《企业所得税核定征收办法(试行)》，适用于居民企业纳税人，自2008年1月1日起执行。

#### 1. 核定征收的适用范围

纳税人具有下列情形之一的，核定征收企业所得税：

(1)依照法律、行政法规的规定可以不设置账簿的；

(2)依照法律、行政法规的规定应当设置但未设置账簿的；

(3)擅自销毁账簿或者拒不提供纳税资料的；

(4)虽设置账簿，但账目混乱或者成本资料、收入凭证、费用凭证残缺不全，难以查账的；

(5)发生纳税义务，未按照规定的期限办理纳税申报，经税务机关责令限期申报，逾期仍不申报的；

(6)申报的计税依据明显偏低，又无正当理由的。

特殊行业、特殊类型的纳税人和一定规模以上的纳税人不适用本办法。上述特定纳税人由国家税务总局另行明确。

#### 2. 核定征收的办法

税务机关应根据纳税人具体情况，对核定征收企业所得税的纳税人，核定应税所得率或者核定应纳所得税额。

具有下列情形之一的，核定其应税所得率：第一，能正确核算(查实)收入总额，但不能正确核算(查实)成本费用总额的；第二，能正确核算(查实)成本费用总额，但不能正确核算(查实)收入总额的；第三，通过合理方法，能计算和推定纳税人收入总额或成本费用总额的。

纳税人不属于以上情形的，核定其应纳所得税额。

1)定额征收

税务机关采用下列方法核定征收企业所得税：

(1)参照当地同类行业或者类似行业中经营规模和收入水平相近的纳税人的税负水平核定；

(2)按照应税收入额或成本费用支出额定率核定；

(3)按照耗用的原材料、燃料、动力等推算或测算核定；

(4)按照其他合理方法核定。

采用前款所列一种方法不足以正确核定应纳税所得额或应纳税额的，可以同时采用两种以上的方法核定。采用两种以上方法测算的应纳税额不一致时，可按测算的应纳税额从高核定。

2)核定应税所得率征收

实行应税所得率方式核定征收企业所得税的纳税人,经营多业的,无论其经营项目是否单独核算,均由税务机关根据其主营项目确定适用的应税所得率。主营项目应为纳税人所有经营项目中,收入总额或者成本(费用)支出额或者耗用原材料、燃料、动力数量所占比重最大的项目。

采用应税所得率方式核定征收企业所得税的,应纳所得税额计算公式如下:

$$应纳税所得额=应税收入额×应税所得率$$

或:应纳税所得额=成本(费用)支出额÷(1-应税所得率)×应税所得率

$$应纳所得税税额=应纳税所得额×适用税率$$

应税所得率统一执行标准见表 6-2。

表 6-2 应税所得率统一执行标准

| 行业 | 应税所得率 |
| --- | --- |
| 农、林、牧、渔业 | 3%～10% |
| 制造业 | 5%～15% |
| 批发和零售贸易业 | 4%～15% |
| 交通运输业 | 7%～15% |
| 建筑业 | 8%～20% |
| 饮食业 | 8%～25% |
| 娱乐业 | 15%～30% |
| 其他行业 | 10%～30% |

做中学

某批发企业为我国居民企业,适用企业所得税税率25%,2023年度自行申报收入总额415万元,成本费用393万元,经营亏损10万元,经主管税务机关审核,发现其发生的成本费用真实,实现的收入无法确定,依据规定对其进行核定征收。假定应税所得率为11%,计算该批发企业2023年度应缴纳的企业所得税税额。

应税所得额= 393÷(1-11%)×11%=48.57(万元)

应纳所得税税额=48.57×25%=12.14(万元)

## (四)境外所得抵扣税额的计算

《中华人民共和国企业所得税法》第二十三条规定,企业取得的下列所得已在境外缴纳的所得税税额,可以从其当期应纳税额中抵免,抵免限额为该项所得依照本法规定计算的应纳税额;超过抵免限额的部分,可以在以后5个年度内,用每年度抵免限额抵免当年应抵税额后的余额进行抵补:

（1）居民企业来源于中国境外的应税所得；

（2）非居民企业在中国境内设立机构、场所，取得发生在中国境外但与该机构、场所有实际联系的应税所得。

**法规解读：**

《中华人民共和国企业所得税法实施条例》第七十七条规定，已在境外缴纳的所得税税额，是指企业来源于中国境外的所得依照中国境外税收法律以及相关规定应当缴纳并已经实际缴纳的企业所得税性质的税款。

《中华人民共和国企业所得税法实施条例》第七十八条规定，抵免限额，是指企业来源于中国境外的所得，依照企业所得税法和本条例的规定计算的应纳税额。除国务院财政、税务主管部门另有规定外，该抵免限额应当分国（地区）不分项计算，计算公式如下：

抵免限额＝中国境内、境外所得依照税法的规定计算的应纳税总额×

来源于某国（地区）的应纳税所得额÷中国境内、境外应纳税所得总额

《关于企业境外所得税收抵免有关问题的通知》（财税〔2009〕125号）规定，企业可以选择按"分国（地区）不分项"或"不分国（地区）不分项"计算其来源于境外的应纳税所得额和其可抵免境外所得税税额和抵免限额，上述方式一经选择，5年内不得改变。

《中华人民共和国企业所得税法实施条例》第七十九条规定，5个年度，是指从企业取得的来源于中国境外的所得，已经在中国境外缴纳的企业所得税性质的税额超过抵免限额的当年的次年起连续5个纳税年度。

### 做中学

某企业2023年度境内应纳税所得额为300万元，税率为25%。该企业分别在甲、乙两国设有分支机构（我国与甲、乙两国已经缔结避免双重征税协定），在甲国的分支机构的应纳税所得额为60万元，甲国税率为20%；在乙国的分支机构的应纳税所得额为50万元，乙国税率为30%。

假设该企业在甲、乙两国所得按我国税法计算的应纳税所得额和按甲、乙两国税法计算的应纳税所得额一致，两个分支机构在甲、乙两国分别缴纳了12万元和15万元的企业所得税。请计算该企业2023年度汇总时在我国应缴纳的企业所得税。

第一步：计算该企业按我国税法计算的境内、境外所得的应纳税额。

应纳税额＝（300＋60＋50）×25%＝102.5（万元）

第二步：计算甲、乙两国的扣除限额。

甲国扣除限额＝102.5×[60÷（300＋60＋50）]＝15（万元）

乙国扣除限额＝102.5×[50÷（300＋60＋50）]＝12.5（万元）

第三步：比较实际扣除和扣除限额的大小。

在甲国缴纳的所得税为12万元小于扣除限额15万元，可全额扣除。

在乙国缴纳的所得税为15万元大于扣除限额12.5万元，其超过扣除限额的部分

2.5 万元当年不能扣除。

第四步：计算 2023 年度汇总时在我国应缴纳的企业所得税。

2023 年度应纳税额＝102.5－12－12.5＝78（万元）

《中华人民共和国企业所得税法》第二十四条规定，居民企业从其直接或者间接控制的外国企业分得的来源于中国境外的股息、红利等权益性投资收益，外国企业在境外实际缴纳的所得税税额中属于该项所得负担的部分，可以作为该居民企业的可抵免境外所得税税额，在本法第二十三条规定的抵免限额内抵免。

**法规解读：**

《中华人民共和国企业所得税法实施条例》第八十条规定，直接控制，是指居民企业直接持有外国企业 20％以上股份；间接控制，是指居民企业以间接持股方式持有外国企业 20％以上股份，具体认定办法由国务院财政、税务主管部门另行制定。

# 第四节　企业所得税的纳税申报

## 一、源泉扣缴

### （一）扣缴义务人

《中华人民共和国企业所得税法》第三十七条规定，对非居民企业在中国境内未设立机构、场所的，或者虽设立机构、场所但取得的所得与其所设机构、场所没有实际联系的所得应缴纳的所得税，实行源泉扣缴，以支付人为扣缴义务人。税款由扣缴义务人在每次支付或者到期应支付时，从支付或者到期应支付的款项中扣缴。

**法规解读：**

《中华人民共和国企业所得税法实施条例》第一百零四条规定，支付人是指依照有关法律规定或者合同约定对非居民企业直接负有支付相关款项义务的单位或者个人。

《中华人民共和国企业所得税法实施条例》第一百零五条规定，支付包括现金支付、汇拨支付、转账支付和权益兑价支付等货币支付和非货币支付。到期应支付的款项，是指支付人按照权责发生制原则应当计入相关成本、费用的应付款项。

《中华人民共和国企业所得税法》第三十八条规定，对非居民企业在中国境内取得工程作业和劳务所得应缴纳的所得税，税务机关可以指定工程价款或者劳务费的支付人为扣缴义务人。

**法规解读：**

《中华人民共和国企业所得税法实施条例》第一百零六条规定，可以指定扣缴义务人的情形，包括：

（1）预计工程作业或者提供劳务期限不足一个纳税年度，且有证据表明不履行纳税义务的；

(2)没有办理税务登记或者临时税务登记，且未委托中国境内的代理人履行纳税义务的；

(3)未按照规定期限办理企业所得税纳税申报或者预缴申报的。

前款规定的扣缴义务人，由县级以上税务机关指定，并同时告知扣缴义务人所扣税款的计算依据、计算方法、扣缴期限和扣缴方式。

### (二)扣缴管理

《中华人民共和国企业所得税法》第三十九条规定，扣缴义务人未依法扣缴或者无法履行扣缴义务的，由纳税人在所得发生地缴纳。纳税人未依法缴纳的，税务机关可以从该纳税人在中国境内其他收入项目的支付人应付的款项中，追缴该纳税人的应纳税款。

**法规解读：**

《中华人民共和国企业所得税法实施条例》第一百零七条规定，所得发生地，是指依照本条例第七条规定的原则确定的所得发生地。在中国境内存在多处所得发生地的，由纳税人选择其中之一申报缴纳企业所得税。

《中华人民共和国企业所得税法实施条例》第一百零八条规定，该纳税人在中国境内其他收入，是指该纳税人在中国境内取得的其他各种来源的收入。

税务机关在追缴该纳税人应纳税款时，应当将追缴理由、追缴数额、缴纳期限和缴纳方式等告知该纳税人。

《中华人民共和国企业所得税法》第四十条规定，扣缴义务人每次代扣的税款，应当自代扣之日起七日内缴入国库，并向所在地的税务机关报送扣缴企业所得税报告表。

## 二、企业所得税的征收管理

企业所得税实行按年计征，分月(季)预缴，年终汇算清缴，多退少补的缴纳办法。依法缴纳的企业所得税，以人民币计算。所得以人民币以外的货币计算的，应当折合成人民币计算并缴纳税款。

### (一)纳税地点

《中华人民共和国企业所得税法》第五十二条规定，除国务院另有规定外，企业之间不得合并缴纳企业所得税。

#### 1. 居民企业纳税地点

《中华人民共和国企业所得税法》第五十条规定，除税收法律、行政法规另有规定外，居民企业以企业登记注册地为纳税地点；但登记注册地在境外的，以实际管理机构所在地为纳税地点。

居民企业在中国境内设立不具有法人资格的营业机构的，应当汇总计算并缴纳企业所得税。

**政策解读：**

《中华人民共和国企业所得税法实施条例》第一百二十四条规定，企业登记注册地，是指企业依照国家有关规定登记注册的住所地。

### 2. 非居民企业纳税地点

《中华人民共和国企业所得税法》第五十一条规定，非居民企业在中国境内设立机构、场所的取得的所得以及发生在中国境外但与其所设机构、场所有实际联系的所得，以机构、场所所在地为纳税地点。

非居民企业在中国境内设立两个或者两个以上机构、场所，符合国务院税务主管部门规定条件的，可以选择由其主要机构、场所汇总缴纳企业所得税。

非居民企业在中国境内未设立机构、场所，或者虽设立机构、场所但取得的所得与其所设机构、场所没有实际联系的，取得的来源于中国境内的所得，以扣缴义务人所在地为纳税地点。

**政策解读：**

《中华人民共和国企业所得税法实施条例》第一百二十六条规定，主要机构、场所，应当同时符合下列条件：

(1)对其他各机构、场所的生产经营活动负有监督管理责任；

(2)设有完整的账簿、凭证，能够准确反映各机构、场所的收入、成本、费用和盈亏情况。

### (二)纳税期限

### 1. 分月(季)预缴

《中华人民共和国企业所得税法》第五十四条规定，企业应当自月份或者季度终了之日起十五日内，向税务机关报送预缴企业所得税纳税申报表，预缴税款。企业在报送企业所得税纳税申报表时，应当按照规定附送财务会计报告和其他有关资料。

### 2. 汇算清缴

《中华人民共和国企业所得税法》第五十三条规定，企业所得税按纳税年度计算。纳税年度自公历1月1日起至12月31日止。企业在一个纳税年度中间开业，或者终止经营活动，使该纳税年度的实际经营期不足十二个月的，应当以其实际经营期为一个纳税年度。企业依法清算时，应当以清算期间作为一个纳税年度。

《中华人民共和国企业所得税法》第五十四条规定，企业应当自年度终了之日起五个月内，向税务机关报送年度企业所得税纳税申报表，并汇算清缴，结清应缴应退税款。企业在报送企业所得税纳税申报表时，应当按照规定附送财务会计报告和其他有关资料。

《中华人民共和国企业所得税法》第五十五条规定，企业在年度中间终止经营活动的，应当自实际经营终止之日起六十日内，向税务机关办理当期企业所得税汇算清缴。

企业应当在办理注销登记前，就其清算所得向税务机关申报并依法缴纳企业所得税。

## 三、企业所得税的申报

我国目前企业所得税年度纳税申报表共有 37 张，主要分为基础信息表、主表和附表三大类。其中，附表有收入费用明细表、纳税调整表、亏损弥补表、税收优惠表、境外所得抵免表和汇总纳税表。本章节的职场任务主要涉及以下附表和主表，见表 6-3 至表 6-8，填表说明如下。

### （一）附表

表 6-3　A101010 一般企业收入明细表

| 行次 | 项目 | 金额 |
|---|---|---|
| 1 | 一、营业收入（2＋9） | 36 000 000 |
| 2 | （一）主营业务收入（3＋5＋6＋7＋8） | 36 000 000 |
| 3 | 1. 销售商品收入 | 36 000 000 |
| 4 | 其中：非货币性资产交换收入 | |
| 5 | 2. 提供劳务收入 | |
| 6 | 3. 建造合同收入 | |
| 7 | 4. 让渡资产使用权收入 | |
| 8 | 5. 其他 | |
| 9 | （二）其他业务收入（10＋12＋13＋14＋15） | |
| 10 | 1. 销售材料收入 | |
| 11 | 其中：非货币性资产交换收入 | |
| 12 | 2. 出租固定资产收入 | |
| 13 | 3. 出租无形资产收入 | |
| 14 | 4. 出租包装物和商品收入 | |
| 15 | 5. 其他 | |
| 16 | 二、营业外收入（17＋18＋19＋20＋21＋22＋23＋24＋25＋26） | 1 000 000 |
| 17 | （一）非流动资产处置利得 | 1 000 000 |
| 18 | （二）非货币性资产交换利得 | |
| 19 | （三）债务重组利得 | |
| 20 | （四）政府补助利得 | |
| 21 | （五）盘盈利得 | |
| 22 | （六）捐赠利得 | |
| 23 | （七）罚没利得 | |
| 24 | （八）确实无法偿付的应付款项 | |
| 25 | （九）汇兑收益 | |
| 26 | （十）其他 | |

表6-3适用于除金融企业、事业单位和民间非营利组织外的企业填报。纳税人应根据国家统一会计制度的规定，填报"主营业务收入""其他业务收入"和"营业外收入"。

### 1. 有关项目填报说明

(1)第1行"营业收入"：根据主营业务收入、其他业务收入的数额计算填报。

(2)第2行"主营业务收入"：根据不同行业的业务性质分别填报纳税人核算的主营业务收入。

(3)第3行"销售商品收入"：填报纳税人从事工业制造、商品流通、农业生产以及其他商品销售活动取得的主营业务收入。房地产开发企业销售开发产品(销售未完工开发产品除外)取得的收入也在此行填报。

(4)第4行"其中：非货币性资产交换收入"：填报纳税人发生的非货币性资产交换按照国家统一会计制度应确认的销售商品收入。

(5)第5行"提供劳务收入"：填报纳税人从事建筑安装、修理修配、交通运输、仓储租赁、邮电通信、咨询经纪、文化体育、科学研究、技术服务、教育培训、餐饮住宿、中介代理、卫生保健、社区服务、旅游、娱乐、加工以及其他劳务活动取得的主营业务收入。

(6)第6行"建造合同收入"：填报纳税人建造房屋、道路、桥梁、水坝等建筑物，以及生产船舶、飞机、大型机械设备等取得的主营业务收入。

(7)第7行"让渡资产使用权收入"：填报纳税人在主营业务收入核算的，让渡无形资产使用权而取得的使用费收入以及出租固定资产、无形资产、投资性房地产取得的租金收入。

(8)第8行"其他"：填报纳税人按照国家统一会计制度核算、上述未列举的其他主营业务收入。

(9)第9行"其他业务收入"：填报根据不同行业的业务性质分别填报纳税人核算的其他业务收入。

(10)第10行"销售材料收入"：填报纳税人销售材料、下脚料、废料、废旧物资等取得的收入。

(11)第11行"其中：非货币性资产交换收入"：填报纳税人发生的非货币性资产交换按照国家统一会计制度应确认的材料销售收入。

(12)第12行"出租固定资产收入"：填报纳税人将固定资产使用权让与承租人获取的其他业务收入。

(13)第13行"出租无形资产收入"：填报纳税人让渡无形资产使用权取得的其他业务收入。

(14)第14行"出租包装物和商品收入"：填报纳税人出租、出借包装物和商品取得的其他业务收入。

(15)第15行"其他"：填报纳税人按照国家统一会计制度核算，上述未列举的其他业务收入。

(16)第16行"营业外收入"：填报纳税人计入本科目核算的与生产经营无直接关系的各项收入。

(17)第17行"非流动资产处置利得"：填报纳税人处置固定资产、无形资产等取得的净收益。

(18)第18行"非货币性资产交换利得"：填报纳税人发生非货币性资产交换应确认的净收益。

(19)第19行"债务重组利得"：填报纳税人发生的债务重组业务确认的净收益。

(20)第20行"政府补助利得"：填报纳税人从政府无偿取得货币性资产或非货币性资产应确认的净收益。

(21)第21行"盘盈利得"：填报纳税人在清查财产过程中查明的各种财产盘盈应确认的净收益。

(22)第22行"捐赠利得"：填报纳税人接受的来自企业、组织或个人无偿给予的货币性资产、非货币性资产捐赠应确认的净收益。

(23)第23行"罚没利得"：填报纳税人在日常经营管理活动中取得的罚款、没收收入应确认的净收益。

(24)第24行"确实无法偿付的应付款项"：填报纳税人因确实无法偿付的应付款项而确认的收入。

(25)第25行"汇兑收益"：填报纳税人取得企业外币货币性项目因汇率变动形成的收益应确认的收入。（该项目为执行小企业会计准则企业填报）

(26)第26行"其他"：填报纳税人取得的上述项目未列举的其他营业外收入，包括执行企业会计准则纳税人按权益法核算长期股权投资对初始投资成本调整确认的收益，执行小企业会计准则纳税人取得的出租包装物和商品的租金收入、逾期未退包装物押金收益等。

**2. 表间关系**

(1)第1行＝表 A100000 第1行。

(2)第16行＝表 A100000 第11行。

表 6－4　A102010 一般企业成本支出明细表

| 行次 | 项目 | 金额 |
|---|---|---|
| 1 | 一、营业成本(2+9) | 22 000 000 |
| 2 | (一)主营业务成本(3+5+6+7+8) | 22 000 000 |
| 3 | 1. 销售商品成本 | 22 000 000 |
| 4 | 其中：非货币性资产交换成本 | |

| 行次 | 项目 | 金额 |
|---|---|---|
| 5 | 2. 提供劳务成本 | |
| 6 | 3. 建造合同成本 | |
| 7 | 4. 让渡资产使用权成本 | |
| 8 | 5. 其他 | |
| 9 | (二)其他业务成本(10＋12＋13＋14＋15) | |
| 10 | 1. 销售材料成本 | |
| 11 | 其中：非货币性资产交换成本 | |
| 12 | 2. 出租固定资产成本 | |
| 13 | 3. 出租无形资产成本 | |
| 14 | 4. 包装物出租成本 | |
| 15 | 5. 其他 | |
| 16 | 二、营业外支出(17＋18＋19＋20＋21＋22＋23＋24＋25＋26) | 700 000 |
| 17 | (一)非流动资产处置损失 | 100 000 |
| 18 | (二)非货币性资产交换损失 | |
| 19 | (三)债务重组损失 | |
| 20 | (四)非常损失 | |
| 21 | (五)捐赠支出 | 500 000 |
| 22 | (六)赞助支出 | |
| 23 | (七)罚没支出 | 100 000 |
| 24 | (八)坏账损失 | |
| 25 | (九)无法收回的债券股权投资损失 | |
| 26 | (十)其他 | |

表6-4适用于除金融企业、事业单位和民间非营利组织外的企业填报。纳税人应根据国家统一会计制度的规定，填报"主营业务成本""其他业务成本"和"营业外支出"。

**1. 有关项目填报说明**

(1)第1行"营业成本"：填报纳税人主要经营业务和其他经营业务发生的成本总额。本行根据"主营业务成本"和"其他业务成本"的数额计算填报。

(2)第2行"主营业务成本"：根据不同行业的业务性质分别填报纳税人核算的主营业务成本。

(3)第3行"销售商品成本"：填报纳税人从事工业制造、商品流通、农业生产以及其他商品销售活动发生的主营业务成本。房地产开发企业销售开发产品(销售未完工开发产品除外)发生的成本也在此行填报。

(4)第4行"其中：非货币性资产交换成本"：填报纳税人发生的非货币性资产交换按照国家统一会计制度应确认的销售商品成本。

(5)第5行"提供劳务成本"：填报纳税人从事建筑安装、修理修配、交通运输、仓储租赁、邮电通信、咨询经纪、文化体育、科学研究、技术服务、教育培训、餐饮住宿、中介代理、卫生保健、社区服务、旅游、娱乐、加工以及其他劳务活动发生的主营业务成本。

(6)第6行"建造合同成本"：填报纳税人建造房屋、道路、桥梁、水坝等建筑物，以及生产船舶、飞机、大型机械设备等发生的主营业务成本。

(7)第7行"让渡资产使用权成本"：填报纳税人在主营业务成本核算的，让渡无形资产使用权而发生的使用费成本以及出租固定资产、无形资产、投资性房地产发生的租金成本。

(8)第8行"其他"：填报纳税人按照国家统一会计制度核算、上述未列举的其他主营业务成本。

(9)第9行"其他业务成本"：根据不同行业的业务性质分别填报纳税人按照国家统一会计制度核算的其他业务成本。

(10)第10行"销售材料成本"：填报纳税人销售材料、下脚料、废料、废旧物资等发生的成本。

(11)第11行"其中：非货币性资产交换成本"：填报纳税人发生的非货币性资产交换按照国家统一会计制度应确认的材料销售成本。

(12)第12行"出租固定资产成本"：填报纳税人将固定资产使用权让与承租人形成的出租固定资产成本。

(13)第13行"出租无形资产成本"：填报纳税人让渡无形资产使用权形成的出租无形资产成本。

(14)第14行"包装物出租成本"：填报纳税人出租、出借包装物形成的包装物出租成本。

(15)第15行"其他"：填报纳税人按照国家统一会计制度核算，上述未列举的其他业务成本。

(16)第16行"营业外支出"：填报纳税人计入本科目核算的与生产经营无直接关系的各项支出。

(17)第17行"非流动资产处置损失"：填报纳税人处置非流动资产形成的净损失。

(18)第18行"非货币性资产交换损失"：填报纳税人发生非货币性资产交换应确认的净损失。

(19)第19行"债务重组损失"：填报纳税人进行债务重组应确认的净损失。

(20)第20行"非常损失"：填报纳税人在营业外支出中核算的各项非正常的财产

损失。

(21)第 21 行"捐赠支出"：填报纳税人无偿给予其他企业、组织或个人的货币性资产、非货币性资产的捐赠支出。

(22)第 22 行"赞助支出"：填报纳税人发生的货币性资产、非货币性资产赞助支出。

(23)第 23 行"罚没支出"：填报纳税人在日常经营管理活动中对外支付的各项罚款、没收收入的支出。

(24)第 24 行"坏账损失"：填报纳税人发生的各项坏账损失。

(25)第 25 行"无法收回的债券股权投资损失"：填报纳税人各项无法收回的债券股权投资损失。（该项目为使用小企业会计准则企业填报）

(26)第 26 行"其他"：填报纳税人本期实际发生的在营业外支出核算的其他损失及支出。

**2. 表间关系**

(1)第 1 行＝表 A100000 第 2 行。

(2)第 16 行＝表 A100000 第 12 行。

表 6-5　A104000　期间费用明细表

| 行次 | 项目 | 销售费用 | 其中：境外支付 | 管理费用 | 其中：境外支付 | 财务费用 | 其中：境外支付 |
|---|---|---|---|---|---|---|---|
| | | 1 | 2 | 3 | 4 | 5 | 6 |
| 1 | 一、职工薪酬 | | * | | * | * | * |
| 2 | 二、劳务费 | | | | | * | * |
| 3 | 三、咨询顾问费 | | | | | * | * |
| 4 | 四、业务招待费 | | * | | * | * | * |
| 5 | 五、广告费和业务宣传费 | | * | | * | * | * |
| 6 | 六、佣金和手续费 | | | | | | |
| 7 | 七、资产折旧摊销费 | | * | | * | * | * |
| 8 | 八、财产损耗、盘亏及毁损损失 | | * | | * | * | * |
| 9 | 九、办公费 | | * | | * | * | * |
| 10 | 十、董事会费 | | * | | * | * | * |
| 11 | 十一、租赁费 | | | | | * | * |
| 12 | 十二、诉讼费 | | | | | * | * |
| 13 | 十三、差旅费 | | * | | * | * | * |
| 14 | 十四、保险费 | | * | | * | * | * |
| 15 | 十五、运输、仓储费 | | | | | * | * |

续表

| 行次 | 项目 | 销售费用 | 其中：境外支付 | 管理费用 | 其中：境外支付 | 财务费用 | 其中：境外支付 |
|---|---|---|---|---|---|---|---|
| | | 1 | 2 | 3 | 4 | 5 | 6 |
| 16 | 十六、修理费 | | | | | ＊ | ＊ |
| 17 | 十七、包装费 | | ＊ | | ＊ | ＊ | ＊ |
| 18 | 十八、技术转让费 | | | | | ＊ | ＊ |
| 19 | 十九、研究费用 | | | | | ＊ | |
| 20 | 二十、各项税费 | | ＊ | | ＊ | ＊ | ＊ |
| 21 | 二十一、利息收支 | ＊ | ＊ | ＊ | ＊ | | |
| 22 | 二十二、汇兑差额 | ＊ | ＊ | ＊ | ＊ | | |
| 23 | 二十三、现金折扣 | ＊ | ＊ | ＊ | ＊ | | ＊ |
| 24 | 二十四、党组织工作经费 | ＊ | ＊ | | | ＊ | ＊ |
| 25 | 二十五、其他 | | | | | | |
| 26 | 合计（1＋2＋3＋…25） | 8 700 000 | | 3 800 000 | | 500 000 | |

注：表中期间费用明细项目的具体数值略。

表6-5适用于执行企业会计准则、小企业会计准则、企业会计制度、分行业会计制度的查账征收居民纳税人填报。纳税人应根据企业会计准则、小企业会计准则、企业会计、分行业会计制度规定，填报"销售费用""管理费用"和"财务费用"等项目。

**1. 有关项目填报说明**

(1)第1列"销售费用"：填报在销售费用科目进行核算的相关明细项目的金额，其中金融企业填报在业务及管理费科目进行核算的相关明细项目的金额。

(2)第2列"其中：境外支付"：填报在销售费用科目进行核算的向境外支付的相关明细项目的金额，其中金融企业填报在业务及管理费科目进行核算的相关明细项目的金额。

(3)第3列"管理费用"：填报在管理费用科目进行核算的相关明细项目的金额。

(4)第4列"其中：境外支付"：填报在管理费用科目进行核算的向境外支付的相关明细项目的金额。

(5)第5列"财务费用"：填报在财务费用科目进行核算的有关明细项目的金额。

(6)第6列"其中：境外支付"：填报在财务费用科目进行核算的向境外支付的有关明细项目的金额。

(7)第1行至第25行：根据费用科目核算的具体项目金额进行填报，如果贷方发生额大于借方发生额，应填报负数。

（8）第 26 行第 1 列：填报第 1 行至第 25 行第 1 列的合计金额。

（9）第 26 行第 2 列：填报第 1 行至第 25 行第 2 列的合计金额。

（10）第 26 行第 3 列：填报第 1 行至第 25 行第 3 列的合计金额。

（11）第 26 行第 4 列：填报第 1 行至第 25 行第 4 列的合计金额。

（12）第 26 行第 5 列：填报第 1 行至第 25 行第 5 列的合计金额。

（13）第 26 行第 6 列：填报第 1 行至第 25 行第 6 列的合计金额。

**2. 表间关系**

（1）第 26 行第 1 列＝表 A100000 第 4 行。

（2）第 26 行第 3 列＝表 A100000 第 5 行。

（3）第 26 行第 5 列＝表 A100000 第 6 行。

表 6－6　A105050 职工薪酬支出及纳税调整明细表

| 行次 | 项目 | 账载金额 | 实际发生额 | 税收规定扣除率 | 以前年度累计结转扣除额 | 税收金额 | 纳税调整金额 | 累计结转以后年度扣除额 |
|---|---|---|---|---|---|---|---|---|
| | | 1 | 2 | 3 | 4 | 5 | 6(1－5) | 7(2＋4－5) |
| 1 | 一、工资薪金支出 | 2 600 000 | 2 600 000 | * | * | 2 600 000 | 0 | * |
| 2 | 其中：股权激励 | | | * | * | | | * |
| 3 | 二、职工福利费支出 | 470 000 | 470 000 | 14% | * | 364 000 | 106 000 | * |
| 4 | 三、职工教育经费支出 | 150 000 | 150 000 | * | | 150 000 | 0 | 0 |
| 5 | 其中：按税收规定比例扣除的职工教育经费 | 150 000 | 150 000 | 8% | | 150 000 | 0 | 0 |
| 6 | 按税收规定全额扣除的职工培训费用 | | | | * | | | * |
| 7 | 四、工会经费支出 | 70 000 | 70 000 | 2% | * | 52 000 | 18 000 | * |
| 8 | 五、各类基本社会保障性缴款 | | | * | * | | | * |
| 9 | 六、住房公积金 | | | * | * | | | * |
| 10 | 七、补充养老保险 | | | * | * | | | * |
| 11 | 八、补充医疗保险 | | | * | * | | | * |
| 12 | 九、其他 | | | * | * | | | * |
| 13 | 合计(1＋3＋4＋7＋8＋9＋10＋11＋12) | 3 290 000 | 3 290 000 | * | | 3 166 000 | 124 000 | 0 |

注：表中某些项目的具体数值略。

纳税人根据税法、《国家税务总局关于企业工资薪金及职工福利费扣除问题的通知》（国税函〔2009〕3号）、《财政部 国家税务总局关于扶持动漫产业发展有关税收政策问题的通知》（财税〔2009〕65号）、《财政部 国家税务总局关于进一步鼓励软件产业和集成电路产业发展企业所得税政策的通知》（财税〔2012〕27号）、《国家税务总局关于我国居民企业实行股权激励计划有关企业所得税处理问题的公告》（国家税务总局公告2012年第18号）、《财政部 国家税务总局 商务部 科技部 国家发展改革委关于完善技术先进型服务企业有关企业所得税政策问题的通知》（财税〔2014〕59号）、《国家税务总局关于企业工资薪金和职工福利费等支出税前扣除问题的公告》（国家税务总局公告2015年第34号）、《财政部 税务总局关于企业职工教育经费税前扣除政策的通知》（财税〔2018〕51号）等相关规定，以及国家统一企业会计制度，填报纳税人职工薪酬会计处理、税收规定，以及纳税调整情况。纳税人只要发生相关支出，不论是否纳税调整，均需填报表6-6。

**1. 有关项目填报说明**

(1)第1行"一、工资薪金支出"：填报纳税人本年度支付给在本企业任职或者受雇的员工的所有现金形式或非现金形式的劳动报酬及其会计核算、纳税调整等金额，具体如下：

①第1列"账载金额"：填报纳税人会计核算计入成本费用的职工工资、奖金、津贴和补贴金额。

②第2列"实际发生额"：分析填报纳税人"应付职工薪酬"会计科目借方发生额（实际发放的工资薪金）。

③第5列"税收金额"：填报纳税人按照税收规定允许税前扣除的金额，按照第1列和第2列分析填报。

④第6列"纳税调整金额"：填报第1—5列金额。

(2)第2行"股权激励"：适用于执行《上市公司股权激励管理办法》（中国证券监督管理委员会令第126号）的纳税人填报，具体如下：

①第1列"账载金额"：填报纳税人按照国家有关规定建立职工股权激励计划，会计核算计入成本费用的金额。

②第2列"实际发生额"：填报纳税人根据本年实际行权时股权的公允价格与激励对象实际行权支付价格的差额和数量计算确定的金额。

③第5列"税收金额"：填报行权时按照税收规定允许税前扣除的金额，按第2列金额填报。

④第6列"纳税调整金额"：填报第1—5列金额。

(3)第3行"二、职工福利费支出":填报纳税人本年度发生的职工福利费及其会计核算、纳税调整等金额,具体如下:

①第1列"账载金额":填报纳税人会计核算计入成本费用的职工福利费的金额。

②第2列"实际发生额":分析填报纳税人"应付职工薪酬"会计科目下的职工福利费实际发生额。

③第3列"税收规定扣除率":填报税收规定的扣除比例。

④第5列"税收金额":填报按照税收规定允许税前扣除的金额,按第1行第5列"工资薪金支出\税收金额"×税收规定扣除率与第1列、第2列三者孰小值填报。

⑤第6列"纳税调整金额":填报第1-5列金额。

(4)第4行"三、职工教育经费支出":填报第5行金额或者第5+6行金额。

(5)第5行"按税收规定比例扣除的职工教育经费":适用于按照税收规定职工教育经费按比例税前扣除的纳税人填报,填报纳税人本年度发生的按税收规定比例扣除的职工教育经费及其会计核算、纳税调整等金额,具体如下:

①第1列"账载金额"填报纳税人会计核算计入成本费用的按税收规定比例扣除的职工教育经费金额,不包括第6行"按税收规定全额扣除的职工培训费用"金额。

②第2列"实际发生额":分析填报纳税人"应付职工薪酬"会计科目下的职工教育经费实际发生额,不包括第6行"按税收规定全额扣除的职工培训费用"金额。

③第3列"税收规定扣除率":填报税收规定的扣除比例。

④第4列"以前年度累计结转扣除额":填报纳税人以前年度累计结转准予扣除的职工教育经费支出余额。

⑤第5列"税收金额":填报纳税人按照税收规定允许税前扣除的金额(不包括第6行"按税收规定全额扣除的职工培训费用"金额),按第1行第5列"工资薪金支出\税收金额"×税收规定扣除率与第2+4列的孰小值填报。

⑥第6列"纳税调整金额":填报第1-5列金额。

⑦第7列"累计结转以后年度扣除额":填报第2+4-5列金额。

(6)第6行"按税收规定全额扣除的职工培训费用":适用于按照税收规定职工培训费用允许全额税前扣除的纳税人填报,填报纳税人本年度发生的按税收规定全额扣除的职工培训费用及其会计核算、纳税调整等金额,具体如下:

①第1列"账载金额":填报纳税人会计核算计入成本费用的按税收规定全额扣除的职工培训费用金额。

②第2列"实际发生额":分析填报纳税人"应付职工薪酬"会计科目下的职工教育经费本年实际发生额中可全额扣除的职工培训费用金额。

③第3列"税收规定扣除率":填报税收规定的扣除比例(100%)。

④第 5 列"税收金额"：填报按照税收规定允许税前扣除的金额，按第 2 列金额填报。

⑤第 6 列"纳税调整金额"：填报第 1-5 列金额。

(7)第 7 行"四、工会经费支出"：填报纳税人本年度拨缴工会经费及其会计核算、纳税调整等金额，具体如下：

①第 1 列"账载金额"：填报纳税人会计核算计入成本费用的工会经费支出金额。

②第 2 列"实际发生额"：分析填报纳税人"应付职工薪酬"会计科目下的工会经费本年实际发生额。

③第 3 列"税收规定扣除率"：填报税收规定的扣除比例。

④第 5 列"税收金额"：填报按照税收规定允许税前扣除的金额，按第 1 行第 5 列"工资薪金支出＼税收金额"×税收规定扣除率与第 1 列、第 2 列三者孰小值填报。

⑤第 6 列"纳税调整金额"：填报第 1-5 列金额。

(8)第 8 行"五、各类基本社会保障性缴款"：填报纳税人依照国务院有关主管部门或者省级人民政府规定的范围和标准为职工缴纳的基本社会保险费及其会计核算、纳税调整等金额，具体如下：

①第 1 列"账载金额"：填报纳税人会计核算的各类基本社会保障性缴款的金额。

②第 2 列"实际发生额"：分析填报纳税人"应付职工薪酬"会计科目下的各类基本社会保障性缴款本年实际发生额。

③第 5 列"税收金额"：填报按照税收规定允许税前扣除的各类基本社会保障性缴款的金额，按纳税人依照国务院有关主管部门或者省级人民政府规定的范围和标准计算的各类基本社会保障性缴款的金额、第 1 列及第 2 列孰小值填报。

④第 6 列"纳税调整金额"：填报第 1-5 列金额。

(9)第 9 行"六、住房公积金"：填报纳税人依照国务院有关主管部门或者省级人民政府规定的范围和标准为职工缴纳的住房公积金及其会计核算、纳税调整等金额，具体如下：

①第 1 列"账载金额"：填报纳税人会计核算的住房公积金金额。

②第 2 列"实际发生额"：分析填报纳税人"应付职工薪酬"会计科目下的住房公积金本年实际发生额。

③第 5 列"税收金额"：填报按照税收规定允许税前扣除的住房公积金金额，按纳税人依照国务院有关主管部门或者省级人民政府规定的范围和标准计算的住房公积金金额、第 1 列及第 2 列三者孰小值填报。

④第 6 列"纳税调整金额"：填报第 1-5 列金额。

(10)第 10 行"七、补充养老保险"：填报纳税人为投资者或者职工支付的补充养老保险费及其会计核算、纳税调整等金额，具体如下：

①第 1 列"账载金额"：填报纳税人会计核算的补充养老保险金额。

②第 2 列"实际发生额"：分析填报纳税人"应付职工薪酬"会计科目下的补充养老保险本年实际发生额。

③第 3 列"税收规定扣除率"：填报税收规定的扣除比例。

④第 5 列"税收金额"：填报按照税收规定允许税前扣除的补充养老保险的金额，按第 1 行第 5 列"工资薪金支出\税收金额"×税收规定扣除率与第 1 列、第 2 列三者孰小值填报。

⑤第 6 列"纳税调整金额"：填报第 1—5 列金额。

(11)第 11 行"八、补充医疗保险"：填报纳税人为投资者或者职工支付的补充医疗保险费及其会计核算、纳税调整等金额，具体如下：

①第 1 列"账载金额"：填报纳税人会计核算的补充医疗保险金额。

②第 2 列"实际发生额"：分析填报纳税人"应付职工薪酬"会计科目下的补充医疗保险本年实际发生额。

③第 3 列"税收规定扣除率"：填报税收规定的扣除比例。

④第 5 列"税收金额"：填报按照税收规定允许税前扣除的补充医疗保险的金额，按第 1 行第 5 列"工资薪金支出\税收金额"×税收规定扣除率与第 1 列、第 2 列三者孰小值填报。

⑤第 6 列"纳税调整金额"：填报第 1—5 列金额。

(12)第 12 行"九、其他"：填报其他职工薪酬的金额及其会计核算、纳税调整等金额。

(13)第 13 行"合计"：填报第 1+3+4+7+8+9+10+11+12 行金额。

**2. 表间关系**

(1)第 13 行第 1 列＝表 A105000 第 14 行第 1 列。

(2)第 13 行第 5 列＝表 A105000 第 14 行第 2 列。

(3)若第 13 行第 6 列≥0，第 13 行第 6 列＝表 A105000 第 14 行第 3 列；若第 13 行第 6 列＜0，第 13 行第 6 列的绝对值＝表 A105000 第 14 行第 4 列。

表 6－7　A105070 捐赠支出及纳税调整明细表

| 行次 | 项目 | 账载金额 | 以前年度结转可扣除的捐赠额 | 按税收规定计算的扣除限额 | 税收金额 | 纳税调增金额 | 纳税调减金额 | 可结转以后年度扣除的捐赠额 |
|---|---|---|---|---|---|---|---|---|
| | | 1 | 2 | 3 | 4 | 5 | 6 | 7 |
| 1 | 一、非公益性捐赠 | | * | * | * | * | * | * |
| 2 | 二、限额扣除的公益性捐赠（3＋4＋5＋6） | 500 000 | * | 180 000 | 180 000 | 320 000 | * | * |
| 3 | 前三年度（　年） | * | * | * | * | * | * | * |
| 4 | 前二年度（　年） | * | * | * | * | * | * | * |
| 5 | 前一年度（　年） | * | * | * | * | * | * | * |
| 6 | 本年（2023　年） | 500 000 | * | 180 000 | 180 000 | 320 000 | * | * |
| 7 | 三、全额扣除的公益性捐赠 | * | * | * | * | * | * | * |
| 8 | 1. | | * | * | * | * | * | * |
| 9 | 2. | | * | * | * | * | * | * |
| 10 | 3. | | * | * | * | * | * | * |
| 11 | 合计（1＋2＋7） | 500 000 | * | 180 000 | 180 000 | 320 000 | * | * |
| 附列资料 | 2015 年度至本年发生的公益性扶贫捐赠合计金额 | 500 000 | * | * | 180 000 | 320 000 | * | * |

注：表中某些项目的具体数值略。

(二)主表

表 6 - 8　A100000 中华人民共和国企业所得税年度纳税申报表(A 类)

| 行次 | 类别 | 项目 | 金额 |
|---|---|---|---|
| 1 | 利润总额计算 | 一、营业收入(填写 A101010＼101020＼103000) | 36 000 000 |
| 2 | | 减：营业成本(填写 A102010＼102020＼103000) | 22 000 000 |
| 3 | | 减：税金及附加 | 400 000 |
| 4 | | 减：销售费用(填写 A104000) | 8 700 000 |
| 5 | | 减：管理费用(填写 A104000) | 3 800 000 |
| 6 | | 减：财务费用(填写 A104000) | 500 000 |
| 7 | | 减：资产减值损失 | |
| 8 | | 加：公允价值变动收益 | |
| 9 | | 加：投资收益 | 500 000 |
| 10 | | 二、营业利润(1－2－3－4－5－6－7＋8＋9) | 1 100 000 |
| 11 | | 加：营业外收入(填写 A101010＼101020＼103000) | 1 000 000 |
| 12 | | 减：营业外支出(填写 A102010＼102020＼103000) | 700 000 |
| 13 | | 三、利润总额(10＋11－12) | 1 400 000 |
| 14 | 应纳税所得额计算 | 减：境外所得(填写 A108010) | |
| 15 | | 加：纳税调整增加额(填写 A105000) | 764 000 |
| 16 | | 减：纳税调整减少额(填写 A105000) | |
| 17 | | 减：免税、减计收入及加计扣除(填写 A107010) | 500 000 |
| 18 | | 加：境外应税所得抵减境内亏损(填写 A108000) | |
| 19 | | 四、纳税调整后所得(13－14＋15－16－17＋18) | 166 4000 |
| 20 | | 减：所得减免(填写 A107020) | |
| 21 | | 减：弥补以前年度亏损(填写 A106000) | |
| 22 | | 减：抵扣应纳税所得额(填写 A107030) | |
| 23 | | 五、应纳税所得额(19－20－21－22) | 166 4000 |
| 24 | 应纳税额计算 | 税率(25％) | 25％ |
| 25 | | 六、应纳所得税额(23×24) | 416 000 |
| 26 | | 减：减免所得税额(填写 A107040) | |
| 27 | | 减：抵免所得税额(填写 A107050) | |
| 28 | | 七、应纳税额(25－26－27) | 416 000 |
| 29 | | 加：境外所得应纳所得税额(填写 A108000) | |
| 30 | | 减：境外所得抵免所得税额(填写 A108000) | |
| 31 | | 八、实际应纳所得税额(28＋29－30) | 416 000 |
| 32 | | 减：本年累计实际已缴纳的所得税额 | |
| 33 | | 九、本年应补(退)所得税额(31－32) | |
| 34 | | 其中：总机构分摊本年应补(退)所得税额(填写 A109000) | |
| 35 | | 财政集中分配本年应补(退)所得税额(填写 A109000) | |
| 36 | | 总机构主体生产经营部门分摊本年应补(退)所得税额(填写 A109000) | |
| 37 | 实际应纳税额计算 | 减：民族自治地区企业所得税地方分享部分：(□ 免征 □ 减征：减征幅度　％) | |
| 38 | | 十、本年实际应补(退)所得税额(33－37) | |

表6-8为企业所得税年度纳税申报表的主表，纳税人应当根据《中华人民共和国企业所得税法》及其实施条例（以下简称"税法"）、相关税收政策，以及国家统一会计制度（企业会计准则、小企业会计准则、企业会计制度、事业单位会计准则和民间非营利组织会计制度等）的规定，计算填报利润总额、应纳税所得额和应纳税额等有关项目。

纳税人在计算企业所得税应纳税所得额及应纳税额时，会计处理与税收规定不一致的，应当按照税收规定计算。税收规定不明确的，在没有明确规定之前，暂按国家统一会计制度计算。

### 1. 有关项目填报说明

1）表体项目

本表是在纳税人会计利润总额的基础上，加减纳税调整等金额后计算出"纳税调整后所得"。会计与税法的差异（包括收入类、扣除类、资产类等差异）通过《纳税调整项目明细表》（A105000）集中填报。

本表包括利润总额计算、应纳税所得额计算、应纳税额计算三个部分。

（1）"利润总额计算"中的项目，按照国家统一会计制度规定计算填报。实行企业会计准则、小企业会计准则、企业会计制度、分行业会计制度的纳税人，其数据直接取自《利润表》（另有说明的除外）；实行事业单位会计准则的纳税人，其数据取自《收入支出表》；实行民间非营利组织会计制度的纳税人，其数据取自《业务活动表》；实行其他国家统一会计制度的纳税人，根据本表项目进行分析填报。

（2）"应纳税所得额计算"和"应纳税额计算"中的项目，除根据主表逻辑关系计算以外，通过附表相应栏次填报。

2）行次说明

第1—13行参照国家统一会计制度规定填写。本部分未设"研发费用""其他收益""资产处置收益"等项目，对于已执行《财政部关于修订印发2019年度一般企业财务报表格式的通知》（财会〔2019〕6号）的纳税人，在《利润表》中归集的"研发费用"通过《期间费用明细表》（A104000）第19行"十九、研究费用"的管理费用相应列次填报；在《利润表》中归集的"其他收益""资产处置收益""信用减值损失""净敞口套期收益"项目则无需填报，同时第10行"二、营业利润"不执行"第10行＝第1－2－3－4－5－6－7＋8＋9行"的表内关系，按照《利润表》"营业利润"项目直接填报。

（1）第1行"营业收入"：填报纳税人主要经营业务和其他经营业务取得的收入总额。本行根据"主营业务收入"和"其他业务收入"的数额填报。一般企业纳税人根据《一般企业收入明细表》（A101010）填报；金融企业纳税人根据《金融企业收入明细表》（A101020）填报；事业单位、社会团体、民办非企业单位、非营利组织等纳税人根据《事业单位、民间非营利组织收入、支出明细表》（A103000）填报。

（2）第2行"营业成本"：填报纳税人主要经营业务和其他经营业务发生的成本总额。本行根据"主营业务成本"和"其他业务成本"的数额填报。一般企业纳税人根据《一般企业成本支出明细表》（A102010）填报；金融企业纳税人根据《金融企业支出明细表》

（A102020）填报；事业单位、社会团体、民办非企业单位、非营利组织等纳税人，根据《事业单位、民间非营利组织收入、支出明细表》（A103000）填报。

（3）第 3 行"税金及附加"：填报纳税人经营活动发生的消费税、城市维护建设税、资源税、土地增值税和教育费附加等相关税费。本行根据纳税人相关会计科目填报。纳税人在其他会计科目核算的税金不得重复填报。

（4）第 4 行"销售费用"：填报纳税人在销售商品和材料、提供劳务的过程中发生的各种费用。本行根据《期间费用明细表》（A104000）中对应的"销售费用"填报。

（5）第 5 行"管理费用"：填报纳税人为组织和管理企业生产经营发生的管理费用。本行根据《期间费用明细表》（A104000）中对应的"管理费用"填报。

（6）第 6 行"财务费用"：填报纳税人为筹集生产经营所需资金等发生的筹资费用。本行根据《期间费用明细表》（A104000）中对应的"财务费用"填报。

（7）第 7 行"资产减值损失"：填报纳税人计提各项资产准备发生的减值损失。本行根据企业"资产减值损失"科目上的数额填报。实行其他会计制度的比照填报。

（8）第 8 行"公允价值变动收益"：填报纳税人在初始确认时划分为以公允价值计量且其变动计入当期损益的金融资产或金融负债（包括交易性金融资产或负债，直接指定为以公允价值计量且其变动计入当期损益的金融资产或金融负债），以及采用公允价值模式计量的投资性房地产、衍生工具和套期业务中公允价值变动形成的应计入当期损益的利得或损失。本行根据企业"公允价值变动损益"科目的数额填报，损失以"－"号填列。

（9）第 9 行"投资收益"：填报纳税人以各种方式对外投资所取得的收益或发生的损失。根据企业"投资收益"科目的数额计算填报，实行事业单位会计准则的纳税人根据"其他收入"科目中的投资收益金额分析填报，损失以"－"号填列。实行其他会计制度的纳税人比照填报。

（10）第 10 行"营业利润"：填报纳税人当期的营业利润。根据上述项目计算填报。已执行《财政部关于修订印发 2019 年度一般企业财务报表格式的通知》（财会〔2019〕6 号）和《财政部关于修订印发 2018 年度金融企业财务报表格式的通知》（财会〔2018〕36 号）的纳税人，根据《利润表》对应项目填列，不执行本行计算规则。

（11）第 11 行"营业外收入"：填报纳税人取得的与其经营活动无直接关系的各项收入的金额。一般企业纳税人根据《一般企业收入明细表》（A101010）填报；金融企业纳税人根据《金融企业收入明细表》（A101020）填报；实行事业单位会计准则或民间非营利组织会计制度的纳税人根据《事业单位、民间非营利组织收入、支出明细表》（A103000）填报。

（12）第 12 行"营业外支出"：填报纳税人发生的与其经营活动无直接关系的各项支出的金额。一般企业纳税人根据《一般企业成本支出明细表》（A102010）填报；金融企业纳税人根据《金融企业支出明细表》（A102020）填报；实行事业单位会计准则或民间非营利组织会计制度的纳税人根据《事业单位、民间非营利组织收入、支出明细表》（A103000）填报。

（13）第 13 行"利润总额"：填报纳税人当期的利润总额。根据上述项目计算填报。

（14）第 14 行"境外所得"：填报已计入利润总额以及按照税法相关规定已在《纳税调整项目明细表》（A105000）进行纳税调整的境外所得金额。本行根据《境外所得纳税调整后所得明细表》（A108010）填报。

（15）第 15 行"纳税调整增加额"：填报纳税人会计处理与税收规定不一致，进行纳税调整增加的金额。本行根据《纳税调整项目明细表》（A105000）"调增金额"列填报。

（16）第 16 行"纳税调整减少额"：填报纳税人会计处理与税收规定不一致，进行纳税调整减少的金额。本行根据《纳税调整项目明细表》（A105000）"调减金额"列填报。

（17）第 17 行"免税、减计收入及加计扣除"：填报属于税收规定免税收入、减计收入、加计扣除金额。本行根据《免税、减计收入及加计扣除优惠明细表》（A107010）填报。

（18）第 18 行"境外应税所得抵减境内亏损"：当纳税人选择不用境外所得抵减境内亏损时，填报 0；当纳税人选择用境外所得抵减境内亏损时，填报境外所得抵减当年度境内亏损的金额。用境外所得弥补以前年度境内亏损的，还需填报《企业所得税弥补亏损明细表》（A106000）和《境外所得税收抵免明细表》（A108000）。

（19）第 19 行"纳税调整后所得"：填报纳税人经过纳税调整、税收优惠、境外所得计算后的所得额。

（20）第 20 行"所得减免"：填报属于税收规定的所得减免金额。本行根据《所得减免优惠明细表》（A107020）填报。

（21）第 21 行"弥补以前年度亏损"：填报纳税人按照税收规定可在税前弥补的以前年度亏损数额。本行根据《企业所得税弥补亏损明细表》（A106000）填报。

（22）第 22 行"抵扣应纳税所得额"：填报根据税收规定应抵扣的应纳税所得额。本行根据《抵扣应纳税所得额明细表》（A107030）填报。

（23）第 23 行"应纳税所得额"：填报第 19－20－21－22 行金额。按照上述行次顺序计算结果为负数的，本行按 0 填报。

（24）第 24 行"税率"：填报税收规定的税率 25%。

（25）第 25 行"应纳所得税额"：填报第 23×24 行金额。

（26）第 26 行"减免所得税额"：填报纳税人按税收规定实际减免的企业所得税额。本行根据《减免所得税优惠明细表》（A107040）填报。

（27）第 27 行"抵免所得税额"：填报企业当年的应纳所得税额中抵免的金额。本行根据《税额抵免优惠明细表》（A107050）填报。

（28）第 28 行"应纳税额"：填报第 25－26－27 行金额。

（29）第 29 行"境外所得应纳所得税额"：填报纳税人来源于中国境外的所得，按照我国税收规定计算的应纳所得税额。本行根据《境外所得税收抵免明细表》（A108000）填报。

（30）第 30 行"境外所得抵免所得税额"：填报纳税人来源于中国境外所得依照中国境外税收法律以及相关规定应缴纳并实际缴纳（包括视同已实际缴纳）的企业所得税性质的税款（准予抵免税款）。本行根据《境外所得税收抵免明细表》（A108000）填报。

(31)第31行"实际应纳所得税额"：填报第28＋29－30行金额。其中，跨地区经营企业类型为"分支机构(须进行完整年度申报并按比例纳税)"的纳税人，填报(第28＋29－30行)×"分支机构就地纳税比例"金额。

(32)第32行"本年累计实际已缴纳的所得税额"：填报纳税人按照税收规定本纳税年度已在月(季)度累计预缴的所得税额，包括按照税收规定的特定业务已预缴(征)的所得税额，建筑企业总机构直接管理的跨地区设立的项目部按规定向项目所在地主管税务机关预缴的所得税额。

(33)第33行"本年应补(退)的所得税额"：填报第31－32行金额。

(34)第34行"总机构分摊本年应补(退)所得税额"：填报汇总纳税的总机构按照税收规定在总机构所在地分摊本年应补(退)所得税额。本行根据《跨地区经营汇总纳税企业年度分摊企业所得税明细表》(A109000)填报。

(35)第35行"财政集中分配本年应补(退)所得税额"：填报汇总纳税的总机构按照税收规定财政集中分配本年应补(退)所得税款。本行根据《跨地区经营汇总纳税企业年度分摊企业所得税明细表》(A109000)填报。

(36)第36行"总机构主体生产经营部门分摊本年应补(退)所得税额"：填报汇总纳税的总机构所属的具有主体生产经营职能的部门按照税收规定应分摊的本年应补(退)所得税额。本行根据《跨地区经营汇总纳税企业年度分摊企业所得税明细表》(A109000)填报。

(37)第37行"减：民族自治地区企业所得税地方分享部分：□ 免征 □ 减征：减征幅度(％)"：根据《中华人民共和国企业所得税法》《中华人民共和国民族区域自治法》《财政部 国家税务总局关于贯彻落实国务院关于实施企业所得税过渡优惠政策有关问题的通知》(财税〔2008〕21号)等规定，实行民族区域自治的自治区、自治州、自治县的自治机关对本民族自治地方的企业应缴纳的企业所得税中属于地方分享的部分，可以决定减征或免征，自治州、自治县决定减征或者免征的，须报省、自治区、直辖市人民政府批准。

(38)纳税人填报该行次时，根据享受政策的类型选择"免征"或"减征"，二者必选其一。选择"免征"是指免征企业所得税税收地方分享部分；选择"减征：减征幅度＿＿＿＿％"是指减征企业所得税税收地方分享部分。此时需填写"减征幅度"，减征幅度填写范围为1至100，表示企业所得税税收地方分享部分的减征比例。例如：地方分享部分减半征收，则选择"减征"，并在"减征幅度"后填写"50％"。

(39)企业类型为"非跨地区经营企业"的，本行填报"实际应纳所得税额"×40％×减征幅度－本年度预缴申报累计已减免的地方分享部分减免金额的余额。企业类型为"跨地区经营汇总纳税企业总机构"的，本行填报《跨地区经营汇总纳税企业年度分摊企业所得税明细表》(A109000)第20行"总机构因民族地方优惠调整分配金额"的金额。

(40)第38行"十、本年实际应补(退)所得税额"：填报纳税人当期实际应补(退)的所得税额。企业类型为"非跨地区经营企业"的，本行填报第33－37行金额。企业类型为"跨地区经营汇总纳税企业总机构"的，本行填报《跨地区经营汇总纳税企业年度分摊企业所得税明细表》(A109000)第 21 行"八、总机构本年实际应补(退)所得税额"的金额。

### 2. 表间关系

(1)第 1 行＝表 A101010 第 1 行或表 A101020 第 1 行或表 A103000 第 2＋3＋4＋5＋6 行或表 A103000 第 11＋12＋13＋14＋15 行。

(2)第 2 行＝表 A102010 第 1 行或表 A102020 第 1 行或表 A103000 第 19＋20＋21＋22 行或表 A103000 第 25＋26＋27 行。

(3)第 4 行＝表 A104000 第 26 行第 1 列。

(4)第 5 行＝表 A104000 第 26 行第 3 列。

(5)第 6 行＝表 A104000 第 26 行第 5 列。

(6)第 9 行＝表 A103000 第 8 行或者第 16 行(仅限于填报表 A103000 的纳税人,其他纳税人根据财务核算情况自行填写)。

(7)第 11 行＝表 A101010 第 16 行或表 A101020 第 35 行或表 A103000 第 9 行或第 17 行。

(8)第 12 行＝表 A102010 第 16 行或表 A102020 第 33 行或表 A103000 第 23 行或第 28 行。

(9)第 14 行＝表 A108010 第 14 列合计－第 11 列合计。

(10)第 15 行＝表 A105000 第 46 行第 3 列。

(11)第 16 行＝表 A105000 第 46 行第 4 列。

(12)第 17 行＝表 A107010 第 31 行。

(13)第 18 行:

①当第 13－14＋15－16－17 行≥0,第 18 行＝0;

②当第 13－14＋15－16－17＜0 且表 A108000 第 5 列合计行≥0,表 A108000 第 6 列合计行＞0 时,第 18 行＝表 A108000 第 5 列合计行与表 A100000 第 13－14＋15－16－17 行绝对值的孰小值;

③当第 13－14＋15－16－17＜0 且表 A108000 第 5 列合计行≥0,表 A108000 第 6 列合计行＝0 时,第 18 行＝0。

(14)第 20 行:

当第 19 行≤0 时,第 20 行＝0;

当第 19 行＞0 时,

①第 19 行≥表 A107020 合计行第 11 列,第 20 行＝表 A107020 合计行第 11 列;

②第 19 行＜表 A107020 合计行第 11 列,第 20 行＝第 19 行。

(15)第 21 行＝表 A106000 第 11 行第 10 列。

(16)第 22 行＝表 A107030 第 15 行第 1 列。

(17)第 26 行＝表 A107040 第 33 行。

(18)第 27 行＝表 A107050 第 7 行第 11 列。

(19)第 29 行＝表 A108000 合计行第 9 列。

(20)第30行＝表A108000合计行第19列。

(21)第34行＝表A109000第12＋16行。

(22)第35行＝表A109000第13行。

(23)第36行＝表A109000第15行。

(24)企业类型为"跨地区经营汇总纳税企业总机构"的，第37行＝表A109000第20行。

(25)企业类型为"跨地区经营汇总纳税企业总机构"的，第38行＝表A109000第21行。

## 章节小结

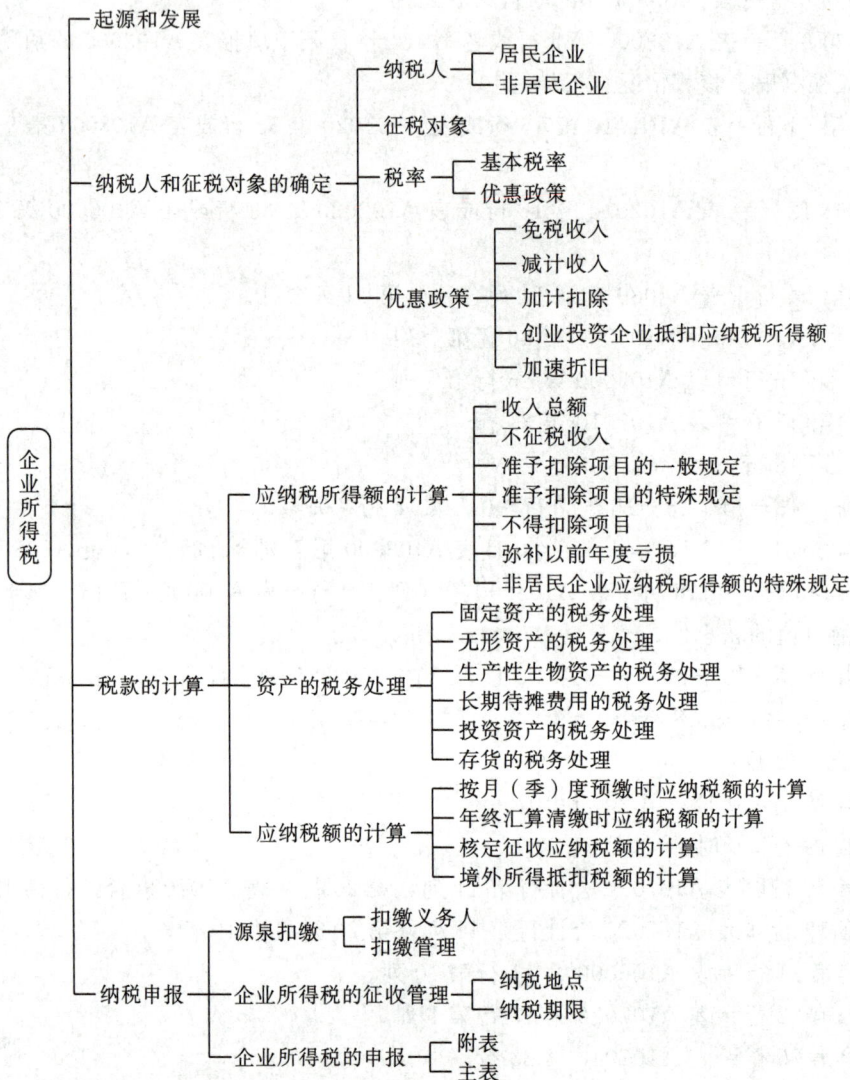

# 第七章

# 其他税种

## 学习目标

### ◈ 知识目标

(1)了解各类小税种的基本法规知识，明确各类小税种的的构成要素。

(2)掌握各类小税种的应税所得额的计算，了解各类小税种的税收优惠政策。

(3)熟悉各类小税种的征收方式。

### ◈ 能力目标

(1)能够判定各类小税种的纳税义务人类型，选择适用税率。

(2)能够准确计算各类小税种的应纳税额。

(3)能够根据资料填制小税种的纳税申报表。

### ◈ 素质目标

(1)培养学生爱岗敬业、诚实守信的精神。

(2)培养学生遵纪守法、诚信纳税的品质。

(3)培养学生团结协作、互帮互助的意识。

自 2023 年 1 月 1 日至 2027 年 12 月 31 日，对增值税小规模纳税人、小型微利企业和个体工商户减半征收资源税(不含水资源税)、城市维护建设税、房产税、城镇土地使用税、印花税(不含证券交易印花税)、耕地占用税和教育费附加、地方教育附加。此项税收优惠政策有助于激发企业活力，促进小微企业和个体工商户的发展，通过减轻企业的税收负担，助力企业扩大生产规模、提升技术水平、优化产品结构等，从而提高企业的竞争力和持续发展能力。此外，该政策还体现了国家对小微企业的重视和支持，有利于促进经济的稳定增长和社会的和谐发展。

## 职场任务

A 公司为增值税一般纳税人，2023 年发生下列经营业务：

(1)2 月份对外销售原煤 3 000 t，不含增值税售价为每吨 400 元；

(2)3 月份管理部门领用原煤 20 t；

(3)公司实际占地面积为 10 000 m²，其中含 5 月 31 日新征用厂房附近的耕地面积为 2 000 m²；

已知原煤资源税税率为 5％，当地城镇土地使用税按年计算，分季缴纳，每平方米年纳税额为 2 元，耕地占用税每平方米年纳税额为 30 元。

根据以上信息，请税务岗位人员完成下列工作任务：

(1)计算该企业 2023 年应当缴纳的资源税；

(2)计算该企业 2023 年应当缴纳的城镇土地使用税；

(3)计算该企业 2023 年应当缴纳的耕地占用税；

(4)填写该企业相应的纳税申报表。

## 任务实施

**1. 计算该企业 2023 年应当缴纳的资源税**

应纳资源税＝3 000×400×5％＋20×400×5％＝60 400(元)

**2. 计算该企业 2023 年应当缴纳的城镇土地使用税**

征用 2 000 m² 耕地，缴纳耕地占用税，批准征用之日起满 1 年后征收城镇土地使用税。其余土地应纳城镇土地使用税＝(10 000－2 000)×2＝16 000(元)

**3. 计算该企业 2023 年应当缴纳的耕地占用税**

应纳耕地占用税＝2 000×30＝60 000(元)

**4. 填写该企业纳税申报表**

纳税申报表填制见表 7－2。

# 第一节　城镇土地使用税

## 一、城镇土地使用税的概念

城镇土地使用税是指国家在城市、县城、建制镇、工矿区范围内，对使用土地的单位和个人，以其实际占用的土地面积为计税依据，按照规定的税额计算征收的一种税。

## 二、城镇土地使用税的纳税人和计税依据

### (一)纳税人

《中华人民共和国城镇土地使用税暂行条例》第二条规定，在城市、县城、建制镇、工矿区范围内使用土地的单位和个人，为城镇土地使用税(土地使用税)的纳税人，应当依照本条例的规定缴纳土地使用税。

单位，包括国有企业、集体企业、私营企业、股份制企业、外商投资企业、外国企业以及其他企业和事业单位、社会团体、国家机关、军队以及其他单位。

个人，包括个体工商户以及其他个人。

**法规解读：**

《关于土地使用税若干具体问题的解释和暂行规定》(国税地字〔1988〕15号)第四条规定，关于纳税人的确定，具体如下：

(1)城镇土地使用税由拥有土地使用权的单位和个人缴纳。

(2)拥有土地使用权的纳税人不在土地所在地的，由代管人或实际使用人缴纳。

(3)土地使用权未确定或权属纠纷未解决的，由实际使用人纳税。

(4)土地使用权共有的，由共有各方分别纳税。

### (二)计税依据

《中华人民共和国城镇土地使用税暂行条例》第三条规定，土地使用税以纳税人实际占用的土地面积为计税依据，依照规定税额计算征收。土地占用面积的组织测量工作，由省、自治区、直辖市人民政府根据实际情况确定。

《关于土地使用税若干具体问题的解释和暂行规定》(国税地字〔1988〕15号)第六条规定，关于纳税人实际占用的土地面积的确定，尚未组织测量，但纳税人持有政府部门核发的土地使用证书的，以证书确认的土地面积为准；尚未核发土地使用证书的，应由纳税人据实申报土地面积。

## 三、城镇土地使用税的税率和应纳税额计算

### (一)税率

城镇土地使用税采用定额税率，即采用有幅度的差别税额，按大、中、小城市和县城、建制镇、工矿区分别规定每平方米城镇土地使用税年应纳税额。

《关于土地使用税若干具体问题的解释和暂行规定》(国税地字〔1988〕15号)第七条规定，大、中、小城市以公安部门登记在册的非农业正式户口人数为依据，按照国务院颁布的《城市规划条例》中规定的标准划分。现行的划分标准是：市区及郊区非农业人口总计在50万以上的，为大城市；市区及郊区非农业人口总计在20万至50万的，为中等城市；市区及郊区非农业人口总计在20万以下的，为小城市。城镇土地使用税

税率见表 7-1。

表 7-1　城镇土地使用税税率

| 级别 | 人口数量/人 | 每平方米税额/元 |
| --- | --- | --- |
| 大城市 | 50 万以上 | 1.5—30 |
| 中等城市 | 20 万—50 万 | 1.2—24 |
| 小城市 | 20 万以下 | 0.9—18 |
| 县城、建制镇、工矿区 | — | 0.6—12 |

《中华人民共和国城镇土地使用税暂行条例》第五条规定，省、自治区、直辖市人民政府，应当在上述的税额幅度内，根据市政建设状况、经济繁荣程度等条件，确定所辖地区的适用税额幅度。

市、县人民政府应当根据实际情况，将本地区土地划分为若干等级，在省、自治区、直辖市人民政府确定的税额幅度内，制定相应的适用税额标准，报省、自治区、直辖市人民政府批准执行。

经省、自治区、直辖市人民政府批准，经济落后地区土地使用税的适用税额标准可以适当降低，但降低额不得超过上述规定最低税额的 30%。经济发达地区土地使用税的适用税额标准可以适当提高，但须报经财政部批准。

### (二)应纳税额的计算

城镇土地使用税的应纳税额可以通过纳税人实际占用的应税土地面积乘以该土地所在地段的适用税额求得，计算公式为

全年应纳税额＝实际占用应税土地面积(平方米)×适用税额

### 做中学

A 企业为增值税一般纳税人，2023 年实际占地面积为 26 120 m²，经税务机关核定，A 企业所在地段适用城镇土地使用税每平方米年税额为 3 元。计算 A 企业 2023 年度应缴纳的城镇土地使用税税额。

应缴纳的城镇土地使用税税额＝26 120×3＝78 360(元)

## 四、城镇土地使用税的税收优惠

### (一)免征

《中华人民共和国城镇土地使用税暂行条例》第六条规定，下列土地免缴土地使用税：

（1）国家机关、人民团体、军队自用的土地。

（2）由国家财政部门拨付事业经费的单位自用的土地。

（3）宗教寺庙、公园、名胜古迹自用的土地。

（4）市政街道、广场、绿化地带等公共用地。

（5）直接用于农、林、牧、渔业的生产用地。

（6）经批准开山填海整治的土地和改造的废弃土地，从使用的月份起免缴城镇土地使用税5年至10年。

（7）由财政部另行规定免税的能源、交通、水利设施用地和其他用地。

《财政部 税务总局 科技部 教育部关于科技企业孵化器 大学科技园和众创空间税收政策的通知》（财税〔2018〕120号）规定，自2019年1月1日至2027年12月31日，对国家级、省级科技企业孵化器、大学科技园和国家备案众创空间自用以及无偿或通过出租等方式提供给在孵对象使用的房产、土地，免征房产税和城镇土地使用税。

### （二）减半征收

自2023年1月1日至2027年12月31日，对增值税小规模纳税人、小型微利企业和个体工商户减半征收资源税（不含水资源税）、城市维护建设税、房产税、城镇土地使用税、印花税（不含证券交易印花税）、耕地占用税和教育费附加、地方教育附加。具体操作按照《财政部 税务总局关于进一步支持小微企业和个体工商户发展有关税费政策的公告》（财政部 税务总局公告2023年第12号）有关规定执行。

### （三）其他税收优惠政策

（1）《关于土地使用税若干具体问题的补充规定》的通知第一条规定，对免税单位无偿使用纳税单位的土地（如公安、海关等单位使用铁路、民航等单位的土地），免征土地使用税；对纳税单位无偿使用免税单位的土地，纳税单位应照章缴纳土地使用税。

（2）《中华人民共和国城镇土地使用税暂行条例》第九条规定，新征收的土地，依照下列规定缴纳土地使用税：

①征收的耕地，自批准征收之日起满1年时开始缴纳土地使用税；

②征收的非耕地，自批准征收次月起缴纳土地使用税。

（3）《国家税务总局关于进一步加强城镇土地使用税和土地增值税征收管理工作的通知》（国税发〔2004〕100号）规定，除经批准开发建设经济适用房的用地外，对各类房地产开发用地一律不得减免城镇土地使用税。

## 五、城镇土地使用税的税收征管

### （一）纳税期限

《中华人民共和国城镇土地使用税暂行条例》第八条规定，城镇土地使用税按年计算、分期缴纳。缴纳期限由省、自治区、直辖市人民政府确定。

### (二)纳税地点

《中华人民共和国城镇土地使用税暂行条例》第十条规定，土地使用税由土地所在地的税务机关征收。土地管理机关应当向土地所在地的税务机关提供土地使用权属资料。

《关于土地使用税若干具体问题的解释和暂行规定》(国税地字〔1988〕15号)第十四条规定，纳税人使用的土地不属于同一省(自治区、直辖市)管辖范围的，应由纳税人分别向土地所在地的税务机关缴纳土地使用税。在同一省(自治区、直辖市)管辖范围内，纳税人跨地区使用的土地，如何确定纳税地点，由各省、自治区、直辖市税务局确定。

### (三)纳税义务发生时间

《国家税务总局关于房产税城镇土地使用税有关政策规定的通知》(国税发〔2003〕89号)规定：

(1)购置新建商品房，自房屋交付使用之次月起计征房产税和城镇土地使用税。

(2)购置存量房，自办理房屋权属转移、变更登记手续，房地产权属登记机关签发房屋权属证书之次月起，计征房产税和城镇土地使用税。

(3)出租、出借房产，自交付出租、出借房产之次月起，计征房产税和城镇土地使用税。

### (四)纳税申报

《国家税务总局关于简并税费申报有关事项的公告》(国家税务总局公告2021年第9号)规定，自2021年6月1日起，纳税人申报缴纳城镇土地使用税、房产税、车船税、印花税、耕地占用税、资源税、土地增值税、契税、环境保护税、烟叶税中一个或多个税种时，使用《财产和行为税纳税申报表》，见表7-2，且该表及含一张附表，见表7-3。纳税人新增税源或税源变化时，需先填报《财产和行为税税源明细表》表及填表说明如下。

**表7－2 财产和行为税纳税申报表**

纳税人识别号（统一社会信用代码）：□□□□□□□□□□□□□□□□□□

纳税人名称：

金额单位：人民币元（列至角分）

| 序号 | 税种 | 税目 | 税款所属期起 | 税款所属期止 | 计税依据 | 税率 | 应纳税额 | 减免税额 | 已缴税额 | 应补（退）税额 |
|---|---|---|---|---|---|---|---|---|---|---|
| 1 | 城镇土地使用税 | | 2023－01－01 | 2023－12－31 | 8000 | 2 | 16000 | 0 | 0 | 16000 |
| 2 | 耕地占用税 | | 2023－01－01 | 2023－12－31 | 2000 | 30 | 60000 | 0 | 0 | 60000 |
| 3 | 资源税 | 原煤 | 2023－02－01 | 2023－02－31 | 1208000 | 5% | 60400 | 0 | 0 | 60400 |
| 4 | | | | | | | | | | |
| 5 | | | | | | | | | | |
| 6 | | | | | | | | | | |
| 7 | | | | | | | | | | |
| 8 | | | | | | | | | | |
| 9 | | | | | | | | | | |
| 10 | 合计 | — | | | — | — | 136400 | 0 | 0 | 136400 |

声明：此表是根据国家税收法律法规及相关规定填写的，本人（单位）对填报内容（及附带资料）的真实性、可靠性、完整性负责。

纳税人（签章）： 年 月 日

受理人：
受理税务机关（章）：
受理日期： 年 月 日

经办人：
经办人身份证号：
代理机构签章：
代理机构统一社会信用代码：

(1)本表适用于申报城镇土地使用税、房产税、契税、耕地占用税、土地增值税、印花税、车船税、烟叶税、环境保护税、资源税。

(2)本表根据各税种税源明细表自动生成，申报前需填写税源明细表。

(3)本表包含一张附表《财产和行为税减免税明细申报附表》(如表7-3所示)。

(4)纳税人识别号(统一社会信用代码)：填写税务机关核发的纳税人识别号或有关部门核发的统一社会信用代码。纳税人名称：填写营业执照、税务登记证等证件载明的纳税人名称。

(5)税种：税种名称，多个税种的，可增加行次。

(6)税目：税目名称，多个税目的，可增加行次。

(7)税款所属期起：纳税人申报相应税种所属期的起始时间，填写具体的年、月、日。

(8)税款所属期止：纳税人申报相应税种所属期的终止时间，填写具体的年、月、日。

(9)计税依据：计算税款的依据。

(10)税率：适用的税率。

(11)应纳税额：纳税人本期应当缴纳的税额。

(12)减免税额：纳税人本期享受的减免税金额，等于减免税附表中该税种的减免税额小计。

(13)已缴税额：纳税人本期应纳税额中已经缴纳的部分。

(14)应补(退)税额：纳税人本期实际需要缴纳的税额。应补(退)税额＝应纳税额－减免税额－已缴税额。

表 7－3　财产和行为税减免税明细申报附表

纳税人识别号(统一社会信用代码)：□□□□□□□□□□□□□□□□□□

纳税人名称：

金额单位：人民币元(列至角分)

| 本期是否适用增值税小规模纳税人减征政策 | | □是　□否 | 本期适用增值税小规模纳税人减征政策起始时间 | 年　月 |
|---|---|---|---|---|
| | | | 本期适用增值税小规模纳税人减征政策终止时间 | 年　月 |
| 合计减免税额 | | | | |

| 城镇土地使用税 | | | | | |
|---|---|---|---|---|---|
| 序号 | 土地编号 | 税款所属期起 | 税款所属期止 | 减免性质代码和项目名称 | 减免税额 |
| 1 | | | | | |
| 2 | | | | | |
| 小计 | — | | | — | |

| 房产税 | | | | | |
|---|---|---|---|---|---|
| 序号 | 房产编号 | 税款所属期起 | 税款所属期止 | 减免性质代码和项目名称 | 减免税额 |
| 1 | | | | | |
| 2 | | | | | |
| 小计 | — | | | — | |

| 车船税 | | | | | |
|---|---|---|---|---|---|
| 序号 | 车辆识别代码/船舶识别码 | 税款所属期起 | 税款所属期止 | 减免性质代码和项目名称 | 减免税额 |
| 1 | | | | | |
| 2 | | | | | |
| 小计 | | | | — | |

| 印花税 | | | | | |
|---|---|---|---|---|---|
| 序号 | 税目 | 税款所属期起 | 税款所属期止 | 减免性质代码和项目名称 | 减免税额 |
| 1 | | | | | |
| 2 | | | | | |
| 小计 | — | | | — | |

| 资源税 | | | | | | |
|---|---|---|---|---|---|---|
| 序号 | 税目 | 子目 | 税款所属期起 | 税款所属期止 | 减免性质代码和项目名称 | 减免税额 |
| 1 | | | | | | |
| 2 | | | | | | |
| 小计 | — | — | | | — | |

| | | 耕地占用税 | | | |
|---|---|---|---|---|---|
| 序号 | 税源编号 | 税款所属期起 | 税款所属期止 | 减免性质代码和项目名称 | 减免税额 |
| 1 | | | | | |
| 2 | | | | | |
| 小计 | — | | | — | |

| | | 契税 | | | |
|---|---|---|---|---|---|
| 序号 | 税源编号 | 税款所属期起 | 税款所属期止 | 减免性质代码和项目名称 | 减免税额 |
| 1 | | | | | |
| 2 | | | | | |
| 小计 | — | | | — | |

| | | 土地增值税 | | | |
|---|---|---|---|---|---|
| 序号 | 项目编号 | 税款所属期起 | 税款所属期止 | 减免性质代码和项目名称 | 减免税额 |
| 1 | | | | | |
| 2 | | | | | |
| 小计 | — | | | — | |

| | | | 环境保护税 | | | |
|---|---|---|---|---|---|---|
| 序号 | 税源编号 | 污染物类别 | 污染物名称 | 税款所属期起 | 税款所属期止 | 减免性质代码和项目名称 | 减免税额 |
| 1 | | | | | | | |
| 2 | | | | | | | |
| 小计 | — | — | — | | | — | |

声明：此表是根据国家税收法律法规及相关规定填写的，本人(单位)对填报内容(及附带资料)的真实性、可靠性、完整性负责。

纳税人(签章)：　　　　　　　　　　　年　月　日

| | |
|---|---|
| 经办人：<br>经办人身份证号：<br>代理机构签章：<br>代理机构统一社会信用代码： | 受理人：<br>受理税务机关(章)：<br>受理日期：　　年　月　日 |

（1）表7-3为《财产和行为税纳税申报表》的附表，适用于申报城镇土地使用税、房产税、契税、耕地占用税、土地增值税、印花税、车船税、环境保护税、资源税的减免税。

（2）纳税人识别号（统一社会信用代码）：填写税务机关核发的纳税人识别号或有关部门核发的统一社会信用代码。纳税人名称：填写营业执照、税务登记证等证件载明的纳税人名称。

（3）适用增值税小规模纳税人减征政策的，需填写"本期是否适用增值税小规模纳税人减征政策""本期适用增值税小规模纳税人减征政策起始时间""本期适用增值税小规模纳税人减征政策终止时间"。其余项目根据各税种税源明细表自动生成，减免税申报前需填写税源明细表。

（4）本期是否适用增值税小规模纳税人减征政策：适用增值税小规模纳税人减征政策的，填写本项。纳税人在税款所属期内适用增值税小规模纳税人减征政策的，勾选"是"；否则，勾选"否"。纳税人自增值税一般纳税人按规定转登记为小规模纳税人的，自成为小规模纳税人的当月起适用减征优惠。增值税小规模纳税人按规定登记为一般纳税人的，自一般纳税人生效之日起不再适用减征优惠；增值税年应税销售额超过小规模纳税人标准应当登记为一般纳税人而未登记，经税务机关通知，逾期仍不办理登记的，自逾期次月起不再适用减征优惠。

（5）本期适用增值税小规模纳税人减征政策起始时间：适用增值税小规模纳税人减征政策的，填写本项。如果税款所属期内纳税人一直为增值税小规模纳税人，填写税款所属期起始月份；如果税款所属期内纳税人由增值税一般纳税人转登记为增值税小规模纳税人，填写成为增值税小规模纳税人的月份。

（6）本期适用增值税小规模纳税人减征政策终止时间：适用增值税小规模纳税人减征政策的，填写本项。如果税款所属期内纳税人一直为增值税小规模纳税人，填写税款所属期终止月份，如同时存在多个税款所属期，则填写最晚的税款所属期终止月份；如果税款所属期内纳税人由增值税小规模纳税人登记为增值税一般纳税人，填写增值税一般纳税人生效之日上月；经税务机关通知，逾期仍不办理增值税一般纳税人登记的，自逾期次月起不再适用减征优惠，填写逾期当月所在的月份。

（7）税款所属期起：指纳税人申报相应税种所属期的起始时间，具体到年、月、日。

（8）税款所属期止：指纳税人申报相应税种所属期的终止时间，具体到年、月、日。

（9）减免性质代码和项目名称：按照税务机关最新制发的减免税政策代码表中最细项减免项目名称填写。

（10）减免税额：减免税项目对应的减免税金额。

## 第二节　房产税

### 一、房产税的概念

房产税是以房屋为征税对象，按房屋的计税余值或租赁收入为计税依据，向产权所有人征收的一种财产税。房产税在城市、县城、建制镇和工矿区征收。现行的房产税是第二步利改税以后开征的，1986年9月15日，国务院正式发布了《中华人民共和国房产税暂行条例》，从1986年10月1日起施行。

### 二、房产税的纳税人和计税依据

#### (一)纳税人

《中华人民共和国房产税暂行条例》第二条规定，房产税由产权所有人缴纳。产权属于全民所有的，由经营管理的单位缴纳。产权出典的，由承典人缴纳。产权所有人、承典人不在房产所在地的，或者产权未确定及租典纠纷未解决的，由房产代管人或者使用人缴纳。

#### (二)计税依据

《中华人民共和国房产税暂行条例》第三条规定，房产税依照房产原值一次减除10%至30%后的余值计算缴纳。具体减除幅度，由省、自治区、直辖市人民政府规定。

没有房产原值作为依据的，由房产所在地税务机关参考同类房产核定。

房产出租的，以房产租金收入为房产税的计税依据。

### 三、房产税的税率和应纳税额计算

#### (一)税率

《中华人民共和国房产税暂行条例》第四条规定，房产税的税率，依照房产余值计算缴纳的，税率为1.2%；依照房产租金收入计算缴纳的，税率为12%。

《财政部 国家税务总局关于廉租住房 经济适用住房和住房租赁有关税收政策的通知》（财税〔2008〕24号）规定，对个人出租住房，不区分用途，在3%税率的基础上减半征收营业税，按4%的税率征收房产税，免征城镇土地使用税。

《财政部 税务总局住房城乡建设部关于完善住房租赁有关税收政策的公告》（财政部税务总局 住房城乡建设公告2021年第24号）规定，对企事业单位、社会团体以及其他组织向个人、专业化规模化住房租赁企业出租住房的，减按4%的税率征收房产税。

#### (二)应纳税额的计算

根据房产税的计税依据可知，房产税分从价计征和从租计征两种形式。

**1. 从价计征应纳税额的计算**

从价计征是指按房产的原值减除一定比例后的余值计征，计算公式为

$$应纳税额＝应税房产原值×(1－扣除比例)×1.2％$$

**2. 从租计征应纳税额的计算**

从租计征是指按房产的租金收入计征，计算公式为

$$应纳税额＝租金收入×12％(或4％)$$

**做中学**

A企业为增值税一般纳税人，2022年度自有生产用房一套，原值6 000万元，账面已提折旧1 000万元。已知房产税税率为1.2％，当地政府规定计算房产余值的扣除比例为20％。计算该企业2022年度应缴纳的房产税税额。

解析：应缴纳的房产税税额＝6000×(1－20％)×1.2％＝57.6(万元)

## 四、房产税的税收优惠

### (一)免征

《中华人民共和国房产税暂行条例》第五条规定，下列房产免纳房产税：

(1)国家机关、人民团体、军队自用的房产；

(2)由国家财政部门拨付事业经费的单位自用的房产；

(3)宗教寺庙、公园、名胜古迹自用的房产；

(4)个人所有非营业用的房产；

(5)经财政部批准免税的其他房产。

**法规解读：**

关于免税单位自用房产的解释如下：

(1)国家机关、人民团体、军队自用的房产，是指这些单位本身的办公用房和公务用房；

(2)事业单位自用的房产，是指这些单位本身的业务用房；

(3)宗教寺庙自用的房产，是指举行宗教仪式等的房屋和宗教人员使用的生活用房屋；

(4)公园、名胜古迹自用的房产，是指供公共参观游览的房屋及其管理单位的办公用房屋；

(5)上述免税单位出租的房产以及非本身业务用的生产、营业用房不属于免税范围，应征收房产税。

经财政部批准免税的其他房产具体如下：

(1)毁损不堪居住的房屋和危险房屋，经有关部门鉴定，在停止使用后，可免征房

产税。

(2)纳税人因房屋大修导致连续停用半年以上的，在房屋大修期间免征房产税。

(3)在基建工地为基建工地服务的各种工棚、材料棚、休息棚和办公室、食堂、茶炉房、汽车房等临时性房屋，施工期间一律免征房产税。但工程结束后，施工企业将这种临时性房屋交还或估价转让给基建单位的，应从基建单位接收的次月起，照章纳税。

(4)对房管部门经租的居民住房，在房租调整改革之前收取租金偏低的，可暂缓征收房产税。

(5)对非营利性医疗机构、疾病控制机构和妇幼保健机构等卫生机构自用的房产，免征房产税。

(6)老年服务机构自用的房产免征房产税。

(7)对按政府规定价格出租的公有住房和廉租住房，暂免收房产税。

(8)自 2023 年 1 月 1 日至 2027 年 12 月 31 日，对高校学生公寓，对农产品批发市场、农贸市场专门用于经营农产品的房产免征房产税。

### (二)减半征收

自 2023 年 1 月 1 日至 2027 年 12 月 31 日，对增值税小规模纳税人、小型微利企业和个体工商户减半征收资源税(不含水资源税)、城市维护建设税、房产税、城镇土地使用税、印花税(不含证券交易印花税)、耕地占用税和教育费附加、地方教育附加。具体操作按照《财政部 税务总局关于进一步支持小微企业和个体工商户发展有关税费政策的公告》(财政部 税务总局公告 2023 年第 12 号)有关规定执行。

## 五、房产税的税收征管

### (一)纳税期限

《中华人民共和国房产税暂行条例》第七条规定，房产税按年征收、分期缴纳。纳税期限由省、自治区、直辖市人民政府规定。

### (二)纳税地点

《中华人民共和国房产税暂行条例》第九条规定，房产税由房产所在地的税务机关征收。

房产不在同一地方的纳税人，应按房产的坐落地点，分别向房产所在地的税务机关申报纳税。

### (三)纳税义务发生时间

(1)纳税人将原有房产用于生产经营，从生产经营之月起征收房产税；

(2)纳税人自建的房屋，自建成之次月起征收房产税；

（3）纳税人委托施工企业建设的房屋，从办理验收手续之次月起征收房产税；

（4）购置新建商品房，自房屋交付使用之次月起计征房产税；

（5）购置存量房，自办理房屋权权属转移、变更登记手续，房地产权属登记机关签发房屋权属证书之次月起计征房产税；

（6）出租、出借房产，自交付出租、出借房产之次月起计征房产税；

（7）房地产开发企业自用、出租、出借本企业建造的商品房，自房屋使用或交付之次月起计征房产税；

（8）融资租赁的房产，由承租人自融资租赁合同约定开始日的次月起依照房产余值缴纳房产税。合同未约定开始日的，由承租人自合同签订的次月起依照房产余值缴纳房产税；

（9）纳税人因房产的实物或权利状态发生变化而依法终止房产税纳税义务的，其应纳税款的计算应截止到房产的实物或权利状态发生变化的当月月末。

### （四）纳税申报

《国家税务总局关于简并税费申报有关事项的公告》（国家税务总局公告2021年第9号）规定，自2021年6月1日起，纳税人申报缴纳城镇土地使用税、房产税、车船税、印花税、耕地占用税、资源税、土地增值税、契税、环境保护税、烟叶税中一个或多个税种时，使用《财产和行为税纳税申报表》（表7-2）。纳税人新增税源或税源变化时，需先填报《财产和行为税税源明细表》。

## 第三节　车船税

### 一、车船税的概念

车船税是指在中华人民共和国境内的车辆、船舶的所有人或者管理人按照《中华人民共和国车船税法》应缴纳的一种税。

《中华人民共和国车船税法》于2011年2月25日，在第十一届全国人民代表大会常务委员会第十九次会议上通过，根据2019年4月23日第十三届全国人民代表大会常务委员会第十次会议《关于修改等八部法律的决定》修正。

《中华人民共和国车船税法实施条例》于2011年12月5日，由中华人民共和国国务院令第611号发布，根据2019年3月2日《国务院关于修改部分行政法规的决定》修订。

### 二、车船税的纳税人和计税依据

#### （一）纳税人

《中华人民共和国车船税法》第一条规定，在中华人民共和国境内属于本法所附《车船税税目税额表》规定的车辆、船舶（简称车船）的所有人或者管理人，为车船税的纳税人，应当依照本法缴纳车船税。

**法规解读：**

《中华人民共和国车船税法实施条例》第二条规定，车辆、船舶，是指：

(1)依法应当在车船登记管理部门登记的机动车辆和船舶；

(2)依法不需要在车船登记管理部门登记的在单位内部场所行驶或者作业的机动车辆和船舶。

### (二)计税依据

车船税的计税依据根据《车船税税目税额表》(表7-4)总结如下：

(1)乘用车、商用客车和摩托车，以辆数为计税依据。

(2)商用货车、专用作业车和轮式专用机械车，以整备质量吨位数为计税依据。

(3)机动船舶等，以净吨位数计税依据。

(4)游艇，以艇身长度为计税依据。

## 三、车船税的税率和应纳税额计算

### (一)税率

车船税的税目有6类，包括乘用车、商用车、挂车、其他车辆、摩托车和船舶。车船税采用幅度定额税率，具体见表7-4。

表7-4　车船税税目税额表

| 税目 | | 计税单位 | 年基准税额/元 | 备注 |
|---|---|---|---|---|
| 乘用车[按发动机气缸容量(排气量)分挡] | ≦1.0 L | 每辆 | 60～360 | 核定载客人数9人(含)以下 |
| | 1.0 L～1.6 L(含) | | 300～540 | |
| | 1.6 L～2.0 L(含) | | 360～660 | |
| | 2.0 L～2.5 L(含) | | 660～1 200 | |
| | 2.5 L～3.0 L(含) | | 1 200～2 400 | |
| | 3.0 L～4.0 L(含) | | 2 400～3 600 | |
| | >4.0 L | | 3 600～5 400 | |
| 商用车 | 客车 | 每辆 | 480～1440 | 核定载客人数9人以上，包括电车 |
| | 货车 | 整备质量每吨 | 16～120 | 包括半挂牵引车、三轮汽车和低速载货汽车等 |

续表

| 税目 | | 计税单位 | 年基准税额/元 | 备注 |
|---|---|---|---|---|
| 挂车 | — | 整备质量每吨 | 按照货车税额的50%计算 | |
| 其他车辆 | 专用作业车 | 整备质量每吨 | 16~120 | 不包括拖拉机 |
| | 轮式专用机械车 | | 16~120 | |
| 摩托车 | — | 每辆 | 36~180 | |
| 船舶 | 机动船舶 | 净吨位每吨 | 3~6 | 拖船、非机动驳船分别按照机动船舶税额的50%计算 |
| | 游艇 | 艇身长度每米 | 600~2000 | |

### (二)应纳税额的计算

(1)乘用车、商用客车和摩托车：应纳税额＝车辆数×适用单位税额

(2)商用货车、专用作业车和轮式专用机械车：

应纳税额＝整备质量吨位数×适用单位税额

(3)挂车：应纳税额＝整备质量吨位数×适用单位税额×50％

(4)机动船舶：应纳税额＝净吨位数×适用单位税额

(5)拖船和非机动驳船：应纳税额＝净吨位数×适用单位税额×50％

(6)游艇：应纳税额＝艇身长度×适用单位税额

(7)购置的新车船，购置当年的应纳税额自纳税义务发生的当月起按月计算：

应纳税额＝(年应纳税额÷12)×应纳税月份数

(8)客货两用车按载货汽车的计税单位和税额标准计征车船税。

## 四、车船税的税收优惠

《中华人民共和国车船税法》第三条规定，下列车船免征车船税：

(1)捕捞、养殖渔船；

(2)军队、武装警察部队专用的车船；

(3)警用车船；

(4)悬挂应急救援专用号牌的国家综合性消防救援车辆和国家综合性消防救援专用船舶；

(5)依照法律规定应当予以免税的外国驻华使领馆、国际组织驻华代表机构及其有

关人员的车船。

根据《财政部 税务总局 工业和信息化部 交通运输部关于节能 新能源车船享受车船税优惠政策的通知》(财税〔2018〕74号)规定,对节约能源的车船,减半征收车船税;对新能源车船,免征车船税。免征车船税的新能源汽车是指纯电动商用车、插电式(含增程式)混合动力汽车、燃料电池商用车。纯电动乘用车和燃料电池乘用车不属于车船税征税范围,对其不征车船税。免征车船税的新能源汽车(不含纯电动乘用车和燃料电池乘用车)必须符合国家有关标准。

《中华人民共和国车船税法》第五条规定,省、自治区、直辖市人民政府根据当地实际情况,可以对公共交通车船,农村居民拥有并主要在农村地区使用的摩托车、三轮汽车和低速载货汽车定期减征或者免征车船税。

## 五、车船税的税收征管

### (一)纳税期限

车船税按年申报,分月计算,一次性缴纳。纳税年度,自公历1月1日起至12月31日止。具体申报纳税期限由省、自治区、直辖市人民政府确定。

### (二)纳税地点

《中华人民共和国车船税法》第七条规定,车船税的纳税地点为车船的登记地或者车船税扣缴义务人所在地。依法不需要办理登记的车船,车船税的纳税地点为车船的所有人或者管理人所在地。

### (三)纳税义务发生时间

《中华人民共和国车船税法》第八条规定,车船税纳税义务发生时间为取得车船所有权或者管理权的当月。

《中华人民共和国车船税法实施条例》第二十一条规定,取得车船所有权或者管理权的当月,应以购买车船的发票或其他证明文件所载的当月为准。

### (四)纳税申报

《国家税务总局关于简并税费申报有关事项的公告》(国家税务总局公告2021年第9号)规定,自2021年6月1日起,纳税人申报缴纳城镇土地使用税、房产税、车船税、印花税、耕地占用税、资源税、土地增值税、契税、环境保护税、烟叶税中一个或多个税种时,使用《财产和行为税纳税申报表》(表7-2)。纳税人新增税源或税源变化时,需先填报《财产和行为税税源明细表》。

## 第四节　印花税

### 一、印花税的概念

印花税是对在经济活动和经济交往中书立、领受具有法律效力的凭证的行为征收的一种税。其因采用在应税凭证上粘贴印花税票作为完税的标志而得名。印花税法是调整印花税征纳关系的法律规范的总称。《中华人民共和国印花税法》于 2021 年 6 月 10 日在中华人民共和国第十三届全国人民代表大会常务委员会二十九次会议上通过，自 2022 年 7 月 1 日起施行。

### 二、印花税的纳税人和计税依据

#### (一)纳税人

《中华人民共和国印花税法》第一条规定，在中华人民共和国境内书立应税凭证、进行证券交易的单位和个人，为印花税的纳税人，应当依照本法规定缴纳印花税。在中华人民共和国境外书立在境内使用的应税凭证的单位和个人，应当依照本法规定缴纳印花税。

应税凭证，是指《印花税税目税率表》(表 7 - 5)列明的合同、产权转移书据和营业账簿。

证券交易，是指转让在依法设立的证券交易所、国务院批准的其他全国性证券交易场所交易的股票和以股票为基础的存托凭证。证券交易印花税对证券交易的出让方征收，不对受让方征收。

《中华人民共和国印花税法》第十四条规定，纳税人为境外单位或者个人，在境内有代理人的，以其境内代理人为扣缴义务人；在境内没有代理人的，由纳税人自行申报缴纳印花税，具体办法由国务院税务主管部门规定。证券登记结算机构为证券交易印花税的扣缴义务人，应当向其机构所在地的主管税务机关申报解缴税款以及银行结算的利息。

**法规解读：**

根据《印花税税目税率表》(表 7 - 5)，可以将上述的单位和个人分别确定为立合同人、立据人、立账簿人、使用人和证券交易出让方，以及各类电子应税凭证的签订人，具体如下：

(1)立合同人：合同的当事人，是对应税凭证有直接权利义务关系的单位和个人，但不包括合同的担保人、证人和鉴定人。

(2)立据人：书立产权转移书据的单位和个人。

(3)立账簿人：设立并使用营业账簿的单位和个人。

(4)使用人：在境外书立、领受，但在境内使用应税凭证的单位和个人。

(5)证券交易出让方：证券交易印花税对证券交易的出让方征收，不对受让方征收。

(6)各类电子应税凭证的签订人：电子形式签订的各类应税凭证的当事人。

### (二)纳税依据

《中华人民共和国印花税法》第五条规定，印花税的计税依据如下：

(1)应税合同的计税依据，为合同所列的金额，不包括列明的增值税税款；

(2)应税产权转移书据的计税依据，为产权转移书据所列的金额，不包括列明的增值税税款；

(3)应税营业账簿的计税依据，为账簿记载的实收资本（股本）、资本公积合计金额；

(4)证券交易的计税依据，为成交金额。

《中华人民共和国印花税法》第六条规定，应税合同、产权转移书据未列明金额的，印花税的计税依据按照实际结算的金额确定。计税依据按照前款规定仍不能确定的，按照书立合同、产权转移书据时的市场价格确定；依法应当执行政府定价或者政府指导价的，按照国家有关规定确定。

《中华人民共和国印花税法》第七条规定，证券交易无转让价格的，按照办理过户登记手续时该证券前一个交易日收盘价计算确定计税依据；无收盘价的，按照证券面值计算确定计税依据。

## 三、印花税的税率和应纳税额计算

### (一)税率

印花税采用比例税率的形式，《中华人民共和国印花税法》第四条规定，印花税的税目、税率，依照本法所附《印花税税目税率表》（表7-5）执行。

《中华人民共和国印花税法》第九条规定，同一应税凭证载有两个以上税目事项并分别列明金额的，按照各自适用的税目税率分别计算应纳税额；未分别列明金额的，从高适用税率。

表 7 - 5　印花税税目税率表

| 税目 | | 税率 | 备注 |
|---|---|---|---|
| 合同(指书面合同) | 借款合同 | 借款金额的 0.5‰ | 指银行业金融机构、经国务院银行业监督管理机构批准设立的其他金融机构与借款人(不包括同业拆借)的借款合同 |
| | 融资租赁合同 | 租金的 0.5‰ | — |
| | 买卖合同 | 价款的 3‰ | 指动产买卖合同(不包括个人书立的动产买卖合同) |
| | 承揽合同 | 报酬的 3‰ | — |
| | 建设工程合同 | 价款的 3‰ | — |
| | 运输合同 | 运输费用的 3‰ | 指货运合同和多式联运合同(不包括管道运输合同) |
| | 技术合同 | 价款、报酬或者使用费的 3‰ | 不包括专利权、专有技术使用权转让书据 |
| | 租赁合同 | 租金的 1‰ | — |
| | 保管合同 | 保管费的 1‰ | — |
| | 仓储合同 | 仓储费的 1‰ | — |
| | 财产保险合同 | 保险费的 1‰ | 不包括再保险合同 |
| 产权转移书据 | 土地使用权出让书据 | 价款的 5‰ | 转让包括买卖(出售)、继承、赠与、互换、分割 |
| | 土地使用权、房屋等建筑物和构筑物所有权转让书据(不包括土地承包经营权和土地经营权转移) | | |
| | 股权转让书据(不包括应缴纳证券交易印花税的) | | |
| | 商标专用权、著作权、专利权、专有技术使用权转让书据 | 价款的 3‰ | |
| 营业账簿 | 实收资本(股本)、资本公积合计金额的 2.5‰ | | — |
| 证券交易 | 成交金额的 1‰ | | — |

### (二)应纳税额的计算

《中华人民共和国印花税法》第八条规定,印花税的应纳税额按照计税依据乘以适用税率计算。

应纳税额＝应税凭证计税金额×适用税率

**法规解读：**

《中华人民共和国印花税法》第十条规定，同一应税凭证由两方以上当事人书立的，按照各自涉及的金额分别计算应纳税额。

《中华人民共和国印花税法》第十一条规定，已缴纳印花税的营业账簿，以后年度记载的实收资本（股本）、资本公积合计金额比已缴纳印花税的实收资本（股本）、资本公积合计金额增加的，按照增加部分计算应纳税额。

## 四、印花税的税收优惠

### （一）免征

《中华人民共和国印花税法》第十二条规定，下列凭证免征印花税：

(1)应税凭证的副本或者抄本；

(2)依照法律规定应当予以免税的外国驻华使馆、领事馆和国际组织驻华代表机构为获得馆舍书立的应税凭证；

(3)中国人民解放军、中国人民武装警察部队书立的应税凭证；

(4)农民、家庭农场、农民专业合作社、农村集体经济组织、村民委员会购买农业生产资料或者销售农产品书立的买卖合同和农业保险合同；

(5)无息或者贴息借款合同、国际金融组织向中国提供优惠贷款书立的借款合同；

(6)财产所有权人将财产赠与政府、学校、社会福利机构、慈善组织书立的产权转移书据；

(7)非营利性医疗卫生机构采购药品或者卫生材料书立的买卖合同；

(8)个人与电子商务经营者订立的电子订单。

根据国民经济和社会发展的需要，国务院对居民住房需求保障、企业改制重组、破产、支持小型微型企业发展等情形可以规定减征或者免征印花税，报全国人民代表大会常务委员会备案。

### （二）减半征收

自 2023 年 1 月 1 日至 2027 年 12 月 31 日，对增值税小规模纳税人、小型微利企业和个体工商户减半征收资源税(不含水资源税)、城市维护建设税、房产税、城镇土地使用税、印花税(不含证券交易印花税)、耕地占用税和教育费附加、地方教育附加。具体操作按照《财政部 税务总局关于进一步支持小微企业和个体工商户发展有关税费政策的公告》(财政部 税务总局公告 2023 年第 12 号)有关规定执行。

## 五、印花税的税收征管

### （一）纳税期限

《中华人民共和国印花税法》第十六条规定，印花税按季、按年或者按次计征。实行按季、按年计征的，纳税人应当自季度、年度终了之日起十五日内申报缴纳税款；实行按次计征的，纳税人应当自纳税义务发生之日起十五日内申报缴纳税款。证券交易印花税按周解缴。证券交易印花税扣缴义务人应当自每周终了之日起五日内申报解缴税款以及银行结算的利息。

### （二）纳税地点

《中华人民共和国印花税法》第十三条规定：

（1）纳税人为单位的，应当向其机构所在地的主管税务机关申报缴纳印花税；

（2）纳税人为个人的，应当向应税凭证书立地或者纳税人居住地的主管税务机关申报缴纳印花税；

（3）不动产产权发生转移的，纳税人应当向不动产所在地的主管税务机关申报缴纳印花税。

### （三）纳税义务发生时间

《中华人民共和国印花税法》第十五条规定，印花税的纳税义务发生时间为纳税人书立应税凭证或者完成证券交易的当日。

证券交易印花税扣缴义务发生时间为证券交易完成的当日。

### （四）纳税申报

《国家税务总局关于简并税费申报有关事项的公告》（国家税务总局公告 2021 年第 9 号）规定，自 2021 年 6 月 1 日起，纳税人申报缴纳城镇土地使用税、房产税、车船税、印花税、耕地占用税、资源税、土地增值税、契税、环境保护税、烟叶税中一个或多个税种时，使用《财产和行为税纳税申报表》（表 7-2）。纳税人新增税源或税源变化时，需先填报《财产和行为税税源明细表》。

# 第五节　耕地占用税

## 一、耕地占用税的概念

耕地占用税是为了合理利用土地资源，加强土地管理，保护耕地，对占用耕地建设建筑物、构筑物或者从事非农业建设的单位和个人征收的一种税。

2018 年 12 月 29 日第十三届全国人民代表大会常务委员会第七次会议通过《中华人

民共和国耕地占用税法》，自 2019 年 9 月 1 日起施行。

## 二、耕地占用税的纳税人和计税依据

### (一)纳税人

《中华人民共和国耕地占用税法》第二条规定，在中华人民共和国境内占用耕地建设建筑物、构筑物或者从事非农业建设的单位和个人，为耕地占用税的纳税人，应当依照本法规定缴纳耕地占用税。占用耕地建设农田水利设施的，不缴纳耕地占用税。本法所称耕地，是指用于种植农作物的土地。

### (二)计税依据

《中华人民共和国耕地占用税法》第三条规定，耕地占用税以纳税人实际占用的耕地面积为计税依据。

## 三、耕地占用税的税率和应纳税额计算

### (一)税率

《中华人民共和国耕地占用税法》第四条规定，耕地占用税的税额见表 7 - 6。

表 7 - 6    耕地占用税税率表

| 级次 | 地区 | 税额/(元/m²) |
|---|---|---|
| 1 | 人均耕地不超过 1 亩(含 1 亩，1 亩≈666.67 m²)的 | 10～50 |
| 2 | 人均耕地超过 1 亩但不超过 2 亩(含 2 亩)的 | 8～40 |
| 3 | 人均耕地超过 2 亩但不超过 3 亩(含 3 亩)的 | 6～30 |
| 4 | 人均耕地超过 3 亩的 | 5～25 |

### (二)应纳税额的计算

耕地占用税的应纳税额是根据纳税人实际占用的耕地面积和当地适用税率确定的，计算公式：

$$应纳税额＝实际占用的耕地面积(平方米)×适用税率$$

## 四、耕地占用税的税收优惠

### (一)免征

(1)《中华人民共和国耕地占用税法》第七条规定，军事设施、学校、幼儿园、社会福利机构、医疗机构占用耕地，免征耕地占用税。

①免税的军事设施，具体范围为《中华人民共和国军事设施保护法》规定的军事

设施。

②免税的学校，具体范围包括县级以上人民政府教育行政部门批准成立的大学、中学、小学，学历性职业教育学校和特殊教育学校，以及经省级人民政府或其人力资源社会保障行政部门批准成立的技工院校。学校内经营性场所和教职工住房占用耕地的，按照当地适用税额缴纳耕地占用税。

③免税的幼儿园，具体范围限于县级以上人民政府教育行政部门批准成立的幼儿园内专门用于幼儿保育、教育的场所。

④免税的社会福利机构，具体范围限于依法登记的养老服务机构、残疾人服务机构、儿童福利机构、救助管理机构、未成年人救助保护机构内，专门为老年人、残疾人、未成年人、生活无着的流浪乞讨人员提供养护、康复、托管等服务的场所。

⑤免税的医疗机构，具体范围限于县级以上人民政府卫生健康行政部门批准设立的医疗机构内专门从事疾病诊断、治疗活动的场所及其配套设施。医疗机构内职工住房占用耕地的，按照当地适用税额缴纳耕地占用税。

(2)农村居民经批准搬迁，新建自用住宅占用耕地不超过原宅基地面积的部分，免征耕地占用税。

(3)农村烈士遗属、因公牺牲军人遗属、残疾军人以及符合农村最低生活保障条件的农村居民，在规定用地标准以内新建自用住宅，免征耕地占用税。

### (二)减征

(1)自 2023 年 1 月 1 日至 2027 年 12 月 31 日，对增值税小规模纳税人、小型微利企业和个体工商户减半征收资源税(不含水资源税)、城市维护建设税、房产税、城镇土地使用税、印花税(不含证券交易印花税)、耕地占用税和教育费附加、地方教育附加。具体操作按照《财政部 税务总局关于进一步支持小微企业和个体工商户发展有关税费政策的公告》(财政部 税务总局公告 2023 年第 12 号)有关规定执行。

(2)铁路线路、公路线路、飞机场跑道、停机坪、港口、航道、水利工程占用耕地，减按每平方米两元的税额征收耕地占用税。

(3)农村居民在规定用地标准以内占用耕地新建自用住宅，按照当地适用税率减半征收耕地占用税。

纳税人改变原占地用途，不再属于免征或减征情形的，应自改变用途之日起三十日内申报补缴税款，补缴税款按改变用途的实际占用耕地面积和改变用途时当地适用税额计算。

## 五、耕地占用税的税收征管

### (一)纳税期限

耕地占用税按照"先缴税后用地"的原则一次性征收。

自然资源等相关部门在通知单位或者个人办理占用耕地手续时，应当同时通知耕地所在地税务机关。获准占用耕地的单位或者个人应当在收到自然资源等相关部门的通知之日起三十日内缴纳耕地占用税。自然资源等相关部门凭耕地占用税完税凭证或者免税凭证和其他有关文件发放建设用地批准书。

### (二)纳税地点

耕地占用税由耕地所在地税务机关负责征收。纳税人占用耕地或其他农用地，应当在耕地或其他农用地所在地申报纳税。

### (三)纳税义务发生时间

经批准占用耕地的，耕地占用税纳税义务发生时间为纳税人收到自然资源主管部门办理占用农用地手续书面通知的当日。纳税人应当自纳税义务发生之日起三十日内申报缴纳耕地占用税。

未经批准占用耕地的，耕地占用税纳税义务发生时间为自然资源主管部门认定的纳税人实际占用耕地的当日。

因挖损、采矿塌陷、压占、污染等损毁耕地的纳税义务发生时间为自然资源、农业农村等相关部门认定损毁耕地的当日。

纳税人占地类型、占地面积和占地时间等纳税申报数据材料以自然资源等相关部门提供的相关材料为准；未提供相关材料或者材料信息不完整的，经主管税务机关提出申请，由自然资源等相关部门自收到申请之日起三十日内出具认定意见。

### (四)纳税申报

《国家税务总局关于简并税费申报有关事项的公告》(国家税务总局公告 2021 年第 9 号)规定，自 2021 年 6 月 1 日起，纳税人申报缴纳城镇土地使用税、房产税、车船税、印花税、耕地占用税、资源税、土地增值税、契税、环境保护税、烟叶税中一个或多个税种时，使用《财产和行为税纳税申报表》(表 7 - 2)。纳税人新增税源或税源变化时，需先填报《财产和行为税税源明细表》。

# 第六节　资源税

## 一、资源税的概念

资源税是对在中华人民共和国领域和中华人民共和国管辖的其他海域开发应税资源的单位和个人征收的一种税。《中华人民共和国资源税法》于 2019 年 8 月 26 日在中华人民共和国第十三届全国人民代表大会常务委员会第十二次会议上通过，自 2020 年 9 月 1 日起施行。

## 二、资源税的纳税人和征税范围

### (一)纳税人

《中华人民共和国资源税法》第一条规定，在中华人民共和国领域和中华人民共和国管辖的其他海域开发应税资源的单位和个人，为资源税的纳税人。

《中华人民共和国资源税法》第十五条规定，中外合作开采陆上、海上石油资源的企业依法缴纳资源税。2011 年 11 月 1 日前已依法订立中外合作开采陆上、海上石油资源合同的，在该合同有效期内，继续依照国家有关规定缴纳矿区使用费，不缴纳资源税；合同期满后，依法缴纳资源税。

### (二)征税范围

依照《资源税税目税率表》(表 7 - 7)，现行资源税的征税范围具体包括以下几种：

(1)能源矿产：包括原油，天然气、页岩气、天然气水合物，煤，煤成(层)气，铀、钍，油页岩、油砂、天然沥青、石煤，地热。

(2)金属矿产：包括黑色金属和有色金属。

(3)非金属矿产：包括矿物类、岩石类和宝玉石类。

(4)水气矿产：包括二氧化碳、硫化氢气、氦气、氡气和矿泉水。

(5)盐：钠盐、钾盐、镁盐、锂盐，天然卤水和海盐。

## 三、资源税的税率和应纳税额计算

### (一)税率

《中华人民共和国资源税法》第二条规定，资源税的税目、税率，依照《资源税税目税率表》(表 7 - 7)执行。

《资源税税目税率表》中规定实行幅度税率的，其具体适用税率由省、自治区、直辖市人民政府统筹考虑该应税资源的品位、开采条件以及对生态环境的影响等情况，在《资源税税目税率表》规定的税率幅度内提出，报同级人民代表大会常务委员会决定，并报全国人民代表大会常务委员会和国务院备案。《资源税税目税率表》中规定征税对象为原矿或者选矿的，应当分别确定具体适用税率。

表 7 - 7　资源税税目税率表

| 税目 | | | 征税对象 | 税率 |
|---|---|---|---|---|
| 能源矿产 | 原油 | | 原矿 | 6% |
| | 天然气、页岩气、天然气水合物 | | 原矿 | 6% |
| | 煤 | | 原矿或者选矿 | 2%～10% |
| | 煤成(层)气 | | 原矿 | 1%～2% |
| | 铀、钍 | | 原矿 | 4% |
| | 油页岩、油砂、天然沥青、石煤 | | 原矿或者选矿 | 1%～4% |
| | 地热 | | 原矿 | 1%～20% 或每立方米 1～30 元 |
| 金属矿产 | 黑色金属 | 铁、锰、铬、钒、钛 | 原矿或者选矿 | 1%～9% |
| | 有色金属 | 铜、铅、锌、锡、镍、锑、镁、钴、铋、汞 | 原矿或者选矿 | 2%～10% |
| | | 铝土矿 | 原矿或者选矿 | 2%～9% |
| | | 钨 | 选矿 | 6.5% |
| | | 钼 | 选矿 | 8% |
| | | 金、银 | 原矿或者选矿 | 2%～6% |
| | | 铂、钯、钌、锇、铱、铑 | 原矿或者选矿 | 5%～10% |
| | | 轻稀土 | 选矿 | 7%～12% |
| | | 中重稀土 | 选矿 | 20% |
| | | 铍、锂、锆、锶、铷、铯、铌、钽、锗、镓、铟、铊、铪、铼、镉、硒、碲 | 原矿或者选矿 | 2%～10% |
| 非金属矿产 | 矿物类 | 高岭土 | 原矿或者选矿 | 1%～6% |
| | | 石灰岩 | 原矿或者选矿 | 1%～6% 或每吨(或者每立方米)1～10 元 |
| | | 磷 | 原矿或者选矿 | 3%～8% |
| | | 石墨 | 原矿或者选矿 | 3%～12% |
| | | 萤石、硫铁矿、自然硫 | 原矿或者选矿 | 1%～8% |
| | | 天然石英砂、脉石英、粉石英、水晶、工业用金刚石、冰洲石、蓝晶石、硅线石(矽线石)、长石、滑石、刚玉、菱镁矿、颜料矿物、天然碱、芒硝、钠硝石、明矾石、砷、硼、碘、溴、膨润土、硅藻土、陶瓷土、耐火黏土、铁矾土、凹凸棒石黏土、海泡石黏土、伊利石黏土、累托石黏土 | 原矿或者选矿 | 1%～12% |

| 税目 | | 征税对象 | 税率 |
|---|---|---|---|
| | 叶蜡石、硅灰石、透辉石、珍珠岩、云母、沸石、重晶石、毒重石、方解石、蛭石、透闪石、工业用电气石、白垩、石棉、蓝石棉、红柱石、石榴子石、石膏 | 原矿或者选矿 | 2%～12% |
| | 其他黏土(铸型用黏土、砖瓦用黏土、陶粒用黏土、水泥配料用黏土、水泥配料用红土、水泥配料用黄土、水泥配料用泥岩、保温材料用黏土) | 原矿或者选矿 | 1%～5%或每吨(或者每立方米)0.1～5元 |
| 岩石类 | 大理岩、花岗岩、白云岩、石英岩、砂岩、辉绿岩、安山岩、闪长岩、板岩、玄武岩、片麻岩、角闪岩、页岩、浮石、凝灰岩、黑曜岩、霞石正长岩、蛇纹岩、麦饭石、泥灰岩、含钾岩石、含钾砂页岩、天然油石、橄榄岩、松脂岩、粗面岩、辉长岩、辉石岩、正长岩、火山灰、火山渣、泥炭 | 原矿或者选矿 | 1%～10% |
| | 砂石 | 原矿或者选矿 | 1%～5%或者每吨(或者每立方米)0.1～5元 |
| 宝玉石类 | 宝石、玉石、宝石级金刚石、玛瑙、黄玉、碧玺 | 原矿或者选矿 | 4%～20% |
| 水气矿产 | 二氧化碳气、硫化氢气、氦气、氡气 | 原矿 | 2%～5% |
| | 矿泉水 | 原矿 | 1%～20%或每立方米1～30元 |
| 盐 | 钠盐、钾盐、镁盐、锂盐 | 选矿 | 3%～15% |
| | 天然卤水 | 原矿 | 3%～15%或每吨(或者每立方米)1～10元 |
| | 海盐 | | 2%～5% |

《中华人民共和国资源税法》第四条规定,纳税人开采或者生产不同税目应税产品的,应当分别核算不同税目应税产品的销售额或者销售数量;未分别核算或者不能准确提供不同税目应税产品的销售额或者销售数量的,从高适用税率。

### (二)应纳税额的计算

《中华人民共和国资源税法》第三条规定,资源税按照《资源税税目税率表》实行从价计征或者从量计征。《资源税税目税率表》中规定可以选择实行从价计征或者从量计征的,具体计征方式由省、自治区、直辖市人民政府提出,报同级人民代表大会常务委员会决定,并报全国人民代表大会常务委员会和国务院备案。

实行从价计征的,应纳税额按照应税资源产品(以下称应税产品)的销售额乘以具体适用税率计算。实行从量计征的,应纳税额按照应税产品的销售数量乘以具体适用税率计算。应税产品为矿产品的,包括原矿和选矿产品。

$$应纳税额 = 销售额 \times 比例税率 \quad 或 \quad 应纳税额 = 销售数量 \times 定额税率$$

《中华人民共和国资源税法》第五条规定,纳税人开采或者生产应税产品自用的,应当依照本法规定缴纳资源税;但是,自用于连续生产应税产品的,不缴纳资源税。

## 四、资源税的税收优惠

《中华人民共和国资源税法》第八条规定,纳税人的免税、减税项目,应当单独核算销售额或者销售数量;未单独核算或者不能准确提供销售额或者销售数量的,不予免税或者减税。

### (一)免征

《中华人民共和国资源税法》第六条规定,有下列情形之一的,免征资源税:

(1)开采原油以及在油田范围内运输原油过程中用于加热的原油、天然气;

(2)煤炭开采企业因安全生产需要抽采的煤成(层)气。

### (二)减征

《中华人民共和国资源税法》第六条规定,有下列情形之一的,减征资源税:

(1)从低丰度油气田开采的原油、天然气,减征20%资源税;

(2)高含硫天然气、三次采油和从深水油气田开采的原油、天然气,减征30%资源税;

(3)稠油、高凝油减征40%资源税;

(4)从衰竭期矿山开采的矿产品,减征30%资源税。

自2023年1月1日至2027年12月31日,对增值税小规模纳税人、小型微利企业和个体工商户减半征收资源税(不含水资源税)、城市维护建设税、房产税、城镇土地使用税、印花税(不含证券交易印花税)、耕地占用税和教育费附加、地方教育附加。具体操作按照《财政部 税务总局关于进一步支持小微企业和个体工商户发展有关税费政策的公告》(财政部 税务总局公告2023年第12号)有关规定执行。

《中华人民共和国资源税法》第七条规定,有下列情形之一的,省、自治区、直辖市可以决定免征或者减征资源税:

（1）纳税人开采或者生产应税产品过程中，因意外事故或者自然灾害等原因遭受重大损失；

（2）纳税人开采共伴生矿、低品位矿、尾矿。

前款规定的免征或者减征资源税的具体办法，由省、自治区、直辖市人民政府提出，报同级人民代表大会常务委员会决定，并报全国人民代表大会常务委员会和国务院备案。

## 五、资源税的税收征管

### （一）纳税义务发生时间

《中华人民共和国资源税法》第十条，纳税人销售应税产品，纳税义务发生时间为收讫销售款或者取得索取销售款凭据的当日；自用应税产品的，纳税义务发生时间为移送应税产品的当日。

### （二）纳税地点

《中华人民共和国资源税法》第十一条规定，纳税人应当向应税产品开采地或者生产地的税务机关申报缴纳资源税。

### （三）纳税期限

《中华人民共和国资源税法》第十二条规定，资源税按月或者按季申报缴纳；不能按固定期限计算缴纳的，可以按次申报缴纳。

纳税人按月或者按季申报缴纳的，应当自月度或者季度终了之日起十五日内，向税务机关办理纳税申报并缴纳税款；按次申报缴纳的，应当自纳税义务发生之日起十五日内，向税务机关办理纳税申报并缴纳税款。

### （四）纳税申报

《国家税务总局关于简并税费申报有关事项的公告》（国家税务总局公告 2021 年第 9 号）规定，自 2021 年 6 月 1 日起，纳税人申报缴纳城镇土地使用税、房产税、车船税、印花税、耕地占用税、资源税、土地增值税、契税、环境保护税、烟叶税中一个或多个税种时，使用《财产和行为税纳税申报表》（表 7-2）。纳税人新增税源或税源变化时，需先填报《财产和行为税税源明细表》。

# 第七节  土地增值税

## 一、土地增值税的概念

土地增值税是对在我国境内转让国有土地使用权、地上建筑物及其附着物的单位和个人，以其转让房地产所取得的增值额为课税对象而征收的一种税。

《中华人民共和国土地增值税暂行条例》于1993年12月13日中华人民共和国国务院令第138号发布，自1994年1月1日起施行，根据《国务院关于废止和修改部分行政法规的决定》修订。

## 二、土地增值税的纳税人和计税依据

### (一)纳税人

《中华人民共和国土地增值税暂行条例》第二条规定，转让国有土地使用权、地上的建筑物及其附着物并取得收入的单位和个人，为土地增值税的纳税义务人，应当缴纳土地增值税。

**法规解读：**

《中华人民共和国土地增值税暂行条例实施细则》第二条至第六条对条例第二条进行了解释。

(1)转让国有土地使用权、地上的建筑物及其附着物并取得收入，是指以出售或者其他方式有偿转让房地产的行为。不包括以继承、赠与方式无偿转让房地产的行为。

(2)国有土地，是指按国家法律规定属于国家所有的土地。

(3)地上的建筑物，是指建于土地上的一切建筑物，包括地上地下的各种附属设施。

(4)附着物，是指附着于土地上的不能移动，一经移动即遭损坏的物品。

(5)收入，包括转让房地产的全部价款及有关的经济收益。

(6)单位，是指各类企业单位、事业单位、国家机关和社会团体及其他组织。

(7)个人，包括个体经营者。

### (二)计税依据

土地增值税的计税依据是纳税人转让房地产所取得的增值额。

《中华人民共和国土地增值税暂行条例》第四条规定，纳税人转让房地产所取得的收入减除规定扣除项目金额后的余额，为增值额。

#### 1. 应税收入的确定

《中华人民共和国土地增值税暂行条例》第五条规定，纳税人转让房地产所取得的收入，包括货币收入、实物收入和其他收入。

### 2. 扣除项目及其金额的确定

根据《中华人民共和国土地增值税暂行条例》和《中华人民共和国土地增值税暂行条例实施细则》规定，计算增值额的扣除项目如下：

(1)取得土地使用权所支付的金额，是指纳税人为取得土地使用权所支付的地价款和按国家统一规定缴纳的有关费用。

(2)开发土地的成本、费用。

①开发土地和新建房及配套设施(以下简称房增开发)的成本，是指纳税人房地产开发项目实际发生的成本(以下简称房增开发成本)，包括土地征用及拆迁补偿费、前期工程费、建筑安装工程费、基础设施费、公共配套设施费、开发间接费用。

②房地产开发费用，指与房地产开发项目有关的销售费用、管理费用和财务费用。

第一种，财务费用中的利息支出，凡能够按转让房地产项目计算分摊并提供金融机构证明的，允许据实扣除，但最高不能超过按商业银行同类同期贷款利率计算的金额。其他房地产开发费用，按《土地增值税暂行条例实施细则》有关规定(即取得土地使用权所支付的金额和房地产开发成本，下同)计算的金额之和的5%以内计算扣除。计算公式为

$$允许扣除的房地产开发费用＝$$
$$利息＋(取得土地使用权所支付的金额＋房地产开发成本)×5\%以内$$

第二种，财务费用中的利息支出，凡不能按转让房地产项目计算分摊利息支出或不能提供金融机构贷款证明的，房地产开发费用按《土地增值税暂行条例实施细则》的有关规定计算的金额之和的10%以内计算扣除。计算公式为

$$允许扣除的房地产开发费用＝$$
$$(取得土地使用权所支付的金额＋房地产开发成本)×10\%以内$$

(3)与转让房地产有关的税金。与转让房地产有关的税金，是指在转让房地产时缴纳的城市维护建设税、印花税。因转让房地产缴纳的教育费附加，也可视同税金予以扣除。

《中华人民共和国土地增值税暂行条例》等规定的土地增值税扣除项目涉及的增值税进项税额，允许在销项税额中计算抵扣的，不计入扣除项目；不允许在销项税额中计算抵扣的，可计入扣除项目。

房地产开发企业按照《房地产开发企业财务制度》有关规定，其在转让时缴纳的印花税已列入管理费用中，故不允许单独再扣除。其他纳税人缴纳的印花税允许在此单独扣除。

(4)财政部规定的其他扣除项目。对从事房地产开发的纳税人可按取得土地使用权所支付的金额和房地产开发成本的金额之和，加计20%扣除。

$$加计扣除费用＝(取得土地使用权所支付的金额＋房地产开发成本金额)×20\%$$

## 三、土地增值税的税率和应纳税额计算

### (一)税率

《中华人民共和国土地增值税暂行条例》第七条规定，土地增值税实行四级超率累进税率，具体情况见表7-8。

表7-8　土地增值税四级超率累进税率

| 级数 | 增值额与扣除项目金额的比例 | 税率% | 速算扣除系数% |
|------|--------------------------|-------|--------------|
| 1 | 不超过50%的部分(含50%) | 30 | 0 |
| 2 | 50%～100%的部分(含100%) | 40 | 5 |
| 3 | 100%～200%的部分(含200%) | 50 | 15 |
| 4 | 超过200%的部分 | 60 | 35 |

### (二)应纳税额的计算

第一步，计算增值额：增值额＝转让收入－扣除项目金额。

第二步，计算增值率：增值率＝增值额÷扣除项目金额×100%。

第三步，确定适用税率和速算扣除系数。

第四步，计算应纳税额。

应纳税额＝增值额×适用税率－扣除项目金额×速算扣除系数

## 四、土地增值税的税收优惠

《中华人民共和国土地增值税暂行条例》第八条规定，有下列情形之一的，免征土地增值税：

(1)纳税人建造普通标准住宅出售，增值额未超过扣除项目金额20%的；

(2)因国家建设需要依法征收、收回的房地产。

《中华人民共和国土地增值税暂行条例实施细则》第十二条规定，个人因工作调动或改善居住条件而转让原自用住房，经向税务机关申报核准，凡居住满五年或五年以上的，免予征收土地增值税；居住满三年未满五年的，减半征收土地增值税。居住未满三年的，按规定计征土地增值税。

## 五、土地增值税的税收征管

### (一)纳税期限

纳税人应当自转让房地产合同签订之日起七日内向房地产所在地主管税务机关办理纳税申报，在税务机关核定的期限内缴纳土地增值税，并向税务机关提供房屋及建

筑物产权、土地使用权证，土地转让、房产买卖合同，房地产评估报告及其他与转让房地产有关的资料。

纳税人因经常发生房地产转让而难以在每次转让后申报的，经税务机关审核同意后，可以定期进行纳税申报，具体期限由税务机关根据情况确定。

纳税人在项目全部竣工结算前转让房地产取得的收入，由于涉及成本确定或其他原因，而无法据以计算土地增值税的，可以预征土地增值税，待该项目全部竣工、办理结算后再进行清算，多退少补。具体办法由各省、自治区、直辖市税务机关根据当地情况制定。

### (二)纳税地点

土地增值税的纳税人应到房地产所在地主管税务机关办理纳税申报，并在税务机关核定的期限内缴纳土地增值税。具体又可以分为以下两种情况。

纳税人是法人。当转让的房地产坐落地与其机构所在地或经营所在地一致时，则在办理税务登记的原管辖税务机关申报纳税即可；当转让的房地产坐落地与其机构所在地或经营所在地不一致时，则应在房地产坐落地所管辖的税务机关申报纳税。

纳税人是自然人。当转让的房地产坐落地与其居住所在地一致时，则在居住所在地税务机关申报纳税；当转让的房地产坐落地与其居住所在地不一致时，在办理过户手续所在地的税务机关申报纳税。

### (三)纳税申报

《国家税务总局关于简并税费申报有关事项的公告》(国家税务总局公告 2021 年第 9 号)规定，自 2021 年 6 月 1 日起，纳税人申报缴纳城镇土地使用税、房产税、车船税、印花税、耕地占用税、资源税、土地增值税、契税、环境保护税、烟叶税中一个或多个税种时，使用《财产和行为税纳税申报表》(表 7-2)。纳税人新增税源或税源变化时，需先填报《财产和行为税税源明细表》。

# 第八节　契　税

## 一、契税的概念

契税是指不动产(土地、房屋)产权发生转移变动时，就当事人所订契约按产价的一定比例向新业主(产权承受人)征收的一次性税收。

《中华人民共和国契税法》于 2020 年 8 月 11 日，在第十三届全国人民代表大会常务委员会第二十一次会议通过，自 2021 年 9 月 1 日起施行。

## 二、契税的纳税人和计税依据

### (一)纳税人

《中华人民共和国契税法》第一条规定，在中华人民共和国境内转移土地、房屋权属，承受的单位和个人为契税的纳税人，应当依照本法规定缴纳契税。

《中华人民共和国契税法》第二条规定，转移土地、房屋权属，是指下列行为：

(1)土地使用权出让；

(2)土地使用权转让，包括出售、赠与、互换；

(3)房屋买卖、赠与、互换。

土地使用权转让，不包括土地承包经营权和土地经营权的转移。

以作价投资(入股)、偿还债务、划转、奖励等方式转移土地、房屋权属的，应当依照本法规定征收契税。

### (二)计税依据

《中华人民共和国契税法》第四条规定，契税的计税依据：

(1)土地使用权出让、出售，房屋买卖，为土地、房屋权属转移合同确定的成交价格，包括应交付的货币以及实物、其他经济利益对应的价款；

(2)土地使用权互换、房屋互换，为所互换的土地使用权、房屋价格的差额；

(3)土地使用权赠与、房屋赠与以及其他没有价格的转移土地、房屋权属行为，为税务机关参照土地使用权出售、房屋买卖的市场价格依法核定的价格。

纳税人申报的成交价格、互换价格差额明显偏低且无正当理由的，由税务机关依照《中华人民共和国税收征收管理法》的规定核定。

## 三、契税的税率和应纳税额计算

### (一)税率

《中华人民共和国契税法》第三条规定，契税税率为 3%～5%。

契税的具体适用税率，由省、自治区、直辖市人民政府在前款规定的税率幅度内提出，报同级人民代表大会常务委员会决定，并报全国人民代表大会常务委员会和国务院备案。省、自治区、直辖市可以依照前款规定的程序对不同主体、不同地区、不同类型的住房的权属转移确定差别税率。

### (二)应纳税额的计算

《中华人民共和国契税法》第五条规定，契税的应纳税额按照计税依据乘以具体适用税率计算，公式为

$$应纳税额＝计税依据×适用税率$$

## 四、契税的税收优惠

### (一)免征

《中华人民共和国契税法》第六条规定,有下列情形之一的,免征契税:

(1)国家机关、事业单位、社会团体、军事单位承受土地、房屋权属用于办公、教学、医疗、科研、军事设施;

(2)非营利性的学校、医疗机构、社会福利机构承受土地、房屋权属用于办公、教学、医疗、科研、养老、救助;

(3)承受荒山、荒地、荒滩土地使用权用于农、林、牧、渔业生产;

(4)婚姻关系存续期间夫妻之间变更土地、房屋权属;

(5)法定继承人通过继承承受土地、房屋权属;

(6)依照法律规定应当予以免税的外国驻华使馆、领事馆和国际组织驻华代表机构承受土地、房屋权属。

根据国民经济和社会发展的需要,国务院对居民住房需求保障、企业改制重组、灾后重建等情形可以规定免征或者减征契税,报全国人民代表大会常务委员会备案。

《中华人民共和国契税法》第八条规定,纳税人改变有关土地、房屋的用途,或者有其他不再属于免征、减征契税情形的,应当缴纳已经免征、减征的税款。

### (二)省、自治区、直辖市决定免征或者减征

《中华人民共和国契税法》第七条规定,省、自治区、直辖市可以决定对下列情形免征或者减征契税:

(1)因土地、房屋被县级以上人民政府征收、征用,重新承受土地、房屋权属;

(2)因不可抗力灭失住房,重新承受住房权属。

前款规定的免征或者减征契税的具体办法,由省、自治区、直辖市人民政府提出,报同级人民代表大会常务委员会决定,并报全国人民代表大会常务委员会和国务院备案。

## 五、契税的税收征管

### (一)纳税期限

《中华人民共和国契税法》第十条规定,纳税人应当在依法办理土地、房屋权属登记手续前申报缴纳契税。

《中华人民共和国契税法》第十一条规定,纳税人办理纳税事宜后,税务机关应当开具契税完税凭证。纳税人办理土地、房屋权属登记,不动产登记机构应当查验契税完税、减免税凭证或者有关信息。未按照规定缴纳契税的,不动产登记机构不予办理土地、房屋权属登记。

### (二)纳税地点

《中华人民共和国契税法》第十四条规定，契税由土地、房屋所在地的税务机关依照本法和《中华人民共和国税收征收管理法》的规定征收管理。

### (三)纳税义务发生时间

《中华人民共和国契税法》第九条规定，契税的纳税义务发生时间，为纳税人签订土地、房屋权属转移合同的当日，或者纳税人取得其他具有土地、房屋权属转移合同性质凭证的当日。

### (四)纳税申报

《国家税务总局关于简并税费申报有关事项的公告》(国家税务总局公告 2021 年第 9 号)规定，自 2021 年 6 月 1 日起，纳税人申报缴纳城镇土地使用税、房产税、车船税、印花税、耕地占用税、资源税、土地增值税、契税、环境保护税、烟叶税中一个或多个税种时，使用《财产和行为税纳税申报表》(表 7 - 2)。纳税人新增税源或税源变化时，需先填报《财产和行为税税源明细表》。

# 第九节　环境保护税

## 一、环境保护税的概念

环境保护税是为了保护和改善环境，减少污染物排放，推进生态文明建设而征收的一种税。

《中华人民共和国环境保护税法》于 2016 年 12 月 25 日，在中华人民共和国第十二届全国人民代表大会常务委员会第二十五次会议通过，自 2018 年 1 月 1 日起施行。根据《关于修改〈中华人民共和国野生动物保护法〉等十五部法律的决定》修正。

《中华人民共和国环境保护税法实施条例》于 2017 年 12 月 25 日公布，自 2018 年 1 月 1 日起施行。

## 二、环境保护税的纳税人和征税范围

### (一)纳税人

《中华人民共和国环境保护税法》第二条规定，在中华人民共和国领域和中华人民共和国管辖的其他海域，直接向环境排放应税污染物的企业事业单位和其他生产经营者为环境保护税的纳税人，应当依照本法规定缴纳环境保护税。

### (二)征税范围

环境保护税的征税范围是《中华人民共和国环境保护法》所附"环境保护税税目税额

表"和"应税污染物和当量值表"中规定的大气污染物、水污染物、固体废物和噪声等应税污染物。

《中华人民共和国环境保护税法》第四条规定，有下列情形之一的，不属于直接向环境排放污染物，不缴纳相应污染物的环境保护税：

(1)企业事业单位和其他生产经营者向依法设立的污水集中处理、生活垃圾集中处理场所排放应税污染物的；

(2)企业事业单位和其他生产经营者在符合国家和地方环境保护标准的设施、场所贮存或者处置固体废物的。

《中华人民共和国环境保护税法》第五条规定，依法设立的城乡污水集中处理、生活垃圾集中处理场所超过国家和地方规定的排放标准向环境排放应税污染物的，应当缴纳环境保护税。企业事业单位和其他生产经营者贮存或者处置固体废物不符合国家和地方环境保护标准的，应当缴纳环境保护税。

## 三、环境保护税的计税依据

《中华人民共和国环境保护税法》第七条规定，应税污染物的计税依据，按照下列方法确定：

(1)应税大气污染物按照污染物排放量折合的污染当量数确定；

(2)应税水污染物按照污染物排放量折合的污染当量数确定；

(3)应税固体废物按照固体废物的排放量确定；

(4)应税噪声按照超过国家规定标准的分贝数确定。

## 四、环境保护税的税率和应纳税额计算

### (一)税率

《中华人民共和国环境保护税法》第六条规定，环境保护税的税目、税额，依照《环境保护税税目税额表》(表7-9)执行。

应税大气污染物和水污染物的具体适用税额的确定和调整，由省、自治区、直辖市人民政府统筹考虑本地区环境承载能力、污染物排放现状和经济社会生态发展目标要求，在《环境保护税税目税额表》规定的税额幅度内提出，报同级人民代表大会常务委员会决定，并报全国人民代表大会常务委员会和国务院备案。

表 7 - 9  环境保护税税目税额表

| 税目 | | 计税单位 | 税额 | 备注 |
|---|---|---|---|---|
| 大气污染物 | | 每污染当量 | 1.2 元至 12 元 | |
| 水污染物 | | 每污染当量 | 1.4 元至 14 元 | |
| 固体废物 | 煤矸石 | 每吨 | 5 元 | |
| | 尾矿 | 每吨 | 15 元 | |
| | 危险废物 | 每吨 | 1000 元 | |
| | 冶炼渣、粉煤灰、炉渣、其他固体废物（含半固态、液态废物） | 每吨 | 25 元 | |
| 噪声 | 工业噪声 | 超标 1～3 分贝 | 每月 350 元 | (1)一个单位边界上有多处噪声超标，根据最高一处超标声级计算应纳税额；当沿边界长度超过 100 米有两处以上噪声超标，按照两个单位计算应纳税额。<br>(2)一个单位有不同地点作业场所的，应当分别计算应纳税额，合并计征。<br>(3)昼、夜均超标的环境噪声，昼、夜分别计算应纳税额，累计计征。<br>(4)声源一个月内超标不足 15 天的，减半计算应纳税额。<br>(5)夜间频繁突发和夜间偶然突发厂界超标噪声，按等效声级和峰值噪声两种指标中超标分贝值高的一项计算应纳税额 |
| | | 超标 4～6 分贝 | 每月 700 元 | |
| | | 超标 7～9 分贝 | 每月 1 400 元 | |
| | | 超标 10～12 分贝 | 每月 2 800 元 | |
| | | 超标 13～15 分贝 | 每月 5 600 元 | |
| | | 超标 16 分贝以上 | 每月 11 200 元 | |

## （二）应纳税额的计算

《中华人民共和国环境保护税法》第十一条规定，环境保护税应纳税额按照下列方法计算：

（1）应税大气污染物：应纳税额＝污染当量数×具体适用税额；

（2）应税水污染物：应纳税额＝污染当量数×具体适用税额；

(3)应税固体废物：应纳税额＝固体废物排放量×具体适用税额；

(4)应税噪声：应纳税额＝超过国家规定标准的分贝数对应的具体适用税额。

## 五、环境保护税的税收优惠

### (一)暂免征收

《中华人民共和国环境保护税法》第十二条规定，下列情形，暂予免征环境保护税：

(1)农业生产(不包括规模化养殖)排放应税污染物的；

(2)机动车、铁路机车、非道路移动机械、船舶和航空器等流动污染源排放应税污染物的；

(3)依法设立的城乡污水集中处理、生活垃圾集中处理场所排放相应应税污染物，不超过国家和地方规定的排放标准的；

(4)纳税人综合利用的固体废物，符合国家和地方环境保护标准的；

(5)国务院批准免税的其他情形。

前款第五项免税规定，由国务院报全国人民代表大会常务委员会备案。

### (二)减征

《中华人民共和国环境保护税法》第十三条规定，纳税人排放应税大气污染物或者水污染物的浓度值低于国家和地方规定的污染物排放标准30％的，减按75％征收环境保护税。纳税人排放应税大气污染物或者水污染物的浓度值低于国家和地方规定的污染物排放标准50％的，减按50％征收环境保护税。

## 六、环境保护税的税收征管

### (一)纳税期限

《中华人民共和国环境保护税法》第十八条规定，环境保护税按月计算，按季申报缴纳。不能按固定期限计算缴纳的，可以按次申报缴纳。纳税人申报缴纳时，应当向税务机关报送所排放应税污染物的种类、数量，大气污染物、水污染物的浓度值，以及税务机关根据实际需要要求纳税人报送的其他纳税资料。

《中华人民共和国环境保护税法》第十九条规定，纳税人按季申报缴纳的，应当自季度终了之日起十五日内，向税务机关办理纳税申报并缴纳税款。纳税人按次申报缴纳的，应当自纳税义务发生之日起十五日内，向税务机关办理纳税申报并缴纳税款。纳税人应当依法如实办理纳税申报，对申报的真实性和完整性承担责任。

### (二)纳税地点

《中华人民共和国环境保护税法》第十七条规定，纳税人应当向应税污染物排放地的税务机关申报缴纳环境保护税。

### （三）纳税义务发生时间

《中华人民共和国环境保护税法》第十六条规定，纳税义务发生时间为纳税人排放应税污染物的当日。

### （四）纳税申报

《国家税务总局关于简并税费申报有关事项的公告》（国家税务总局公告 2021 年第 9 号）规定，自 2021 年 6 月 1 日起，纳税人申报缴纳城镇土地使用税、房产税、车船税、印花税、耕地占用税、资源税、土地增值税、契税、环境保护税、烟叶税中一个或多个税种时，使用《财产和行为税纳税申报表》（表 7 - 2）。纳税人新增税源或税源变化时，需先填报《财产和行为税税源明细表》。

# 第十节  城市维护建设税

## 一、城市维护建设税的概念

城市维护建设税，又称城建税，是以纳税人实际缴纳的增值税、消费税税额为计税依据征收的一种税。《中华人民共和国城市维护建设税法》于 2020 年 8 月 11 日，在中华人民共和国第十三届全国人民代表大会常务委员会第二十一次会议上通过，并于 2021 年 9 月 1 日起正式施行。城市维护建设税主要用于城市公用事业和公共设施的维护建设，属于地方税。与其他税种不同的是，城市维护建设税本质上是一种附加税，它没有独立的征税对象，而是以实际缴纳的增值税、消费税税额为计税依据。

## 二、城市维护建设税的纳税人和计税依据

### （一）纳税人

《中华人民共和国城市维护建设税法》第一条规定，在中华人民共和国境内缴纳增值税、消费税的单位和个人，为城市维护建设税的纳税人，应当依照本法规定缴纳城市维护建设税。

### （二）计税依据

《中华人民共和国城市维护建设税法》第二条规定，城市维护建设税以纳税人依法实际缴纳的增值税、消费税税额为计税依据。城市维护建设税的计税依据应当按照规定扣除期末留抵退税退还的增值税税额。城市维护建设税计税依据的具体确定办法，由国务院依据本法和有关税收法律、行政法规规定，报全国人民代表大会常务委员会备案。

《中华人民共和国城市维护建设税法》第三条规定，对进口货物或者境外单位和个

人向境内销售劳务、服务、无形资产缴纳的增值税、消费税税额，不征收城市维护建设税。

**法规解读：**

《国家税务总局关于城市维护建设税征收管理有关事项的公告》（国家税务总局公告2021年第26号）规定，依法实际缴纳的增值税税额，是指纳税人依照增值税相关法律法规和税收政策规定计算应当缴纳的增值税税额，加上增值税免抵税额，扣除直接减免的增值税税额和期末留抵退税退还的增值税税额（以下简称留抵退税额）后的金额。依法实际缴纳的消费税税额，是指纳税人依照消费税相关法律法规和税收政策规定计算应当缴纳的消费税税额，扣除直接减免的消费税税额后的金额。

## 三、城市维护建设税的税率和应纳税额计算

### （一）税率

《中华人民共和国城市维护建设税法》第四条规定，城市维护建设税税率如下：

(1)纳税人所在地在市区的，税率为7%；

(2)纳税人所在地在县城、镇的，税率为5%；

(3)纳税人所在地不在市区、县城或者镇的，税率为1%。

纳税人所在地，是指纳税人住所地或者与纳税人生产经营活动相关的其他地点，具体地点由省、自治区、直辖市确定。

### （二）应纳税额的计算

《中华人民共和国城市维护建设税法》第五条规定，城市维护建设税的应纳税额按照计税依据乘以具体适用税率计算。

应纳税额＝（实际缴纳的增值税税额＋实际缴纳的消费税税额）×适用税率

### 做中学

A白酒公司为甲市增值税一般纳税人，2024年5月，销售白酒缴纳增值税500万元、消费税270万元。计算该企业当月应缴纳的城市维护建设税税额。

解析：应纳城市维护建设税税额＝(500＋270)×7%＝53.9(万元)

## 四、城市维护建设税的税收优惠

### （一）免征

(1)对黄金交易所会员单位通过黄金交易所销售且发生实物交割的标准黄金，免征城市维护建设税。具体操作按照《财政部 国家税务总局关于黄金税收政策问题的通知》（财税〔2002〕142号）有关规定执行。

(2)对上海期货交易所会员和客户通过上海期货交易所销售且发生实物交割并已出库的标准黄金,免征城市维护建设税。具体操作按照《财政部 国家税务总局关于黄金期货交易有关税收政策的通知》(财税〔2008〕5号)有关规定执行。

(3)对国家重大水利工程建设基金免征城市维护建设税。具体操作按照《财政部 国家税务总局关于免征国家重大水利工程建设基金的城市维护建设税和教育费附加的通知》(财税〔2010〕44号)有关规定执行。

### (二)减征

(1)自2023年1月1日至2027年12月31日,对增值税小规模纳税人、小型微利企业和个体工商户减半征收资源税(不含水资源税)、城市维护建设税、房产税、城镇土地使用税、印花税(不含证券交易印花税)、耕地占用税和教育费附加、地方教育附加。具体操作按照《财政部 税务总局关于进一步支持小微企业和个体工商户发展有关税费政策的公告》(财政部 税务总局公告2023年第12号)有关规定执行。

(2)自2019年1月1日至2025年12月31日,实施支持和促进重点群体创业就业城市维护建设税减免。具体操作按照《财政部 税务总局 人力资源社会保障部 国务院扶贫办关于进一步支持和促进重点群体创业就业有关税收政策的通知》(财税〔2019〕22号)、《财政部 税务总局 人力资源社会保障部 国家乡村振兴局关于延长部分扶贫税收优惠政策执行期限的公告》(财政部 税务总局 人力资源社会保障部 国家乡村振兴局公告2021年第18号)有关规定执行。

## 五、城市维护建设税的税收征管

### (一)纳税时间、地点和期限

《中华人民共和国城市维护建设税法》第七条规定,城市维护建设税的纳税义务发生时间与增值税、消费税的纳税义务发生时间一致,分别与增值税、消费税同时缴纳。

《中华人民共和国城市维护建设税法》第八条规定,城市维护建设税的扣缴义务人为负有增值税、消费税扣缴义务的单位和个人,在扣缴增值税、消费税的同时扣缴城市维护建设税。

**法规解读:**

《国家税务总局关于城市维护建设税征收管理有关事项的公告》(国家税务总局公告2021年第26号)规定,同时缴纳是指在缴纳两税时,应当在两税同一缴纳地点、同一缴纳期限内,一并缴纳对应的城建税。采用委托代征、代扣代缴、代收代缴、预缴、补缴等方式缴纳两税的,应当同时缴纳城建税。

### (二)纳税申报

《国家税务总局关于增值税 消费税与附加税费申报表整合有关事项的公告》(国家税务总局公告2021年第20号)规定,自2021年8月1日起,增值税、消费税分别与城市维护建设税、教育费附加、地方教育附加申报表整合，启用《增值税及附加税费申报表（一般纳税人适用）》（表 2 - 3）、《增值税及附加税费申报表（小规模纳税人适用）》（表 2 - 4）、《增值税及附加税费预缴表》及其附列资料和《消费税及附加税费申报表》（表 3 - 1）。

## 第十一节　车辆购置税

### 一、车辆购置税的概念

车辆购置税是对在境内购置规定车辆的单位和个人征收的一种税，它由车辆购置附加费演变而来。2018 年 12 月 29 日，第十三届全国人民代表大会常务委员会第七次会议通过《中华人民共和国车辆购置税法》。自 2019 年 7 月 1 日起施行。2000 年 10 月 22 日国务院公布的《中华人民共和国车辆购置税暂行条例》同时废止。

### 二、车辆购置税的纳税人和计税依据

#### （一）纳税人

《中华人民共和国车辆购置税法》第一条规定，在中华人民共和国境内购置汽车、有轨电车、汽车挂车、排气量超过 150 毫升的摩托车（以下统称应税车辆）的单位和个人，为车辆购置税的纳税人，应当依照本法规定缴纳车辆购置税。

《中华人民共和国车辆购置税法》第二条规定，购置是指以购买、进口、自产、受赠、获奖或者其他方式取得并自用应税车辆的行为。

#### （二）计税依据

《中华人民共和国车辆购置税法》第六条规定，应税车辆的计税价格，按照下列规定确定：

（1）纳税人购买自用应税车辆的计税价格，为纳税人实际支付给销售者的全部价款，不包括增值税税款；

（2）纳税人进口自用应税车辆的计税价格，为关税完税价格加上关税和消费税；

（3）纳税人自产自用应税车辆的计税价格，按照纳税人生产的同类应税车辆的销售价格确定，不包括增值税税款；

（4）纳税人以受赠、获奖或者其他方式取得自用应税车辆的计税价格，按照购置应税车辆时相关凭证载明的价格确定，不包括增值税税款。

《中华人民共和国车辆购置税法》第十四条规定，免税、减税车辆因转让、改变用途等原因不再属于免税、减税范围的，纳税人应当在办理车辆转移登记或者变更登记前缴纳车辆购置税。计税价格以免税、减税车辆初次办理纳税申报时确定的计税价格为基准，每满 1 年扣减 10％。

《中华人民共和国车辆购置税法》第十五条规定，纳税人将已征车辆购置税的车辆退回车辆生产企业或者销售企业的，可以向主管税务机关申请退还车辆购置税。退税额以已缴税款为基准，自缴纳税款之日至申请退税之日，每满 1 年扣减 10%。

## 三、车辆购置税的税率和应纳税额计算

### （一）税率

《中华人民共和国车辆购置税法》第四条规定，车辆购置税的税率为 10%。

### （二）应纳税额的计算

《中华人民共和国车辆购置税法》第五条规定，车辆购置税的应纳税额按照应税车辆的计税价格乘以税率计算，公式为

$$应纳税额 ＝ 计税价格 × 税率$$

《中华人民共和国车辆购置税法》第七条规定，纳税人申报的应税车辆计税价格明显偏低，又无正当理由的，由税务机关依照《中华人民共和国税收征收管理法》的规定核定其应纳税额。

《中华人民共和国车辆购置税法》第八条规定，纳税人以外汇结算应税车辆价款的，按照申报纳税之日的人民币汇率中间价折合成人民币计算缴纳税款。

## 四、车辆购置税的税收优惠

《中华人民共和国车辆购置税法》第九条规定，下列车辆免征车辆购置税：

（1）依照法律规定应当予以免税的外国驻华使馆、领事馆和国际组织驻华机构及其有关人员自用的车辆；

（2）中国人民解放军和中国人民武装警察部队列入装备订货计划的车辆；

（3）悬挂应急救援专用号牌的国家综合性消防救援车辆；

（4）设有固定装置的非运输专用作业车辆；

（5）城市公交企业购置的公共汽电车辆。

根据国民经济和社会发展的需要，国务院可以规定减征或者其他免征车辆购置税的情形，报全国人民代表大会常务委员会备案。

## 五、车辆购置税的税收征管

### （一）纳税期限

《中华人民共和国车辆购置税法》第十二条规定，车辆购置税的纳税义务发生时间为纳税人购置应税车辆的当日。纳税人应当自纳税义务发生之日起六十日内申报缴纳车辆购置税。

**法规解读：**

（1）纳税人购买自用应税车辆的，应当自购买之日起六十日内申报缴纳车辆购置税；

（2）进口自用应税车辆的，应当自进口之日起六十日内申报缴纳车辆购置税；

（3）自产、受赠、获奖或者以其他方式取得并自用应税车辆的，应当自取得之日起六十日内申报缴纳车辆购置税。

## （二）纳税地点

《中华人民共和国车辆购置税法》第十条规定，车辆购置税由税务机关负责征收。

《中华人民共和国车辆购置税法》第十一条规定，纳税人购置应税车辆，应当向车辆登记地的主管税务机关申报缴纳车辆购置税；购置不需要办理车辆登记的应税车辆的，应当向纳税人所在地的主管税务机关申报缴纳车辆购置税。

## （三）纳税义务发生时间

《中华人民共和国车辆购置税法》第三条规定，车辆购置税实行一次性征收。购置已征车辆购置税的车辆，不再征收车辆购置税。

《中华人民共和国车辆购置税法》第十三条规定，纳税人应当在向公安机关交通管理部门办理车辆注册登记前，缴纳车辆购置税。公安机关交通管理部门办理车辆注册登记，应当根据税务机关提供的应税车辆完税或者免税电子信息对纳税人申请登记的车辆信息进行核对，核对无误后依法办理车辆注册登记。

## （四）纳税申报

车辆购置税纳税人应该按照主管税务机关核定的纳税期限，如实填写并报送《车辆购置税纳税申报表》（表7-10），填表说明如下。

表 7-10　车辆购置税纳税申报表

填表日期：　　　年　月　日　　　　　　　　　　　　　　　　金额单位：元

| 纳税人名称 | | 申报类型 | □征税□免税□减税 |
| --- | --- | --- | --- |
| 证件名称 | | 证件号码 | |
| 联系电话 | | 地　　址 | |
| 合格证编号（货物进口证明书号） | | 车辆识别代号/车架号 | |
| 厂牌型号 | | | |
| 排量（cc） | | 机动车销售统一发票代码 | |
| 机动车销售统一发票号码 | | 不含税价 | |

| 海关进口关税专用缴款书（进出口货物征免税证明）号码 | | | | |
|---|---|---|---|---|
| 关税完税价格 | | 关 税 | 消费税 | |
| 其他有效<br>凭证名称 | | 其他有效<br>凭证号码 | 其他有效<br>凭证价格 | |
| 购置日期 | | 申报计税<br>价格 | 申报免（减）税<br>条件或者代码 | |
| 是否办理<br>车辆登记 | | 车辆拟登记<br>地点 | | |

纳税人声明：

本纳税申报表是根据国家税收法律法规及相关规定填报的，我确定它是真实的、可靠的、完整的。

纳税人（签名或盖章）：

委托声明：

现委托（姓名）_____（证件号码）_____办理车辆购置税涉税事宜，提供的凭证、资料是真实、可靠、完整的。任何与本申报表有关的往来文件，都可交予此人。

委托人（签名或盖章）： 被委托人（签名或盖章）：

| 以 下 由 税 务 机 关 填 写 | | | | | |
|---|---|---|---|---|---|
| 免（减）税条件代码 | | | | | |
| 计税价格 | 税率 | 应纳税额 | 免（减）税额 | 实纳税额 | 滞纳金金额 |
| | | | | | |

| 受理人：<br><br>年　月　日 | 复核人（适用于免、减税申报）：<br><br>年　月　日 | 主管税务机关（章） |
|---|---|---|

（1）本表由车辆购置税纳税人在办理纳（免、减）税申报时填写（打印），由纳税人签章确认。

（2）"纳税人名称"栏，填写办理申报时提供的车辆相关价格凭证注明的车辆购买方名称。

（3）"证件名称"栏，单位纳税人填写《统一社会信用代码证书》或者《营业执照》或者其他有效机构证明；个人纳税人填写《居民身份证》或者其他身份证明名称。

（4）"证件号码"栏，填写"证件名称"栏填写的证件的号码。

（5）"合格证编号（货物进口证明书号）""车辆识别代号/车架号""厂牌型号""排量（cc）"栏，分别按照车辆合格证或者《中华人民共和国海关货物进口证明书》或者《中华人民共和国海关监管车辆进（出）境领（销）牌照通知书》或者《没收走私汽车、摩托车证明书》中对应的编号、车辆识别代号/车架号、车辆品牌和车辆型号、排量填写。

（6）"机动车销售统一发票代码""机动车销售统一发票号码""不含税价"栏，分别按照机动车销售统一发票相应项目填写。

(7)下列栏次由进口自用车辆的纳税人填写：

①"海关进口关税专用缴款书(进出口货物征免税证明)号码"栏，填写《海关进口关税专用缴款书》中注明的号码；免征关税应税车辆填写《进出口货物征免税证明》中注明的编号。

②"关税完税价格"栏，通过《海关进口关税专用缴款书》《海关进口消费税专用缴款书》《海关进口增值税专用缴款书》或者其他资料进行采集，顺序如下：

a.《海关进口关税专用缴款书》中注明的关税完税价格；

b. 在免关税的情况下，通过《海关进口消费税专用缴款书》中注明的完税价格和消费税税额计算关税完税价格；

c. 在免关税和免或者不征消费税的情况下，采用《海关进口增值税专用缴款书》中注明的完税价格；

d. 在关税、消费税和增值税均免征或者不征的情况下，通过其他资料采集关税完税价格。

③"关税"栏，填写《海关进口关税专用缴款书》中注明的关税税额。

④"消费税"栏，填写《海关进口消费税专用缴款书》中注明的消费税税额。

(8)"其他有效凭证名称""其他有效凭证号码""其他有效凭证价格"栏由未取得机动车销售统一发票且非进口自用的纳税人按取得的相应证明资料内容填写。

(9)"购置日期"栏，填写机动车销售统一发票或者海关进口关税专用缴款书(进出口货物征免税证明)或者其他有效凭证的开具或者生效日期。

(10)"申报计税价格"栏，分别按照下列要求填写：

①购买自用应税车辆，填写购买应税车辆时相关凭证载明的不含税价格；

②进口自用应税车辆，填写计税价格，计税价格＝关税完税价格＋关税＋消费税；

③自产自用应税车辆，填写纳税人生产的同类应税车辆的销售价格，不包括增值税税款；

④受赠、获奖或者其他方式取得自用应税车辆，填写原车辆所有人购置或者以其他方式取得应税车辆时相关凭证载明的价格，不包括增值税税款。

(11)"申报免(减)税条件或者代码"栏，分别按照下列情形填写字母代码或者文字：

①依照法律规定应当予以免税的外国驻华使馆、领事馆和国际组织驻华机构及其有关人员自用的车辆。

A1——外国驻华使领馆和国际组织驻华机构自用车辆

A2——外国驻华使领馆和国际组织有关人员自用车辆

②中国人民解放军和中国人民武装警察部队列入装备订货计划的车辆。

B——部队列入装备订货计划的车辆

③悬挂应急救援专用号牌的国家综合性消防救援车辆。

C——悬挂专用号牌国家综合性消防救援车辆

④设有固定装置的非运输专用作业车辆。

D——设有固定装置的非运输专用作业车辆

⑤城市公交企业购置的公共汽电车辆。

E1——城市公交企业购置公共汽电车辆(汽车)

E2——城市公交企业购置公共汽电车辆(有轨电车)

⑥根据国民经济和社会发展的需要，国务院可以规定减征或者其他免征车辆购置税的情形，报全国人民代表大会常务委员会备案。

F1——防汛车辆

F2——森林消防车辆

F3——留学人员购买车辆

F4——来华专家购置车辆

F5——"母亲健康快车"项目专用车辆

F6——北京冬奥会新购车辆

F7——新能源汽车

F8——减半征收挂车

F9——部队改挂车辆

F10——国务院规定其他减征或者免征车辆

＊设有固定装置非运输车辆免税，申报时直接填写"设有固定装置非运输车辆"。

＊F1－F10，根据减、免税政策变化公告调整。

(12)"是否办理车辆登记"栏，如填写"是"，则"车辆拟登记地点"栏应填写具体县(市、区)。

(13)本表一式二份(一车一表)，一份由纳税人留存，一份由主管税务机关留存。

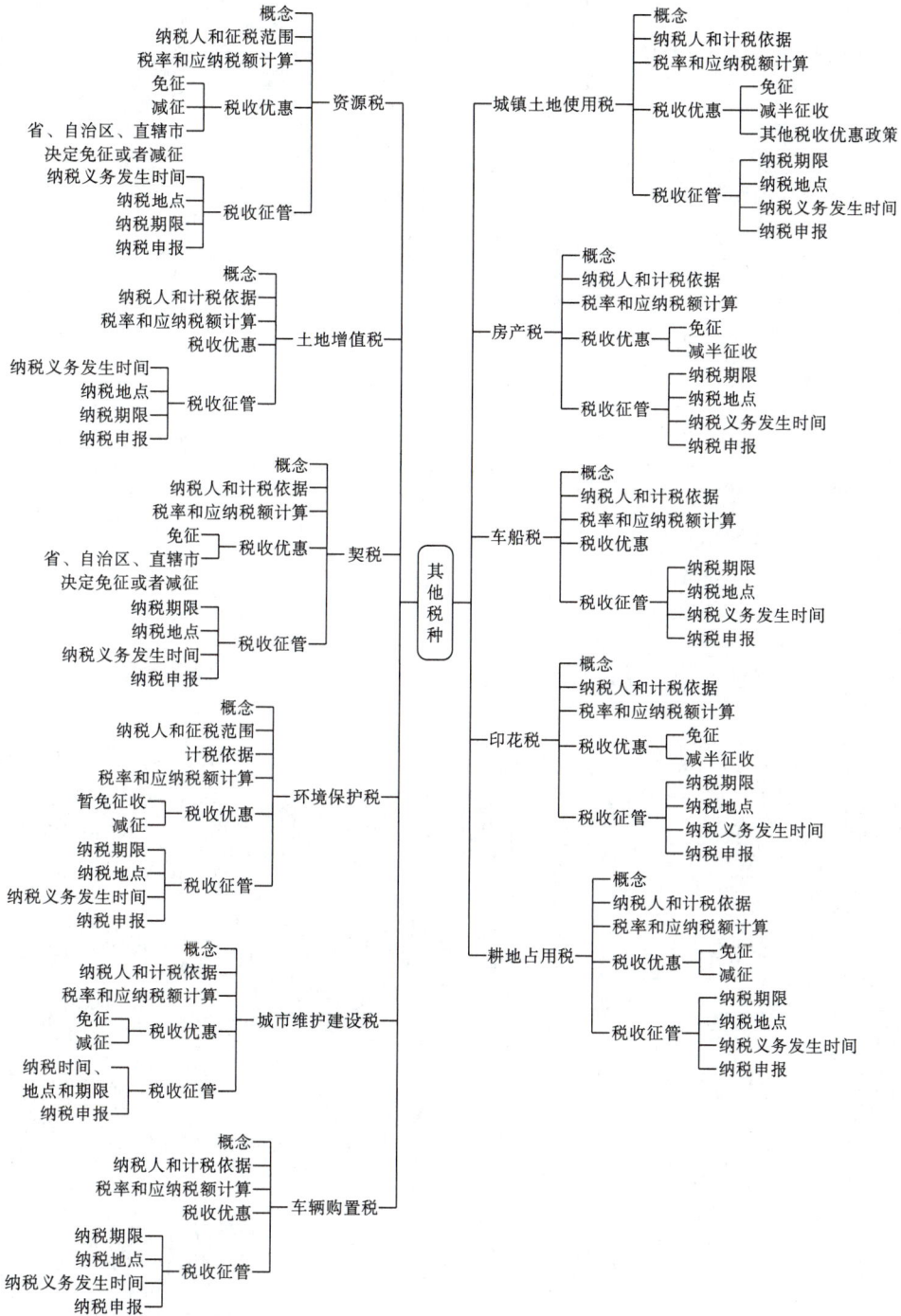

## 章节小结

其他税种

**资源税**
- 概念
- 纳税人和征税范围
- 税率和应纳税额计算
- 税收优惠
  - 免征
  - 减征
  - 省、自治区、直辖市决定免征或者减征
- 税收征管
  - 纳税义务发生时间
  - 纳税地点
  - 纳税期限
  - 纳税申报

**土地增值税**
- 概念
- 纳税人和计税依据
- 税率和应纳税额计算
- 税收优惠
- 税收征管
  - 纳税义务发生时间
  - 纳税地点
  - 纳税期限
  - 纳税申报

**契税**
- 概念
- 纳税人和计税依据
- 税率和应纳税额计算
- 税收优惠
  - 免征
  - 省、自治区、直辖市决定免征或者减征
- 税收征管
  - 纳税期限
  - 纳税地点
  - 纳税义务发生时间
  - 纳税申报

**环境保护税**
- 概念
- 纳税人和征税范围
- 计税依据
- 税率和应纳税额计算
- 税收优惠
  - 暂免征收
  - 减征
- 税收征管
  - 纳税期限
  - 纳税地点
  - 纳税义务发生时间
  - 纳税申报

**城市维护建设税**
- 概念
- 纳税人和计税依据
- 税率和应纳税额计算
- 税收优惠
  - 免征
  - 减征
- 税收征管
  - 纳税时间、地点和期限
  - 纳税申报

**车辆购置税**
- 概念
- 纳税人和计税依据
- 税率和应纳税额计算
- 税收优惠
- 税收征管
  - 纳税期限
  - 纳税地点
  - 纳税义务发生时间
  - 纳税申报

**城镇土地使用税**
- 概念
- 纳税人和计税依据
- 税率和应纳税额计算
- 税收优惠
  - 免征
  - 减半征收
  - 其他税收优惠政策
- 税收征管
  - 纳税期限
  - 纳税地点
  - 纳税义务发生时间
  - 纳税申报

**房产税**
- 概念
- 纳税人和计税依据
- 税率和应纳税额计算
- 税收优惠
  - 免征
  - 减半征收
- 税收征管
  - 纳税期限
  - 纳税地点
  - 纳税义务发生时间
  - 纳税申报

**车船税**
- 概念
- 纳税人和计税依据
- 税率和应纳税额计算
- 税收优惠
- 税收征管
  - 纳税期限
  - 纳税地点
  - 纳税义务发生时间
  - 纳税申报

**印花税**
- 概念
- 纳税人和计税依据
- 税率和应纳税额计算
- 税收优惠
  - 免征
  - 减半征收
- 税收征管
  - 纳税期限
  - 纳税地点
  - 纳税义务发生时间
  - 纳税申报

**耕地占用税**
- 概念
- 纳税人和计税依据
- 税率和应纳税额计算
- 税收优惠
  - 免征
  - 减征
- 税收征管
  - 纳税期限
  - 纳税地点
  - 纳税义务发生时间
  - 纳税申报